建筑节能政策解读

康艳兵　著

中国建筑工业出版社

图书在版编目（CIP）数据

建筑节能政策解读/康艳兵著．—北京：中国建筑工业出版社，2008

ISBN 978-7-112-10279-2

Ⅰ．建…　Ⅱ．康…　Ⅲ．建筑—节能—政策—研究—中国

Ⅳ．F426．9

中国版本图书馆 CIP 数据核字（2008）第 124228 号

建筑节能政策解读

康艳兵　著

*

中国建筑工业出版社出版、发行（北京西郊百万庄）

各地新华书店、建筑书店经销

北京红光制版公司制版

北京建筑工业印刷厂印刷

*

开本：787×960 毫米　1/16　印张：12½　字数：240 千字

2008 年 9 月第一版　2008 年 9 月第一次印刷

印数：1—2500 册　定价：**28.00** 元

ISBN 978-7-112-10279-2

（17082）

能源是人类生存和社会发展的重要物质基础。建筑节能是重要的节能领域。本书从建筑节能概念到建筑节能的相关政策进行了全面阐述分析。主要内容包括：建筑能耗及建筑节能的有关基本概念；我国建筑节能现状；建筑节能在全国节能工作中的战略地位；建筑能耗的形成过程和影响因素；我国建筑节能工作的发展历程以及促进建筑节能的相关政策（包括法律法规、行政管理政策文件、节能标准和能效标识政策、节能技术规范、经济激励政策等）；我国建筑节能工作取得的成效与主要问题；西方发达国家的建筑节能政策经验；推动我国建筑节能的政策建议。

本书适用于从事建筑节能相关工作的政府工作人员、各省市节能主管部门和节能监察（监测）中心、房地产开发商、能源系统和设备生产商、能源系统和设备运行管理人员、节能服务公司、研究机构、大专院校相关专业的师生及对节能感兴趣的读者。

* * *

责任编辑：马　红　姚荣华　于　莉
责任设计：赵明霞
责任校对：安　东　刘　钰

序

能源是经济社会发展的重要保障，也是当今国际政治、经济、军事、外交关注的热点。随着我国国民经济的持续快速发展，工业化和城镇化进程加快，我国的能源需求大幅度增长，对保障能源供应和有效保护环境造成了巨大的压力。

我国仍然是一个发展中的国家。虽然我国的能源消费总量很大，但是人均消费量和发达国家相比仍然存在着很大的差距。目前，我国的人均能源消费水平仅为美国的1/6、OECD国家的1/3左右。根据邓小平同志提出的“三步走”战略目标，到2020年我国要全面建成小康社会，到2050年要达到世界中等发达国家的水平。如果到2050年我国的人均能源消费量达到当前美国的人均能源消费量水平，我国的能源需求总量将超过当前全世界的能源消费量；即使我国的人均能源消费量达到当前日本的人均能源消费量水平，届时我国的能源需求总量也将超过当前世界能源消费量的一半以上。为实现“三步走”的战略目标，实现中华民族的伟大复兴，无论从我国自身的资源环境约束还是从日益增加的温室气体减排国际压力来看，我们必须走出一条适合中国国情的节能和高效使用能源的科学发展道路，这是摆在我们面前的一个史无前例的重大课题。

党和国家高度重视节约能源问题。20世纪80年代，中央就提出了开发与节约并重、节约优先的方针。世纪之交，在实现初步小康、开始建设全面小康社会之际，中央又提出了加快转变经济发展方式，建设低投入、高产出，低消耗、少排放，能循环、可持续的国民经济体系，把节约资源和保护环境作为基本国策，以促进经济与人口、资源、环境相协调，实现可持续发展。《国民经济和社会发展“十一五”规划纲要》提出了“十一五”期间节能减排两个约束性指标，即单位GDP能源消耗降低20%、主要污染物排放总量减少10%。这是贯彻落实科学发展观，促进经济结构调整，转变经济发展方式，实现又好又快发展的重大举措，也是建设资源节约型、环境友好型社会，构建社会主义和谐社会的必由之路。

建筑节能是重要的节能领域。在发达国家，建筑能耗一般占能源消耗总量的30%～40%。在我国，随着人民生活水平的日益提高和消费结构的升级换代，对建筑能源服务水平提出了越来越高的要求。一方面，我国每年新增的建筑面积高达18亿～20亿m^2，处于高增长阶段；另一方面，采暖、空调、照明、生活热水以及各种电器设备等能源服务需求在快速增长，导致我国建筑能耗不断增长，未来建筑能耗占我国能源消费总量的比重不断提高。大力推动建筑节能，对实现我国的节能目标和能源与环境的可持续发展意义重大。

建筑节能涉及到建筑围护结构和建筑能源系统设备，并且最终的能源用户是广大社会公众，具有分散性和公益性强的特点。推动建筑节能，要依靠良好的政策环境，必须选择基于市场规律的节能政策长效机制。目前，建筑节能已经受到越来越高的重视，并成为当前的节能热点领域。我国已经出台了一系列建筑节能设计标准，并在新修订的《中华人民共和国节约能源法》中把建筑节能列为一个单独的章节，针对建筑节能的有关经济激励政策也正在建立和完善，建筑节能工作已经取得了积极的进展。但是，由于建筑节能工作开展相对较晚，并且对于建筑节能的理解社会上也存在着诸多不同的观点，在推动建筑节能工作的过程中尚存在一些突出问题，需要深入研究解决。

国家发改委能源研究所作为国家级的能源研究机构，长期以来在能源经济、能源效率、可再生能源、能源环境等领域开展了大量的研究工作。建筑节能作为重要的节能领域，是其中的一个重要研究领域。本书的作者具有良好的建筑节能专业背景和深厚的科研功底，长期从事建筑节能相关的政策研究工作。本书是作者长期以来大量研究成果的结晶，在对建筑节能概念、我国建筑节能现状、建筑能耗影响因素分析以及建筑节能在全国节能工作中的战略地位开展深入分析的基础上，重点解读了我国的建筑节能相关政策（包括法律法规、行政管理政策文件、节能标准和能效标识政策、节能技术规范、经济激励政策等），研究了当前建筑节能存在的突出问题，结合发达国家推动建筑节能的国际经验和我国的国情，提出了推动我国建筑节能工作的政策建议。

希望本书能够进一步唤起广大社会公众的节能意识，对房地产开发商、能源设备供应商、节能服务公司和金融机构投身于建筑节能工作有所帮助，并为有关部门制定更加科学合理的建筑节能政策提供理论依据，为有效推动我国的建筑节能工作、为推动实现我国的节能减排目标做出积极的贡献。

国家发展和改革委员会能源研究所所长　韩文科
2008年7月于北京

前　言

随着经济的快速发展和人民生活水平的日益提高，近年来我国的能源消费量快速增长，能源资源已经成为制约我国经济社会可持续发展的“瓶颈”。为此，党中央、国务院给予了节能问题前所未有的高度重视，并提出了“‘十一五’期间单位GDP能耗降低20%左右”的节能目标。建筑用能是三大终端用能领域之一。随着我国建筑业的快速发展和居民对建筑能源服务水平提出越来越高的要求，近年来我国的建筑能耗不断增长，建筑节能已经成为我国当前的重要节能领域。根据规划目标，“十一五”期间，我国建筑节能要实现1.2亿t标准煤的节能目标，对实现全国节能目标将发挥重要的影响。从中长期看，为实现我国未来经济社会的可持续发展，建筑节能必将发挥更加重要的作用。

建筑能耗，又称商用和民用能耗，是指建筑物内各种用能系统和设备的运行能耗，主要包括采暖、空调、照明、家用电器、办公设备、热水供应、炊事、电梯、通风等能耗。因为建筑能耗所涉及的市场主体非常分散，技术环节非常复杂，并且建筑节能的公益性非常强，要有效推动建筑节能工作，必须依靠良好的政策环境和基于市场规律的节能政策长效机制。

本书从九个方面对建筑节能相关政策进行了探讨分析。第一章主要介绍了建筑能耗和建筑节能的有关基本概念，并对当前社会上关于建筑节能的模糊认识进行了澄清和分析；第二章主要分析了我国的建筑节能现状，包括建筑能耗水平和建筑能效水平；第三章主要分析了建筑节能在全国节能工作中的重要战略地位；第四章通过分析建筑能耗的形成过程和影响因素，指出政策环境是推动建筑节能的关键因素；第五章汇总分析并解读了我国的建筑节能相关政策，阐述了我国建筑节能工作的发展历程以及“十一五”期间的建筑节能目标和重要领域工作内容，详细介绍了我国促进的建筑节能相关政策（包括法律法规、行政管理政策文件、节能标准和能效标识政策、节能技术规范、经济激励政策等）；第六章总结了我国建筑节能工作取得的成效，并分析了当前我国建筑节能工作存在的主要问题；第七章主要介绍了西方发达国家推动建筑节能的政策经验，特别对相关经济激励政策进行了详细阐述；第八章提出了推动我国建筑节能工作的政策建议。在附录部分，详尽提供了部分相关建筑节能政策文件内容，并阐述了“合同能源管理”机制与建筑节能的关系。

本书可为政府部门制定建筑节能相关政策提供研究依据，同时可为房地产开发商、设备生产商、设备运行管理人员、节能服务公司等在开发节能技术、实施节能项目、了解建筑节能政策等方面提供理论依据，并且可为高等院校开展关于建筑节能领域的课程教育提供教学科研参考素材。

作为一名长期从事节能，尤其是建筑节能政策研究的科研人员，笔者对建筑节能有着深厚的感情，并衷心希望本书能够为有效推动我国的建筑节能工作，为推动实现我国的节能减排目标尽一份绵薄之力。与此同时，作为一名年轻的学者，笔者深深感到无论从理论功底还是从宏观政策的把握方面，对建筑节能工作的理解还不够深刻，本书的相关观点也可能存在偏颇之处，真诚欢迎批评指正！

本书是在笔者以前参与的一系列科研项目研究成果的基础上编写形成的。期间，清华大学江亿院士、魏庆芃博士，中国建筑业协会建筑节能专业委员会涂逢祥教授，国家发展和改革委员会能源研究所郁聪研究员、周大地研究员、戴彦德研究员、韩文科研究员中国建筑科学研究院郎四维教授、徐伟教授，建设部建筑节能中心郝斌博士，财政部财政科学研究所傅志华主任，中国能源研究会王庆一教授，美国能源基金会张瑞英女士、侯艳丽女士，国家发展和改革委员会资源节约与环境保护司何炳光副司长、徐志强处长、吕文斌处长、苏凯先生，住房与城乡建设部科技司武涌司长、韩爱兴司长、梁俊强处长，国务院机关事务管理局范学臣处长等领导和专家给予了笔者悉心指导和大力帮助。此外，国家发展和改革委员会节能信息传播中心张扬女士对本书的文字内容进行了校正。在此，表示深深的谢意！

康艳兵

2008 年 6 月 30 日 于北京

目　　录

第一章　建筑节能的相关概念

研究建筑能耗及建筑节能的相关概念，探讨对建筑节能概念的科学认识，是推动建筑节能工作的基础。

第一节　建筑能耗的概念

建筑能耗是指建筑物内各种用能系统和设备的运行能耗，主要包括采暖、空调、照明、家用电器、办公设备、热水供应、炊事、电梯、通风等能耗。从能源消耗领域看，主要包括商业建筑、公共设施和居民住宅中各种用能设备的运行能耗。在发达国家，建筑能耗更多地被称为商用（民用）能耗，一般占全国能耗总量的 30%～40%。

发达国家在进行能源统计时，一般按照 4 个终端用能部门分别统计：即工业（或产业，因为在发达国家农业已经产业化；而建筑材料制造和建筑施工能耗应计入工业能耗）、交通（从运输对象角度包括客运和货运，从运输方式角度包括公路、铁路、水路、航空等交通方式）、商用（办公楼、旅馆、商场、医院、学校等商业建筑和公共建筑）和民用（居民住宅）。其中，因为商用和民用能耗通常发生在建筑物中，所以也把商用能耗和民用能耗两项称为建筑能耗。

一个国家或地区建筑能耗在总能耗中的比例，反映了这个国家或地区的经济发展水平、气候条件、生活质量，以及建筑技术水平。从宏观经济角度看，一般情况下，建筑能耗的比例越大，说明第三产业在国民经济中占的比重越大，也说明人民的生活水平较高。从这个意义上，建筑能耗及其占全社会总能耗的比重是经济发展的晴雨表，是一个国家或者一个地区经济结构和人民生活水平的标志。世界各地区终端能源消费量的部门构成如表 1-1 所示。1990～2003 年日本终端用能占终端能耗的比重如表 1-2 所示。

世界各地区终端能源消费量的部门构成（%）　　表 1-1

	建筑和农业能耗比重	工业能耗比重	交通和非能源比重
美国	30.5	25.3	44.2
加拿大	33.5	35.1	31.4
墨西哥	25.8	31.2	43.0

续表

	建筑和农业能耗比重	工业能耗比重	交通和非能源比重
英国	39.9	24.7	35.4
德国	40.7	30.3	29.0
法国	38.8	27.1	34.1
OECD[①]欧洲国家	37.7	30.7	31.6
非 OECD 欧洲国家	43.8	35.5	20.7
俄罗斯	41.7	35.6	22.7
非洲	29.3	33.9	36.8
中东地区	37.7	33.2	29.1
中国	27.6	54.8	17.6
日本	33.2	37.6	29.2
韩国	29.7	44.9	25.4
印度尼西亚	26.5	39.7	33.8
马来西亚	13.6	42.5	43.9
菲律宾	27.2	20.6	52.2
泰国	20.2	38.3	41.5
印度	29.1	46.0	24.9
澳大利亚	23.9	32.4	43.7
新西兰	19.3	13.4	67.3
OECD 国家	33.0	30.0	37.0
非 OECD 国家	32.3	41.2	26.5
欧盟 15 国	36.5	30.3	33.2
欧元区 12 国	35.8	31.2	33.0
APEC19 国	29.1	34.8	36.1
全世界	32.8	34.5	32.7

注：①终端用能部门划分为：1）工业；2）建筑＋农业；3）交通＋非能源用途（例如石蜡、沥青等）；
②表中数据为 2002 年数据；
③数据来源：日本能源经济研究所，日本能源和经济统计手册 2005 年版。

日本主要终端用能部门占终端能耗的比重（%） **表 1-2**

年份	工业	建筑		交通
		民用	商用	
1990	49.8	13.3	11.2	23
1995	47.3	14.3	12	24.1
2000	47.4	14.2	12.3	24.1
2003	47.1	14.2	12.7	24.4

数据来源：日本能源经济研究所，日本能源和经济统计手册 2005 年版。

第二节 建筑能耗的分类

建筑能耗的分类，既可以按照用能方式（设备）来划分，又可以按照建筑类型划分，也可以根据建筑能耗的特点进行划分。不同的建筑能耗划分方式，是为方便分析解决不同方面的问题而提出的。无论哪种划分方式，建筑能耗都是在某种建筑物中为满足某种能源服务需求，采用了某种能源系统或者设备，在实际运行中消耗的能源，建筑能耗最终体现为某类终端能耗（一般为二次能源）；而为提供该终端能耗，需要在加工转换环节消耗某种一次能源。即由于采取了不同的终端用能设备（技术）和加工转换技术，建筑能耗最终对应于不同的能源品种，包括终端能源品种和一次能源品种。

一、按照用能方式的分类

按照用能方式，建筑能耗主要包括采暖、空调（制冷）、照明、电器设备（家用电器和办公设备）、热水供应、炊事、电梯、通风等方面的能耗。其中，以采暖和空调能耗为主，一般占建筑总能耗的50%～70%。日本家庭分品种户均能耗如表1-3所示，其商用建筑分品种单位面积能耗如表1-4所示。

2003年日本居民家庭分品种户均能耗（1000kJ/户） **表1-3**

	采暖	制冷	热水	烹调	动力等	合计	比重/%
电	1180	632	716	674	16472	19670	44.0
燃气	2177	0	4856	1218	0	8246	18.4
LPG	222	0	4617	774	0	5618	12.6
煤油	7556	0	2947	121	0	10624	23.7
煤	4	0	63	8	0	75	0.2
太阳能	0	0	519	0	0	519	1.2
合计	11139	632	13718	2796	16472	44753	100.0
比重（%）	24.9	1.4	30.7	6.2	36.8	100.0	

数据来源：日本能源经济研究所，日本能源和经济统计手册2005年版。

2003年日本商用建筑分品种单位面积能耗（1000kJ/m²） **表1-4**

	采暖	制冷	热水	烹调	动力等	合计	比重/%
电	19.3	44.8	0.0	0.0	488.9	553.0	48.1
燃气	28.5	17.6	91.7	95.4	0.0	233.6	20.3
油	186.3	14.7	128.5	0.0	0.0	329.4	28.7
煤	2.9	0.0	10.5	3.8	0.0	17.2	1.5
太阳能	0.0	0.0	16.3	0.0	0.0	16.3	1.4
合计	236.5	77.0	247.4	99.6	488.9	1149.1	100.0
比重（%）	20.6	6.7	21.5	8.7	42.6	100.0	

数据来源：日本能源经济研究所，日本能源和经济统计手册2005年版。

二、按照建筑类型的分类

从建筑功能的角度分，建筑物主要分为公共建筑[1]（包括办公楼、宾馆、商场、医院、学校、仓储等建筑）、民用居住建筑（住宅）及工业建筑（厂房等）等。建筑能耗主要指在公共建筑和住宅中的能源消费，在国外通常称为商用/民用能耗，不包括在工业生产过程中的工艺能耗（应计入工业能耗[2]中）日本商用建筑面积及能耗如表 1-5 所示。

2003 年日本商用建筑面积及能耗 **表 1-5**

	建筑面积（百万 m^2）	能耗（10^{10}kJ）
办公楼	448	35171
百货商店和超级市场	22.5	3319
批发和零售	401	41387
饭店	64.2	15974
学校	354	18678
旅馆	93.8	24023
医院	97.8	18481
剧场和娱乐场所	34.7	8510
其他	206	32333
总计	1722	197876

数据来源：日本能源经济研究所，日本能源和经济统计手册 2005 年版。

三、按照能耗特点的分类

我国正处于经济快速发展，城镇化快速提高的过程中，同时由于我国幅员辽阔、人口众多，气候条件复杂，不同地域、不同建筑类型的能源服务水平和能耗特点差距较大，所以，根据这些特点，我国的建筑能耗又可以进行如下划分。

（1）北方城镇建筑采暖能耗

我国的传统采暖区是指北方严寒和寒冷地区的 15 个省市，包括北京、天津、河北、山西、内蒙古、辽宁、吉林、黑龙江、山东、河南、陕西、甘肃、青海、宁夏、新疆。该地区的人口超过全国人口的 40%。北方城镇地区的采暖能耗，不但是我国建筑能耗的主要构成部分，而且在当地社会能耗中也占据了较大的比重。所以，北方城镇地区的供热节能，不但是建筑节能长期以来的工作重点，也是当地节能工作的重点领域。2005 年，北方传统采暖区 15 个省市单位 GDP 能耗比全国平均水平高 66%，其中一个很重要的原因是由于北方冬季采暖消耗了

---

[1] 国外称为商业建筑。

[2] 严格来说，当前能源统计数据里的工业能耗中的一部分非生产用能应该属于建筑能耗。

大量能源❶。同时，我国长期以煤炭为主导能源品种的客观现实也导致采暖对区域环境的污染非常严重，每到冬季，北方大部分城市空气质量明显下降。

（2）城镇居民生活用能

城镇居民生活用能包括照明、家电、空调和长江流域及长江以南地区的分散采暖用能。目前，因为这些电器的普及率及能源服务水平还相对较低，单位面积平均用电量水平与发达国家存在很大差距，城镇居民生活用电正在呈现快速增长的态势。

（3）农村居民生活用能

农村居民生活用能包括农村居民采暖、炊事、照明及家用电器用能。因为当前的农村居民生活能源服务水平还非常低，并且农村住宅的节能工作尚未起步，此外农村居民生活用能燃料正在从传统的薪柴等生物质能源向煤炭、LPG（液化石油气，炊事用）、电（采暖用）方向升级，农村居民人均生活用能（商品能源）仅为城镇居民的一半左右，存在很大的提升空间。

（4）大型公共建筑用电

大型公共建筑用电指高档办公楼、宾馆、大型购物中心、综合商厦、交通枢纽等（单栋超过2万平方米，采用中央空调供冷方式）的空调、照明、电器、动力设备的用电量。其特点是单位面积单耗非常高，为城镇住宅的10～15倍，为一般办公建筑的2～4倍，与美国基本在同一水平，比日本城市高。同时，节能水平远远低于西欧北欧水平，普遍存在30%以上的节能潜力。虽然此类建筑目前仅有5～6亿m^2，但是每年新增数量很大，约3000～5000万m^2，是导致近几年我国大部分城镇夏季用电量急剧上升的主要原因之一。

（5）一般公共建筑用电

一般公共建筑用电包括一般的办公室、商店、饭店、宾馆、教室等的照明、办公用电设备、饮水设备、空调用电等。因为目前的能源服务水平比较低，单位建筑面积耗电量也远低于发达国家水平，上升空间也较大。

第三节　打破关于建筑节能概念的“误区”

当前，对建筑节能领域存在着诸多概念上的“误区”，澄清这些基本概念，打破这些理解的“误区”，有利于使我国的建筑节能工作方向和工作重点不偏离正轨，有利于理顺建筑节能的推进机制，有利于加快推动实现我国的节能减排目标。

❶ 国家发改委环资司网站，http：//hzs. ndrc. gov. cn

一、关于建筑能耗的概念

因为不同部门对建筑能耗的定义以及能源系统的分析方法存在不同的观点，导致目前关于建筑能耗占全国能耗的比例说法不一。例如，27.6％（住房和城乡建设部说法），40％以上（住房和城乡建设部某位官员说法），25％（能源研究会说法），20.7％（清华大学建筑技术科学系说法）。

尽管目前我国尚未建立详尽的建筑能耗统计指标体系，但是需要澄清的是：

1）建筑能耗是指建筑物内的各种用能系统（设备）在使用过程中的能耗，即建筑用能设备运行能耗，既不包括建筑施工能耗和建造建筑物需要的钢铁、水泥等原材料能耗，也不包括工业建筑中的工业生产能耗；

2）谈建筑能耗，应该说明是终端能耗、还是一次能耗（能源消费总量）。考虑建筑能耗，应该将其放在全国的能源系统中整体考虑；

3）我国政府公布的能源消费总量是指商品能源，未包含生物质能源，所以谈建筑能耗占全国能耗的比重时，也应该是指商品能源消耗。

笔者的分析结果认为[1]，以国家统计局公布的2005年全国能源平衡表为基础，结合相关实测调查结果，在不考虑能源平衡表的工业能耗中应属于建筑能耗的部分非生产用能的情况下，2005年，建筑终端能耗约为2.7亿～3亿t标准煤，折合为一次能源消费量（商品能源）约为4亿～4.5亿t标准煤，占全国能源消费总量的比重约为18％左右。如果考虑能源平衡表的工业能耗中应属于建筑能耗的部分非生产用能，2005年我国商用/民用一次能源消费量（即建筑用能设备的能源消费量）约占全国能源消费总量的20％左右。

二、关于“建筑节能”与“建筑物节能”

我国的建筑节能工作是从20世纪80年代初期从居民采暖节能抓起的，当时采用的是福利分房制度，没有涉及到采暖系统计量收费问题。所以，我国的建筑节能工作首先是从建筑物围护结构的保温隔热节能措施抓起的。当然，建筑物围护结构的节能性能会对采暖、空调等能耗产生直接影响。但是，应该强调的是，建筑能耗是建筑物在使用过程中的能耗，是建筑物内的各种用能系统（设备）在使用过程中的能耗，它取决于采暖、空调、照明、电器（家用电器和办公设备）、热水供应、炊事、电梯、通风等用能系统和用能设备的能耗。

建筑节能首先要关注的应该是用能系统（设备）采用的技术是否节能；其次应该关注的是用户自身的使用习惯以及这些用能系统（设备）的运行情况是否合理。建筑物围护结构仅从采暖、空调、照明负荷方面对建筑能耗产生间接影响，

[1] 康艳兵，实现“十一五”节能目标的建筑节能措施分析，《中国能源》，2007（1）～（2）。

它占据建筑能耗较大比重，因此也不能忽视建筑物围护结构。也正是为避免这些概念的混淆，在国外更多地把建筑能耗称为商用/民用能耗。

由于我国以往对建筑物围护结构节能关注更多，而对于用能系统（设备）节能有所忽视，结果造成尽管许多建筑物围护结构的节能性能提高了，但是因为采暖系统存在问题，建筑室内或是温度冷热不均，或是由于保温隔热性能提高后采暖系统不可调导致房间温度过热，只能冬季开窗散热。在为提高建筑物保温隔热性能而投入了很多的情况下，舒适性没有得到提高，消耗的采暖能耗也没有减少，结果是“节能不节煤”。这方面的教训需要总结借鉴。

尤其是在我国城乡居民对室内舒适性环境和能源服务水平要求日益提高的情况下，不但采暖需求由传统的采暖区扩展到了长江以南，而且城乡居民普遍对空调、照明、热水以及各种电器设备提出了越来越高的需求。建筑节能，更大程度上取决于各种用能系统（设备）的能效水平、用户的生活消费方式，以及建筑物围护结构等因素。所以，“建筑节能”的概念需要根据形势由传统的“建筑物节能”转变到“各种终端用能系统（设备）节能＋用户生活消费方式＋建筑物节能”上来。

三、关于“节能建筑”

之所以提“节能建筑”的概念，或者是为了争取政府的相关节能优惠政策，或者是房地产商及相关部门为了突出卖点和成绩。首先，能够以“节能建筑”以及“节能产品”为荣，说明社会公众对节能工作越来越关注，这也是我们引导的方向。但是，什么是“节能建筑”，什么是“节能产品”，在这方面的一些概念需要加以澄清。

（1）“采取了某些节能技术的建筑＝节能建筑”？

当前，一些说法认为建筑物中使用了一些节能技术或者利用了一些可再生能源就可以称为“节能建筑”。实际上，评价“建筑节能”性能的能效水平指标应该是“为满足相同能源服务水平和室内环境舒适性要求，单位建筑面积每年的相关用能系统（设备）实际运行中消耗的化石燃料商品能源数量”，该能耗指标的不同体现了不同的节能性能。如前文所言，影响该能耗指标的因素很多，与用能系统（设备）采取的技术和实际运行效率、可再生能源的利用、用户生活消费方式、建筑物围护结构保温隔热等节能性能有关。但是，应该注意的是，这些因素仅是实现节能目标的途径和措施，而不应该成为衡量是不是“节能建筑”的标尺。

作为政府和要缴纳相关能源费用的用户，最终关心的是相关用能系统（设备）实际运行中消耗的单位面积化石燃料商品能源数量和能源费用。所以，用户希望能源费用越低越好，政府希望能耗数量越小越好。而作为政府部门，从国家战略角度，应该在不影响室内环境舒适性和其他建筑功能的情况下，提出单位面积每年的相关用能系统（设备）的实际运行能耗数量强制性控制指标，即最低能效标准❶。能否称为“节能建筑”，也应该以该指标的大小而定。但是影响该终端能耗的因素很多，涉及的技术和措施种类繁多，建筑节能更应该强调“系统节能”的概念。所以，即使采取了某些节能措施，也只能说相对于未采取该节能措施之前提高了节能性能，但是能否称为“节能建筑”，还要看用能系统（设备）能耗数量是否达到了“节能建筑”的要求。当前，在许多所谓的“节能建筑”中采用了一些墙体保温隔热技术、节能窗，或者使用了某些节能的采暖空调技术、可再生能源技术，但是有些情况是连强制性的建筑节能标准都没有满足，甚至由于缺乏系统的集成优化，舒适性没有明显提高，单位面积的能耗却增加了很多，这不应该称之为“节能建筑”。

(2)“达到节能设计标准的建筑＝节能建筑”?

强制性的最低能效标准是对用能设备从节能性能角度设置最低的市场准入门槛，是我国借鉴发达国家经验采取的一项主要节能措施。在建筑节能领域，我国也已经先后出台了一系列相关的建筑节能设计标准。一些观点认为，达到了这些建筑节能设计标准的建筑物就是“节能建筑”；并且进一步认为，因为这些建筑是“节能建筑”，国家就应该给予相关的节能优惠政策。

对这些说法，需要说明的是：这些建筑节能设计标准是强制性的最低能效标准，如果不满足这些标准，新建的相关建筑本来就不应该进入市场。之所以当前一些未达到标准的建筑仍在兴建，是因为当前国家制定的政策尚未得到很好地落实，需要进一步加强监督管理。所以，“达到节能设计标准的建筑”只能称为“达标建筑”，不应该称为“节能建筑”。那么，节能性能超过设计标准多少或者终端能耗数量下降到多少就可以称为“节能建筑”，目前正在研究中。不过，依据我国已经出台的电冰箱、空调器能效标识政策，将其能效指标（电冰箱为年耗电量，空调器为季节能效比）水平划分为5级，其中第5级是最低能效标准，相当于当前的建筑节能设计标准；只有达到1级或者2级的产品，才能够称为“节能产品”。而当前国家的节能优惠政策（包括研究中的建筑节能优惠政策），主要是针对这些“节能产品”。

四、关于建筑节能标准与实际节能效果

为从源头抓起，我国相继出台了一系列建筑节能设计标准（详见第五章），从节能30％到节能50％，目前有关省市已经在实施节能65％的建筑节能设计标

❶ 从理论上讲，最低能效标准应该采用相关用能系统（设备）的实际运行的终端能耗数量。但是，由于各种原因，目前的建筑节能标准仅为设计标准，不是相关用能系统（设备）的实际运行能耗数量，这也导致了一些问题的出现。笔者认为，该问题有待于进一步研究和探讨。

准。“节能30%”、“节能50%”和“节能65%”的涵义是什么？按照“节能30%”、“节能50%”和“节能65%”设计标准建造的建筑实际运行能耗就可以下降“节能30%”、“节能50%”和“节能65%”吗？节能的基准和前提条件是什么？对这些问题，一些人尚存在着理解方面的误区。下文以《民用建筑节能设计标准（采暖居住建筑部分）》为例，简要说明“节能30%”、“节能50%”和“节能65%”的涵义。

（1）几个基本概念

1）采暖设计负荷指标 q_1：在采暖期室外计算温度条件下，为保持室内控制温度，单位建筑面积在单位时间内需要由锅炉房或者其他供热设施提供的热量，单位是 W/m^2。是一个有用能的概念，与用能系统无关，主要影响因素包括室外气象参数；室内舒适性温度控制参数；建筑围护结构的保温隔热性能。因为在某一地区室外气象参数和室内舒适性温度控制参数一般都可以认为是基本不变的，所以通常说该指标主要取决于建筑围护结构的保温隔热性能。

2）供热系统效率 η：为了满足采暖设计负荷指标提出的有用能需求，需要由供热系统（锅炉房或者其他终端供热设施）提供热量。供热系统的终端用能即为采暖能耗。供热系统有多种形式，包括集中供热（又分为热电联产集中供热和区域锅炉房集中供热）、热泵（又分空气源热泵、地源热泵、水源热泵等）、分散采暖炉等。以区域锅炉房集中供热系统为例，供热系统效率主要取决于锅炉房效率 η_1 和热网效率 η_2，$\eta=\eta_1 \cdot \eta_2$

3）采暖能耗指标 q_2：在采暖期室外计算温度条件下，为保持室内控制温度，单位建筑面积在单位时间内最终由锅炉房或者其他供热设施提供的热量，单位是 W/m^2，$q_2=q_1/\eta$

上述概念都是节能设计指标，实际的运行指标会随时发生变化。尤其是供热系统运行效率，因为一个采暖期内不同时间气象参数变化幅度很大、并且存在间歇采暖情况，所以采暖负荷变化很大，如果缺乏有效的节能优化运行控制管理措施，供热系统的运行效率（包括锅炉房和热网输配系统中的大量水泵）可能出现远低于设计效率的情况。而实际的采暖期单位面积采暖能耗 Q（单位是 $kgce/m^2$）[1] 则是在整个采暖期内单位建筑面积的实际能耗量。

此外，还需要说明几个平均值的概念：

1）平均采暖负荷指标 q_3：在采暖期室外平均温度条件下，为保持室内控制温度，单位建筑面积在单位时间内需要由锅炉房或者其他供热设施提供的热量，单位是 W/m^2。物理概念和采暖设计负荷指标 q_1 类似，主要区别是平均采暖负荷指标 q_3 是平均值，而采暖设计负荷指标 q_1 是设计值。

---

[1] $kgce/m^2$ 为 kg 标准煤/m^2

2）采暖期煤耗指标（节能标准中的说法）：主要根据平均采暖负荷指标 q_3 和采暖度日数粗算得到，单位数 kgce/m^2。

（2）三个发展阶段的建筑节能标准

“节能 30％”、“节能 50％”和“节能 65％”的建筑节能标准都是以 1980～1981 年住宅通用设计能耗水平为基准，在该基础上实现“节能 30％”、“节能 50％”和“节能 65％”。

我国于 1986 年 8 月 1 日开始实施节能 30％的《民用建筑节能设计标准（采暖居住建筑部分）》（JGJ 26—86）（简称原来的基础标准）。适用于设置集中供热的新建和扩建居住建筑（住宅建筑约占 92％，集体宿舍、招待所、旅馆、托儿所建筑约占 8％）以及居住区供热系统的节能设计。节能 30％是指在当地 1980～1981 年住宅通用设计能耗水平的基础上节约 30％。为实现 30％的节能目标，要通过建筑物采取保温、隔热等节能措施使供热设计负荷（与供热系统无关）在原来的基础上降低 20％左右；对于供热系统，通过提高锅炉效率和热网输配效率，使供热系统总效率在原来的基础上提高 15.5％。所以，单位面积采暖能耗降低到原来的 70％左右，即实现了节能 30％的目标。

从 1996 年 7 月 1 日，我国开始实施节能 50％的《民用建筑节能设计标准（采暖居住建筑部分）》（JGJ 26—96）（简称新标准）。适用于严寒和寒冷地区设置建筑采暖的新建和扩建居住建筑的建筑热工与采暖节能设计，暂无条件设置集中采暖的居住建筑，其围护结构应按照新标准执行。节能 50％是指在当地 1980～1981 年住宅通用设计能耗水平的基础上节约 50％。为实现 50％的节能目标，要通过建筑物采取保温、隔热等节能措施使供热设计负荷（与供热系统无关）在原来的基础上降低 35％左右；对于供热系统，通过提高锅炉效率和热网输配效率，使供热系统总效率在原来的基础上提高 31％。所以，单位面积采暖能耗降低到原来的 50％左右，即实现了节能 50％的目标。

目前，节能 65％的国家建筑节能设计标准正在编制（北京市等地区已经出台），主要是强调提高建筑围护结构保温隔热性能，使单位面积采暖能耗比 1980 年基础标准节约 65％。

以北京市为例：1980 年标准中，平均采暖负荷指标为 31.7W/m^2，锅炉效率为 55％，热网效率为 85％，单位面积采暖能耗为 68W/m^2；1986 年标准中，平均采暖负荷指标为 25.3W/m^2，锅炉效率为 60％，热网效率为 90％，单位面积采暖能耗为 47W/m^2，比 1980 年的基础标准节能 30％；1996 年标准中，平均采暖负荷指标为 20.6W/m^2，锅炉效率为 68％，热网效率为 90％，单位面积采暖能耗为 34W/m^2，比 1980 年的基础标准节能 50％。2004 年标准中，主要强调提高建筑围护结构保温隔热性能，平均采暖负荷指标为 11.1W/m^2，锅炉效率为 68％，热网效率为 90％，单位面积采暖能耗为 24W/m^2，比 1980 年的基础标准节能 65％（见表 1-6）。

北京市《民用建筑节能设计标准（采暖居住建筑部分）》发展过程　　表 1-6

	平均采暖负荷	供热系统效率			单位面积平均采暖能耗	节能率
		锅炉房效率	热网效率	供热系统总效率		
	（W/m²）	（％）	（％）	（％）	（W/m²）	（％）
1980 年住宅通用设计能耗水平	31.7	55	85	46.75	67.8	
第一阶段节能 30％	25.3	60	90	54	46.9	30.9
第二阶段节能 50％	20.6	68	90	61.2	33.7	50.4
第三阶段节能 65％	11.1	68	90	61.2	23.7	65.0

需要说明的是，目前我国出台的建筑节能标准属于设计标准，不是基于实际的建筑能耗数据，而是假设在某种能源服务水平下，通过采取相关节能措施，达到“节能 30％”、“节能 50％”和“节能 65％”效果的理论计算结果。并且，这种节能效果是以 1980～1981 年住宅通用设计能耗水平为基准。所以，即使是达到“节能 30％”、“节能 50％”和“节能 65％”标准要求的建筑，也不意味着实际的建筑能耗下降了 30％、50％、65％。

第二章　我国的建筑节能现状

第一节　建筑能源服务水平

一、人口与城市化水平

由于我国政府从20世纪后期开始实施计划生育政策，高出生率得到控制，并持续稳步下降。从2000年开始，我国人口进入平稳增长阶段。2000～2006年，人口数量由12.67亿人增长到13.14亿人，6年间净增加人口不到5000万人，年平均增长速度为0.6%。与此同时，随着经济的持续快速增长和人民生活水平的日益提高，我国的城市化水平在快速提高。由表2-1可知，2000～2006年，城市化率从36.2%增长到43.9%，年均增长1.3个百分点。城市化进程的快速发展意味着越来越多的人口从农村转移到城市，造成城镇住房需求快速增长。2000～2006年，我国的人均GDP从7858元增长到16084元，增幅超过100%。随着人民生活水平的提高，越来越多的人对住房质量及室内舒适性环境提出越来越高的要求。

我国人口与城市化水平　　**表2-1**

年　份	1995	2000	2001	2002	2003	2004	2005	2006
人口（万）	121121	126743	127627	128453	129227	129988	130756	131448
城镇化率（%）	29.04	36.22	37.66	39.09	40.53	41.76	42.99	43.9
人均GDP（元）	5046	7858	8622	9398	10542	12336	14103	16084

数据来源：中国统计年鉴2007。

二、建筑面积快速增长

目前，我国建筑业正处于鼎盛时期。“十五”期间，我国每年新建的建筑高达16亿～20亿m^2，是世界上最大的建筑市场。截至2005年，全国既有民用建筑面积约420亿m^2（不含工业建筑）。其中，住宅面积约365亿m^2（其中，城镇约145亿m^2，农村约220亿m^2），占全部建筑的80%以上；公共建筑面积约55亿m^2（其中，单栋超过2万m^2、采用中央空调供冷方式的大型公共建筑约5亿～6亿m^2）。

从人均建筑面积看，“十五”期间，我国城市人均住宅面积由2000年的

20.3m^2 增长到 2005 年的 26.1m^2，五年增加了 5.8m^2；农村人均住宅面积由 2000 年的 24.8m^2 增长到 2005 年的 29.7m^2，5 年增加了 4.9m^2（见表 2-2）。

我国城乡人均建筑面积和住房面积　　表 2-2

年　份	城市人均住宅面积（m^2）	农村人均居住面积（m^2）
1995	16.3	21
2000	20.3	24.8
2001	20.8	25.7
2002	22.8	26.5
2003	23.7	27.2
2004	25	27.9
2005	26.1	29.7

数据来源：中国统计年鉴 2007。城市人均建筑面积和使用面积为建设部统计数字。

尽管近年来我国的城乡居民人均住房面积在快速提高，但是和欧洲国家以及美国的水平相比，还存在较大的提升空间。尤其是受中国传统的概念影响，当前许多居民在有了一定经济实力后存在追求“大面积豪宅”的消费心态，同时许多地方政府也把扩大人均住房面积作为“十一五”规划的重要考核指标，所以“十一五”期间人均住房面积仍将快速增长。而世界银行的相关预测也表明，到 2015 年，中国的住宅面积将在 2000 年的基础上翻一番。同时，随着我国的产业结构优化调整，第三产业将快速发展，预期到 2010 年第三产业的 GDP 比重比 2005 年提高 3 个百分点，居民对商业、金融、餐饮、休闲、健身、医疗、教育等消费需求不断提高，导致公共建筑面积可能将以更快的速度增长。

预期“十一五”期间中国的房地产产业的兴盛繁荣趋势仍将持续，5 年间新增建筑面积将超过 80 亿 m^2 上，到 2010 年我国的建筑面积将超过 500 亿 m^2，年均增长 15 亿～20 亿 m^2。其中，住宅将达到 430 亿 m^2（城镇和农村居民人均住房面积分别达到 30m^2 和 33m^2），公共建筑将超过 70 亿 m^2（其中大型公共建筑将达到 7 亿～8 亿 m^2）。

第二节　建筑室内舒适性环境要求不断提高

对建筑面积提出更高要求的同时，人们对室内环境的舒适性要求也越来越高。冬季室温由 12℃、16℃ 提高到 18℃、20℃；夏季室温由 30℃，降低到 26℃、24℃。采暖区域从黄河以北扩展到长江以南；而从 20 世纪 90 年代初期才开始发展的空调，现在已经从公共建筑扩展到民用建筑，从南方扩展到北方，从城市扩展到农村。近年来，我国房间空调器的年均增长率接近 20%（见图 2-1）。在范围和数量迅速增加的同时，采暖和空调时间也正在逐步延长。而在“非典”之后，普遍提高了对通风的要求，又进一步增加了采暖和空调的能耗。除了对采暖、空调提出越来越高的要求外，我国城乡居民的主要家用电器拥有水平呈现快速增长趋势。电冰箱、空调器、热水器、洗衣机、电视机等各种家用电器设备不但在城镇居民家庭中得到快速普及（见表 2-3），在农村中也得到了迅猛发展（见表 2-4）。

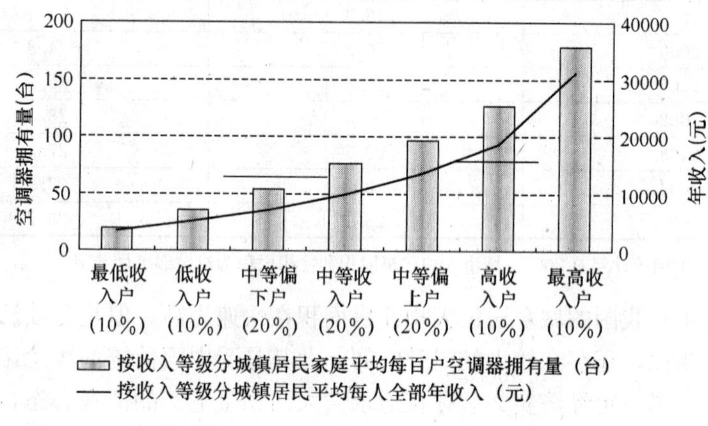

图 2-1 居民收入水平与空调器拥有量的关系（2005 年）

城镇居民家庭平均每百户年主要家用电器拥有量 表 2-3

项目	1995 年	1999 年	2000 年	2001 年	2002 年	2003 年	2004 年	2005 年	2006 年
电风扇（台）	167.35	171.73	167.91	170.74	182.57	181.58	179.56	172.18	174.6
洗衣机（台）	88.97	91.44	90.52	92.22	92.9	94.41	95.9	95.5	96.8
电冰箱（台）	66.22	77.74	80.13	81.87	87.38	88.73	90.15	90.7	91.8
彩色电视机（台）	89.79	111.57	116.56	120.52	126.38	130.5	133.44	134.8	137.4
空调器（台）	8.09	24.48	30.76	35.79	51.1	61.79	69.81	80.7	87.8
微波炉（台）		12.15	17.61	22.27	30.91	36.96	41.7	47.6	50.6
电炊具（台）	84.14	101.82	101.94	107.87	96.02	101.19	106.38	107.2	113.2
抽油烟机（台）	34.47	48.62	54.07	55.49	60.67	63.55	65.58	67.9	69.8
淋浴热水器（个）	30.05	45.49	49.11	52	62.42	66.61	69.4	72.7	75.1
取暖器（台）	—	—	—	—	27.86	32.26	33.73	35.51	37.8

数据来源：中国统计年鉴。

农村居民家庭平均每百户年主要家用电器拥有量 表 2-4

项目	1995 年	2000 年	2001 年	2002 年	2003 年	2004 年	2005 年	2006 年
洗衣机（台）	16.9	28.58	29.94	31.8	34.27	37.32	40.2	43
电风扇（台）	88.96	122.62	129.42	134.26	138.08	141.91	146.35	152.1
电冰箱（台）	5.15	12.31	13.59	14.83	15.89	17.75	20.1	22.5
空调机（台）	0.18	1.32	1.7	2.29	3.45	4.7	6.4	7.3
抽油烟机（台）	0.61	2.75	3.15	3.58	4.11	4.81	5.98	7
彩色电视机（台）	16.92	48.74	54.41	60.45	67.8	75.09	84	89.4

数据来源：中国统计年鉴。

第三节 建筑能耗及能效水平

建筑面积的迅速增加及采暖、空调、家用电器的普遍使用，导致建筑能耗的持续上升。因为目前没有详尽的建筑能耗统计体系，根据全国的能源平衡表和建筑能耗的特点，笔者认为，在不考虑工业能耗中应属于建筑能耗的部分非生产用能的情况下，2005 年，建筑终端能耗约为 2.7 亿～3 亿 t 标准煤，折合为一次能源约为 4 亿～4.5 亿 t 标准煤，占全国能源消费总量的比重约为 18%左右，其中采暖和空调能耗约占 50%～60%。一些北方地区的采暖能耗超过了当地社会总能耗的 40%。而近年来形成电力尖峰负荷的空调设备快速增长，在许多大城市中，夏季空调负荷占高峰期电力负荷的 30%～40%，是导致我国“十五”期间电力紧张、拉闸限电的主要原因之一。此外，冬季采暖和夏季空调，已成为城市大气环境的一个主要污染源。

根据建筑用能的特点，我国的建筑能耗总体上可以分为如表 2-5 所示的几类，其构成方式如图 2-2 所示。

我国建筑能耗现状（2005 年） **表 2-5**

	面积	特　　点	能　耗
北方城镇建筑采暖能耗	70 亿 m^2	70%以上为集中供热； 单位面积采暖能耗为 14～25kg 标准煤/（年・m^2），平均约为 20kg 标准煤/（年・m^2）； 与建筑物的保温水平、采暖方式和系统状况有关	约 1.4 亿 t 标准煤
城镇居民生活用电	145 亿 m^2	包括照明、家电、空调和长江流域及长江以南地区的分散采暖用电； 单位面积平均用电量水平约 10～30kWh/（年・m^2），与发达国家（60～100kWh/（年・m^2）存在很大差距； 目前呈现快速上升的趋势	约 2000 亿 kWh
农村居民生活用能	220 亿 m^2	包括采暖、炊事、照明及家用电器； 采暖炊事燃料正在从薪柴向煤炭、LPG（炊事用）、电（采暖用）方向升级； 当前的能源服务水平很低，有很大的提升潜力。	约 1.1 亿 t 标准煤（含居民生活用电量 1100 亿 kWh）； 此外，消耗生物质能源约 2 亿 t 标准煤

续表

	面积	特　　点	能　耗
大型公共建筑用电	约 5～6 亿 m^2，每年新增约 3000 万～5000 万 m^2	包括高档办公楼、宾馆、大型购物中心、综合商厦、交通枢纽等（单栋超过 2 万 m^2，采用中央空调供冷方式）的空调、照明、电器、动力设备用电量； 单位建筑面积耗电量为 100～300kWh/（年·m^2），是城镇住宅的 10～15 倍； 单位建筑面积耗电量与美国基本在同一水平，比日本城市高，节能水平远远低于西欧北欧水平； 此类建筑在新建公共建筑中比例呈快速增加趋势，是导致近几年我国大部分城镇夏季用电量急剧上升的主要原因之一。	约 1000 亿 kWh
一般公共建筑用电	约 50 亿 m^2	包括一般的办公室、商店、饭店、宾馆、教室等的照明、办公用电设备、饮水设备、空调用电等； 单位建筑面积耗电量为 20～60kWh/（年·m^2），平均用电水平目前低于发达国家，上升空间也较大	约 1500 亿 kWh
其他		包括城镇居民和公共建筑的热水和炊事用能等	约 3000 万 t 标准煤
总计	420 亿 m^2	平均单位面积能耗约 9～10kg 标准煤/（年·m^2）	约 4 亿～4.5 亿 t 标准煤（商品能源）

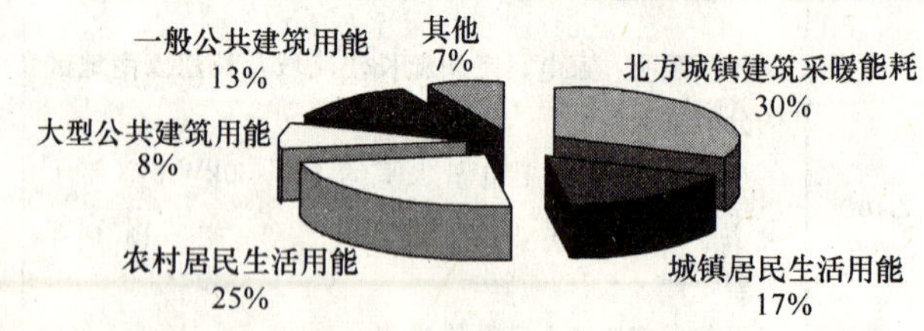

图 2-2　当前建筑物用能的构成方式

(1) 北方城镇建筑采暖能耗❶

北方城镇地区是我国传统的采暖区，目前约有 70 亿 m^2。单位面积采暖能耗为 14～25kg 标准煤/（年·m^2），平均约为 20kg 标准煤/（年·m^2），是同纬度气候相近国家的 2～3 倍左右（德国约为 8kg 标准煤/（年·m^2）），年能耗量约为 1.4 亿 t 标准煤。其能源效率水平与建筑物的保温水平、采暖方式和系统状况

❶ 康艳兵，不同采暖方式的技术经济评价，《中国能源》，2008 (1)。

有关。

从建筑物保温隔热水平看，尽管20世纪90年代末以后新建的房屋保温隔热水平有所提高，但是超过90%的既有建筑的保温隔热水平很低。我国绝大多数采暖地区住宅围护结构的热工性能比气候相近的发达国家差许多，外墙的传热系数是他们的3.5～4.5倍，外窗为2～3倍，屋面为3～6倍，门窗的空气渗透性为3～6倍，保温隔热水平为北欧等同纬度发达地区的1/3～1/2，差距较大。从采暖方式看，尽管集中供热普及率在不断提高，目前70%以上为集中供热（其余为分散式采暖炉供热），但是因为供热体制改革举步难艰及相关技术原因，供热系统运行效率很低。首先是供热系统调节不均，并且末端缺乏热量调控装置，导致部分过热。虽然建筑物保温隔热水平有所提高，但开窗降温导致约30%的热损失；其次，锅炉房实际运行效率非常低（约60%～65%），供热管网热损失很大（约15%～30%）。总体上，虽然集中供热从理论上讲是一种节能的采暖方式，但是我国的集中供热系统实际运行效率不到60%。

（2）城镇居民生活用能

目前，单位面积平均用电量水平约10～30kWh/（年·m^2），与发达国家（60～100kWh/（年·m^2））存在很大差距。虽然近年来我国针对空调器、电冰箱、照明器具等电器出台了许多能效标准和标识政策，使这些电器的能效水平正在逐步提高，但是，因为这些电器的普及率及能源服务水平还相对较低，目前城镇居民生活用电正在呈现快速增长的态势。

（3）农村居民生活用能

当前的农村居民生活能源服务水平还非常低，人均生活用能（商品能源）仅为城镇居民的一半左右，存在很大的提升空间。

（4）大型公共建筑用电

大型公共建筑用能的特点是单位面积耗能非常高，为100～300kWh/（年·m^2），是城镇住宅的10～15倍，为一般办公建筑的2～4倍，与美国基本在同一水平，比日本城市高。同时，节能水平远远低于西欧、北欧水平，存在30%以上的节能潜力。虽然此类建筑目前仅有5～6亿m^2，但是每年新增数量很大，约3000～5000万m^2，是导致近几年我国大部分城镇夏季用电量急剧上升的主要原因之一，同时也将对“十一五”的夏季电力供需平衡造成巨大压力。

（5）一般公共建筑用电

包括一般的办公室、商店、饭店、宾馆、教室等的照明、办公用电设备、饮水设备、空调用电等。因为目前的能源服务水平比较低，单位建筑面积耗电量为20～60kWh/（年·m^2），远低于发达国家水平，上升空间也较大。

从建筑用能的品种看，电力、天然气、热力等优质能源呈现快速增长态势，占建筑终端能源消费量的比重分别为26%、6%和7.5%左右；城乡居民人均生活用电量由2000年的132kWh增长到2005年的216kWh，年均增速超过10%；LPG（液化石油气）在城乡居民生活用能中正在日益推广应用，2005年LPG消费量达到1329万t；与此同时，建筑用能的终端煤炭消费比例有所下降，但是因为许多农村居民的燃料正在从薪柴向煤炭升级，导致终端煤炭消费的绝对量变化不大。

第三章　建筑节能在节能工作中的地位

第一节　我国面临着严峻的节能形势

一、能源问题已经成为制约我国经济社会可持续发展的“瓶颈”

能源是人类生存和社会发展的重要物质基础，也是当今国际政治、经济、军事、外交关注的热点。随着我国国民经济的持续快速增长，工业化和城镇化进程进一步加快，产业结构和消费结构升级以及居民生活用能的增加，我国的能源需求大幅度增长。尤其是“十五”以来，我国的能源需求快速增长，导致了近年来“煤、电、油、运”空前紧张的严峻局面。由图 3-1 可以看出，2006 年，我国能源消费量已增长到 24.6 亿 t 标准煤，占世界能源消费总量的 15%左右，是仅次于美国的第二大能源消费国。

由图 3-1 可知，1980～2000 年的 20 年间，我国每年的能源消费量增幅为 7.8 亿 t 标准煤；而 2000～2006 年的 6 年间，我国每年的能源消费量增幅高达 10.8 亿 t 标准煤。1980～2000 年，我国的能源消费弹性系数仅为 0.43，实现了“能源翻一番保经济翻两番”的预期目标；但是，2000～2005 年，能源消费弹性系数为 1 左右（见表 3-1），即能源消费量与 GDP 基本上在同速增长。相应地，2002 以后的几年中，我国单位 GDP 能耗不降反升（见图 3-2）。

我国的能源经济弹性关系　　　　**表 3-1**

年　度	1980～1990	1990～2000	2000～2005	1980～2000	1980～2005
经济增长率	9.28%	10.43%	9.49%	9.85%	9.78%
能源消费增长率	5.06%	3.45%	9.93%	4.25%	5.36%
能源消费弹性系数	0.54	0.33	1.05	0.43	0.55

能源消费量的快速增长，导致能源进口压力越来越大，能源价格持续攀升，环境环保压力不断增加。能源问题，已经成为制约我国经济社会可持续发展的“瓶颈”。

二、未来我国经济社会可持续发展面临的能源问题与挑战

按照我国提出的既定发展目标，到 2020 年要全面建设小康社会，到 2050 年人均 GDP 水平将达到中等发达国家水平。在这一发展过程中，能源将是我国未

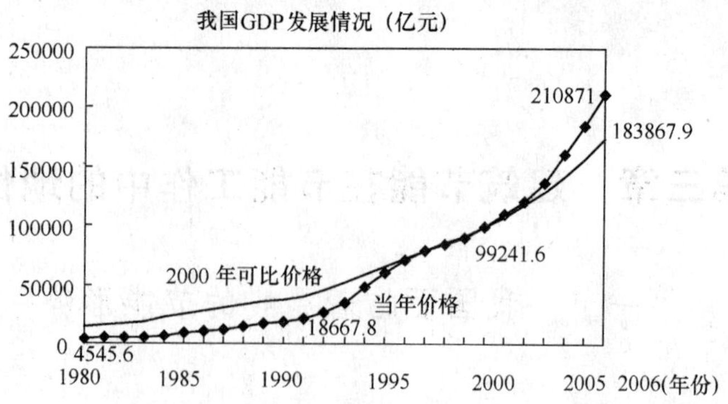

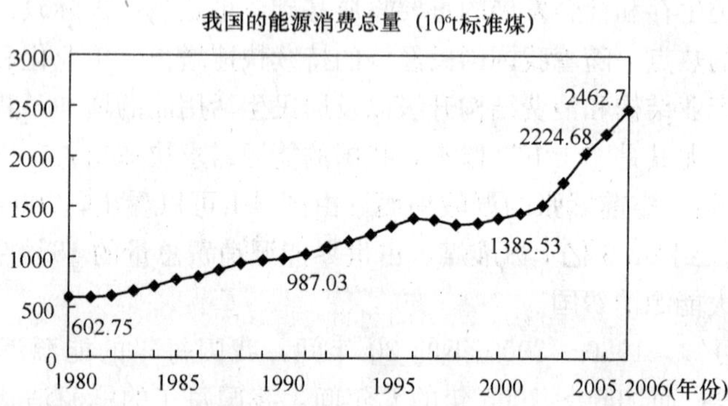

图 3-1 我国历年的 GDP 和能源消费总量增长情况

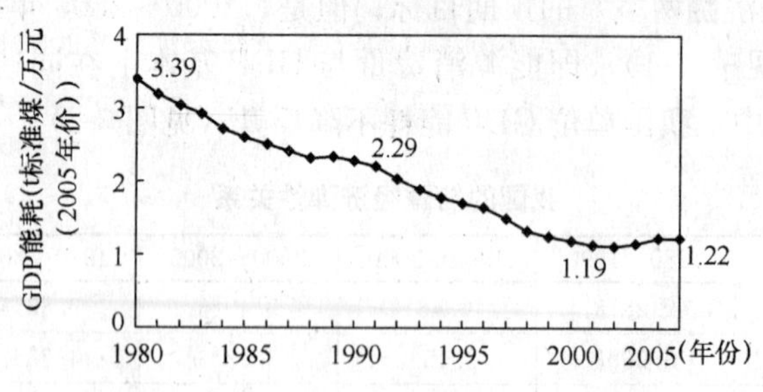

图 3-2 我国历年的单位 GDP 能耗变化情况

来社会经济发展的重要物质保障，而经济社会长期可持续发展面临着更加严峻的能源问题与挑战。

尽管我国近年来能源消费量在快速增长，2006 年的人均能源消费量已增长到 1.3t 标准油左右，但是由于我国的人均 GDP 和发达国家还存在很大的差距，与美国、加拿大（约 8t 标准油）和欧洲、日本（约 4t 标准油）的人均能源消费量水平相比，我国的人均能源消费水平还很低。在实现我国提出的既定发展目标，假如届时我国的人均能源消费量达到美国当前的水平，那么我国的能源需求量将超过当前全世界能源消费总量；即使我国人均能源消费量达到全世界最节能的国家一日本的当前水平，届时我国的能源需求总量也仍将超过当前全世界能源消费总量的一半以上。人均能源消费量国际比较如图 3-3 所示。

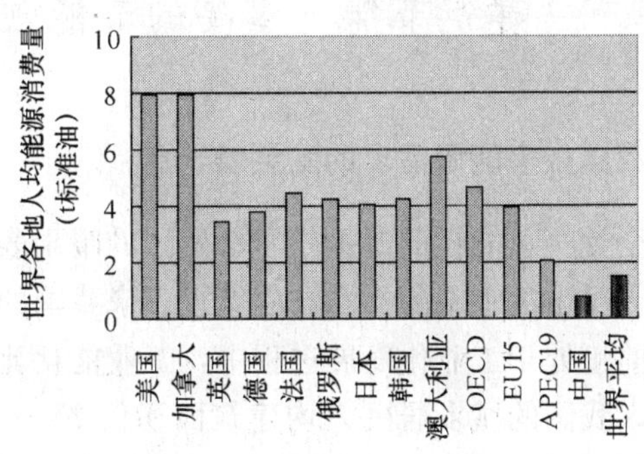

图 3-3 人均能源消费量国际比较

注：中国的数据为 2006 年数据，其他国家的数据为 2003 年数据。

面对如此巨大的能源需求，而我国的煤炭、石油和天然气等能源资源的人均占有量却分别只有世界平均水平的 1/2、1/10 和 1/20，届时我国大量的能源需求将严重依赖于进口，能源资源供需矛盾将对我国乃至世界的能源格局产生不可估量的影响。而由于巨大的能源需求带来的区域环境压力以及影响全球气候变化的温室气体减排压力，将成为我国面临的又一个重大课题。如何在保证实现既定发展目标的前提下实现经济、能源、环境的可持续发展，我们必须创新出一条比日本还要可持续的发展道路，这是摆在我们面前的一个史无前例的问题。节能和提高能源效率水平则是解决这个问题的关键途径。

三、我国政府对节能工作给予了高度重视

日趋严峻的能源环境问题，已经引起我国政府前所未有的高度关注和重视，并已经采取了法律、行政、经济等一系列措施。把节约资源和保护环境纳入三大基本国策；在《“十一五”规划》中明确提出“单位 GDP 能耗降低 20%左右”的节能目标和“主要污染物排放量降低 10%”的减排目标；把节能减排任务分解到地方政府和主要企业，作为考核政府和企业政绩“一票否决”和实施“问责制”的指标；成立了由温家宝总理担任组长的国家节能减排领导小组。同时，出台了一系列节能政策文件，例如，“中国节能中长期专项规划”、“国务院关于加强节能工作的决定”、“国务院节能减排综合性工作方案”、“节能减排统计监测及考核实施方案和办法”等等。此外，先后启动了“十大重点节能工程”、“千家企业节能”等重要活动。在 2007 年闭幕的“十七大”会议上，把科学发展观写入

党章，并且把节能减排工作提升到生态文明的高度。2008 年 4 月 1 日，新修订的《节约能源法》正式开始实施。目前，节能已经成为上至党中央、国务院，下至普通百姓的一个关注“热点”。

第二节 建筑节能是重要的节能领域

一、建筑用能是我国未来能源需求的主要增长点

建筑能耗及其占全社会总能耗的比重是经济发展的晴雨表，是一个国家或者一个地区经济结构和人民生活水平的标志。尽管近年来我国的建筑能耗在持续增长，但是由于我国当前正处于工业化发展进程中，工业能耗比重仍然高达65％～70％左右。与之相比，我国的城乡居民人均建筑面积仅 25～30m^2 左右，和欧洲国家（35～45m^2）以及美国（接近 60m^2）相比，还存在较大的提升空间。同时，我国的居民能源服务水平总体上还比较低，尤其在贫困地区，采暖、空调、热水及各种电器设备的服务水平还很低。所以，目前我国建筑能耗占全社会总能耗的比重还远未达到发达国家 30％～40％的水平，人均建筑能耗还不到美国的1/10。

但是，随着我国经济的快速增长、产业结构的不断优化、城镇化水平的逐步攀升和人民生活水平的日益提高，我国的人均住房面积将进一步提高，公共建筑面积将以更快的速度增长，而采暖、空调、照明、热水以及各种电器设备的服务水平也势必大幅度提高，这些因素决定了建筑用能必将成为我国未来能源消费增长较快的领域，建筑能耗占全国总能耗的比重也会越来越高。这种趋势不可阻挡，也不应该阻挡。随着建筑能耗的不断增长，建筑节能在我国未来节能工作中的地位将进一步得到加强。

二、采暖和空调能耗是导致能源短缺的主要原因之一

采暖空调能耗一般占建筑能耗的 50％～70％，是建筑能耗的主要构成部分，并且都属于季节性能耗。但是，许多情况下，冬季采暖和夏季空调的能耗品种不同，从而导致某种能源品种出现季节性高峰需求，这也是近年来出现季节性能源短缺的主要原因。

当前空调的主要能耗为终端电力。随着空调的快速普及，空调用电负荷占夏季电力高峰期负荷的比重越来越大，在许多城市中为 30％～40％，甚至一些城市中空调用电负荷占夏季电力高峰期负荷的比重超过 40％。由于空调设备的广泛应用，导致电力高峰期电力紧张，是 2004 年我国 26 个省市出现了“拉闸限电”的主要原因。以上海市为例，2004 年空调用电负荷占夏季电力高峰期负荷

总量的比重超过了40%；而在华东地区，2003年夏季高峰期负荷中空调降温负荷的比重已经超过了35%，并且室外空气温度超过35℃时，每提高1℃则需要增加150万kW的空调用电负荷。为满足几十个小时甚至十几个小时的空调用电需求，需要增加大量的发电厂。因此，空调节电也成为电力需求侧管理（DSM）的重点领域。

目前北方地区的冬季采暖仍然以煤为主。每到采暖季来临之际，各个城市的领导纷纷到煤矿落实采暖用煤的现象比比皆是。在北京，为加强环境保护，采用“煤改气”措施，用天然气锅炉替代燃煤锅炉，导致冬季天然气供应面临着很大压力。2004年严冬季节，室外温度每降低1℃则需要增加240万m^3的日天然气消费量，导致冬季天然气负荷是夏季的10倍以上，并且出现了供气不足的严重问题，影响了工业生产和人民生活。随着居民对冬季室内舒适性要求的提高，冬季采暖的区域不但扩大，由原来的黄河以北扩展到了长江以南。而长江以南地区的冬季采暖多采用电动热泵方式，进一步导致这些地区冬季的电力紧张。例如，2005年1月，全国21个省市拉闸限电，与南方地区冬季采暖用电量增加有关。再如，2008年初，南方地区出现大面积雪灾，居民采暖用电量骤增，进一步加剧了电力紧张的局面。

综上所述，大力推动采暖空调节能，不但可以节约采暖和空调能耗，而且可以有效缓解我国的季节性能源短缺问题，同时可以节省许多发电厂、储气罐、储煤厂等基础设施建设成本。

第三节　我国的建筑节能潜力

一、当前的技术节能潜力

如前文所述，我国目前在商用/民用领域存在着巨大的技术节能潜力。

目前，我国北方城镇地区单位面积的采暖能耗是同纬度气候相似国家的2～3倍。例如，在北京，单位面积的采暖能耗约20kg标准煤，而气候相近的柏林仅为8kg标准煤左右。锅炉房实际运行效率非常低，约60%～65%左右，与国外存在15～20个百分点的差距。热电联产集中供热虽然热源效率很高，但是供热管网热损失很大（约15%～30%），供热系统调节不均（导致约30%的热损失）。虽然集中供热从理论上讲是一种节能的采暖方式，但是我国集中供热系统实际运行效率不到60%。此外，一些建筑物保温隔热还比较差，也存在着较大的技术升级潜力。

大型公共建筑则是一个重要的节电领域，其单位面积耗电量是城镇住宅的10～15倍，普遍存在30%以上的节能潜力。据调查，许多大型商业建筑的中央空调系统中，输配系统（风机、水泵）的能耗占了40%～50%，而由于存在“大马拉小车”的匹配不合理问题和缺乏节能控制措施，许多风机、水泵的实际运行效率不到40%，导致了极大的能源浪费。图 3-4，描述了对比系 10 家商场和 16 家旅馆实例的单位面积年耗电量和能耗费用图可看出，即使同类建筑单位面积能耗存在着 2～3 倍的差距，表明存在着巨大的节能潜力。因此，公共建筑节能改造目前已经成为节能服务公司实施节能项目的重点领域。

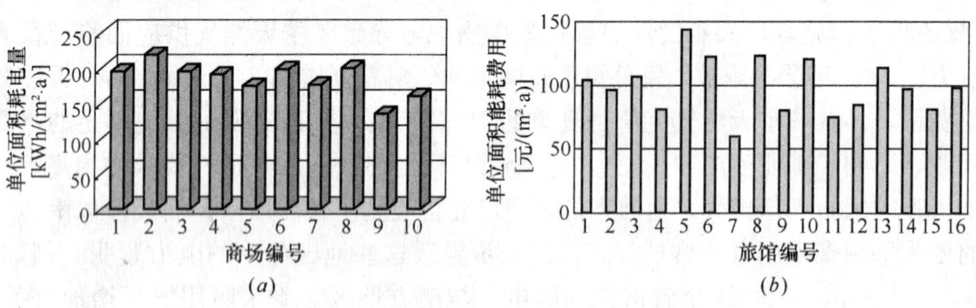

图 3-4 同类型公共建筑的能耗差异

(*a*) 北京 10 家商场能耗；(*b*) 北京 16 家旅馆能耗图

随着居民对采光照明舒适性的不断提高，照明节电也得到了广泛关注。通过实施绿色照明工程，我国在照明领域取得了显著成效，成为世界上最大的节能灯生产国和出口国。2006 年，我国的节能灯产量为 24 亿只，占世界产量的 80%以上，并且国内销售量也已经逐步增长到 7 亿只。尽管如此，2006 年我国的白炽灯产量仍然高达 43 亿只，近年来白炽灯产量没有明显降低，并且国内白炽灯销售量也仍然高达 19 亿只。如果用节能灯将当前 43 亿只白炽灯的产能全部替换，则每年可以节约 1300 亿 kWh 的照明用电量，并相应减少 1.3 亿吨 CO_2 的温室气体排放量，将为全球能源环境可持续发展做出重大贡献。

二、“十一五”期间的建筑节能潜力分析❶

“十一五”是我国深化工业化和城镇化进程的关键时期，预期 GDP 年均增长速度将高达 9%～10%。城市化率也将从 2005 年的 43%提高到 2010 年的 50%以上，这意味着又将有超过 1 亿的人口从农村转移到城镇，享受更高的能源服务水平。根据相关研究结果，“十一五”期间我国新增建筑面积将超过 80 亿 m^2 以上，到 2010 年我国的建筑面积将超过 500 亿 m^2，年均增长 15～20 亿 m^2。其中，住宅将达到 430 亿 m^2（城镇和农村居民人均住房面积分别达到 $30m^2$ 和 $33m^2$），公共建筑将超过 70 亿 m^2（其中大型公共建筑将达到 7～8 亿 m^2）。

---

❶ 康艳兵，国家发改委能源研究所．实现“十一五”节能目标的建筑节能措施分析，2006。

新增建筑物及各种建筑能源系统/设备节能潜力及实现途径

表 3-2

用能方式	活动水平增量	如果不采取措施2010年能耗增量	采取措施后2010年能耗增量	节能量	关键技术措施	关键政策措施	通用的政策措施
北方城镇建筑采暖能耗	新增建筑约30亿～40亿 m^2，舒适性有所提高	0.6亿～0.8亿t标准煤	0.4亿～0.55亿t标准煤	2300万t标准煤	围护结构保温隔热； 供热系统优化运行控制； 供热系统末端可调； 采取高效采暖方式（水源/地源/污水源热泵、天然气采暖等）	贯彻实施采暖居住建筑节能50%和65%（直辖市）的节能设计标准； 深化供热体制改革； 鼓励高效节能的供热技术	对新建建筑物和新增用能设备的最低能效标准和能效（耗）标识政策； 对新增节能建筑和节能设备的经济激励政策（能源价格、补贴、贴息、减免税、融资等）； 节能宣传
长江流域新增采暖能耗	新增建筑约10亿～20亿 m^2，舒适性大幅度提高	0.15亿～0.3亿t标准煤	100亿～200亿度电（折合约370万～750万t标准煤）	2000万t标准煤	引导采用分散式的热泵型供热方式； 严格控制采用集中供热方式；鼓励高效节能的供热方式（水源/地源/浅表水源/污水源热泵等）	贯彻实施夏热冬冷地区建筑节能标准； 推行建筑能耗标识制度	
城镇居民生活用电	新增住宅55亿 m^2，生活用电服务水平较快速度增长	1500亿kWh电（折合约5000万t标准煤）	1000亿kWh电（折合约3300万t标准煤）	1700万t标准煤	节能空调、照明、冰箱等高效技术； 在夏热冬冷和夏热冬暖地区推广遮阳、自然通风措施； 太阳能热水器	各种家用电器设备的能效标准和能效标识	

续表

用能方式	活动水平增量	如果不采取措施2010年能耗增量	采取措施后2010年能耗增量	节能量	关键技术措施	关键政策措施	通用的政策措施
农村居民生活用能	新增住宅10亿～15亿m^2，能源服务水平快速提高	1000万t标准煤（含居民生活用电量100亿kWh）	800万t标准煤（含居民生活用电量70亿kWh）	200万t标准煤	燃料升级； 太阳能热水器； 沼气利用； 秸秆固化/气化利用	新能源和可再生能源利用政策	对新建建筑物和新增用能设备的最低能效标准和能效（耗）标识政策； 对新增节能建筑和节能设备的经济激励政策（能源价格、补贴、贴息、减免税、融资等）； 节能宣传
大型公共建筑用电	新增2亿m^2，服务水平略有上升	400亿kWh电（折合约1500万t标准煤）	250亿kWh电（折合约900万t标准煤）	600万t标准煤	空调系统和照明系统的节能优化设计和运行管理； 电器设备节能技术； 建筑物的节能设计	贯彻实施公共建筑节能设计标准和照明、空调等电器设备能效标准	
一般公共建筑用电	新增15亿m^2，服务水平快速提高	600亿kWh电（折合约2200万t标准煤）	450亿kWh电（折合约1600万t标准煤）	600万t标准煤	照明、空调、电器设备的节能设计及运行； 建筑围护结构节能技术	贯彻实施公共建筑节能设计标准	
其他	新增城镇居民和公共建筑的热水/炊事服务水平比较快速提高	500万t标准煤	400万t标准煤	100万t标准煤	太阳能热水器； 节能型热水供应方式（如热泵型热水器等）； 节能型炊具	相关设备能效标准； 可再生能源利用政策	
总计	新增民用建筑面积85亿m^2，能源服务水平根据不同用能方式和建筑类型呈现不同程度增长	1.97亿t标准煤	1.22亿t标准煤	7500万t标准煤			

既有建筑能源系统（设备）和建筑物节能改造潜力和实现途径

表 3-3

	活动水平	如果不采取措施2010年所需能耗	采取措施后2010年所需能耗	节能量	技术措施	政策措施
北方城镇建筑采暖能耗	既有面积70亿m^2，采暖舒适性有所提高	1.5亿t标准煤	1.1亿t标准煤	4000万t标准煤	供热系统（包括热源（锅炉房、热电厂）、热网、末端）节能改造和优化运行管理； 供热系统末端可调技术； 部分建筑围护结构的局部节能改造（节能窗、外保温等）	深化供热体制改革（北方地区供热系统和建筑节能改造）； 鼓励节能改造的经济激励政策（能源价格、补贴、贴息、减免税、融资等）； 鼓励节能服务公司实施节能改造的优惠政策
城镇居民生活用能	既有面积145亿m^2，生活用电服务水平较快速度增长	3000亿kWh电（折合约1.12亿t标准煤）	2500亿kWh电（折合约0.94亿t标准煤）	1800万t标准煤	低效空调、照明、冰箱等设备的淘汰更新； 在夏热冬冷和夏热冬暖地区推广遮阳、自然通风措施	
农村居民生活用能	既有面积220亿m^2，能源服务水平快速提高	1.3亿t标准煤	1.2亿t标准煤	1000万t标准煤	燃料升级； 太阳能热水器； 沼气利用； 秸秆固化/气化利用	
大型公共建筑用能	既有面积约5亿～6亿m^2，能源服务水平略有提高	1200亿kWh电（折合约0.45亿t标准煤）	900亿kWh电（折合约0.35亿t标准煤）	1000万t标准煤	空调系统和照明系统的节能改造和优化运行管理； 低效电器设备的淘汰更新	
一般公共建筑用能	既有面积约60亿m^2，能源服务水平比较快速增长	2000亿kWh电（折合约0.75亿t标准煤）	1800亿kWh电（折合约0.67亿t标准煤）	800万t标准煤	低效电器设备的淘汰更新； 高效电器设备的推广应用	
其 他	城镇居民和公共建筑的热水/炊事服务水平比较快速提高	3500万t标准煤	3400万t标准煤	100万t标准煤	太阳能热水器； 节能型热水供应方式（如热泵型热水器等）； 节能型炊具	
总 计	既有民用建筑面积420亿m^2，能源服务水平根据不同用能方式和建筑联系呈现不同程度增长	5.47亿t标准煤	4.6亿t标准煤	8700万t标准煤		

同时，随着经济水平的进一步提高，居民对建筑室内舒适性环境及能源服务水平的要求将呈现更加明显的增长态势。届时北方传统采暖区的采暖舒适度会进一步提高，长江流域的采暖面积将快速增长；城镇居民对家用电器的服务水平会提出越来越高的要求，空调、电冰箱、洗衣机等家用电器将在农村地区快速普及，而照明效果也将趋于更加“豪华、舒适”；农村居民采暖炊事燃料结构会进一步升级，而城乡居民对生活热水的需求将快速增长。与此同时，一般公共建筑的能源服务水平也将有明显提高。

上述情况决定了“十一五”期间建筑能耗必将快速增长。国家发改委能源研究所对“十一五”建筑能耗的增长趋势、存在的节能潜力以及建议采取的相关措施开展了研究。❶ 研究结果表明：

1）如果按照当前的建筑节能政策，到2010年我国的建筑能耗将可能在2005年的基础上接近翻一番，超过8亿t标准煤；如果采取更有效的节能措施，届时将可能使建筑能耗控制在6亿t标准煤以内。这意味着，有效的建筑节能措施在2010年就可以形成2亿t标准煤的建筑节能能力。

2）对新增建筑物及各种建筑能源系统（设备）能效水平的控制可形成近8000万t标准煤左右的节能潜力（节能潜力的存在领域和实现途径见表3-2）。

3）既有建筑能源系统（设备）和建筑物节能改造潜力接近9000t标准煤（节能潜力的存在领域和实现途径见表3-3）。

4）通过合理引导广大社会公众“节约型”的消费方式也可以带来2000万～4000万t标准煤的节能效果。

可以看出，在城镇化的高潮中能否进一步切实加大建筑节能工作力度，挖掘巨大的建筑节能潜力，将对“十一五”节能目标的实现产生重要而深远的影响。

---

❶ 康艳兵，我国“十一五”建筑节能潜力及实现途径研究，2006。

第四章　政策环境与建筑节能

第一节　建筑能耗的形成

建筑能耗之所以产生，是为了满足居民对建筑室内环境提出的采暖、空调、照明、热水、炊事、电器等诸多能源服务需求。通过采用相关用能设施，来满足这些能源服务需求。而建筑能耗，则最终体现为采暖、空调、照明、热水、炊事、电器设备等用能设施的运行能耗。此阶段的能耗为终端能耗，多为二次能源（如终端电力、热力）。为了提供二次能源需求，则需要在发电厂等能源加工转换环节投入煤炭、石油、天然气等一次能源。建筑物能耗影响因素关联示意图如图 4-1 所示。

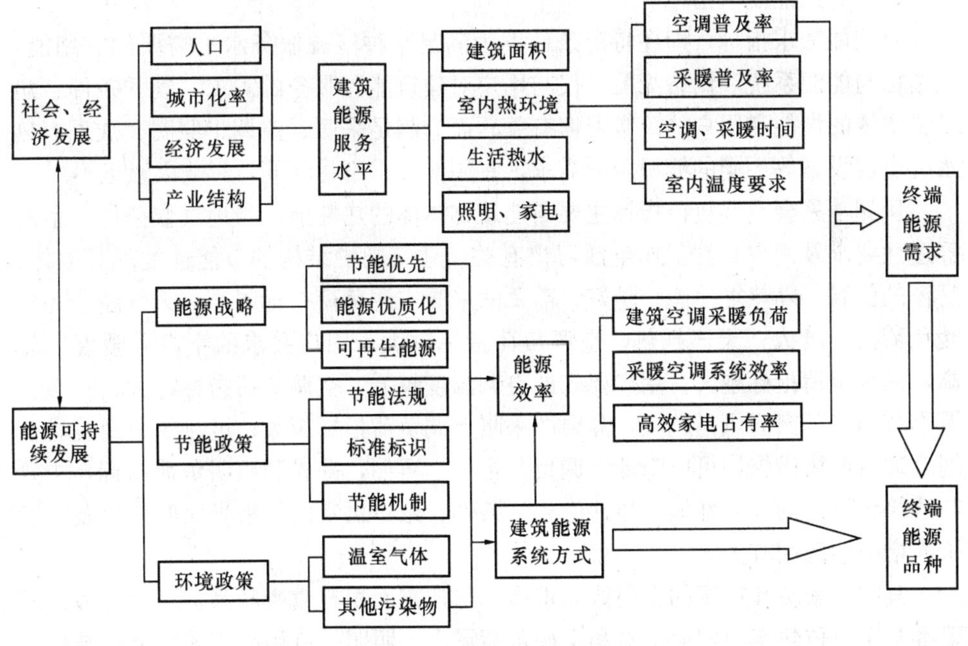

图 4-1　建筑物能耗影响因素关联示意图

第二节　建筑能耗的影响因素

由建筑能耗的形成机理可以看出，建筑物能耗取决于建筑能源服务水平和建筑能源效率水平。

一、建筑能源服务水平

建筑能源服务水平主要体现在人们对建筑面积、建筑室内热环境（包括舒适性要求、空调普及率、采暖区域、采暖空调时间等）、照明、热水供应、家电等方面的需求。居民对建筑能源服务水平要求的高与低，主要取决于经济收入水平及居民的消费理念，与一个国家或者一个地区的经济发展水平、城市化水平、产业结构及居民的消费模式等因素有关。

二、建筑能源效率水平

建筑能源效率主要取决于科技进步水平和政策环境的驱动，它又包括两个层次的内涵：有用能需求指标和建筑耗能系统及设备的运行能源效率水平。建筑能源效率一方面与能源环境政策、机制有关，另一方面取决于建筑围护结构及建筑能源系统、设备领域以及新能源和可再生能源利用的科技进步。而科技进步很大程度也取决于国家的能源环境政策及节能激励机制的驱动。

（1）有用能需求指标

有用能需求指标，即在特定条件下为满足某种能源服务水平需要的有用能。该指标与能源系统和设备无关，仅与用户对建筑能源服务的需求、气候条件、建筑物本体的性能和用户的日常习惯有关。而为满足采暖、空调、照明、炊事、热水、电器设备等不同的能源服务需求，有用能需求不尽相同，影响因素也不同。

例如，采暖空调负荷指标主要与建筑物本体的热性能、当地气候条件、室内舒适性要求及用户日常工作生活习惯有关。建筑围护结构的节能性能（其墙体、门窗的保温、隔热等性能）越好，需要的采暖空调负荷指标越小；天气越冷，采暖负荷指标越大；天气越热，空调负荷指标越大；用户要求的室内采暖温度越高，采暖负荷指标越大；用户要求的空调温度越低，空调负荷指标越大；采暖空调季节用户开窗通风量越大，需要的采暖空调负荷指标越大；过渡季节及夏季夜间合理的通风措施，可以降低空调负荷指标。再如，采光和照明负荷指标，主要与建筑物设计的采光性能、当地的光线条件、用户对室内的采光照明效果及自然采光措施的利用有关。

其中，采暖和空调的有用能需求指标与建筑面积有紧密联系，所以一般情况下都基于单位建筑面积谈采暖和空调负荷需求。照明的有用能需求指标也与建筑面积有紧密联系，一般采用单位面积的照度来表示。而对炊事、热水、电冰箱、电视机、微波炉及相关电器设备的有用能需求，则主要取决于建筑室内的人口数量。

（2）建筑用能系统及设备的运行能源效率水平

建筑用能系统及设备的运行能源效率水平，是指为满足相应的有用能需求，所采用的能源系统和设备的能效水平，该指标取决于能源系统和设备的技术形式和实际运行效果。

为满足某种有用能需求（如采暖、空调、照明、热水等），可以采用不同的能源系统和设备的技术方式来实现。例如，为满足同样的冬季采暖有用能需求，即满足同样的采暖负荷，可以通过许多采暖技术来实现。可以采用市政热网集中供热方式，也可以采用区域集中供热方式，也可以采用用户分散采暖方式。对于市政热网集中供热方式，可以采用热电联产技术，也可以采用大型燃煤、燃气、燃油锅炉技术；对于区域集中供热方式，可以采用燃煤、燃气、燃油锅炉技术和水源（地源）热泵技术；对于用户分散采暖方式，可以采用空气源热泵、水源（地源）热泵、小火炉、电热膜等技术。再如，为满足同样的采光照明有用能需求，可以采用白炽灯、节能灯、LED 等不同的技术形式；为满足同样的生活热水需求，可以采用电热水器、燃气热水器、热泵型热水器等技术形式。

不同的能源系统和设备的技术方式，一方面会影响其能源效率水平，另一方面将决定终端能耗的能源品种。例如，供热方式中，水源热泵消耗电力，*COP* 可以达到 4～4.5 的水平；燃煤锅炉房集中供热消耗煤，锅炉房效率约为 60%～65%；燃气锅炉集中供热消耗天然气，锅炉房效率约为 80%～90%；热电联产集中供热消耗热力，系统效率水平与热电厂效率、热网损失、调节控制等技术指标相关。

上面仅分析了建筑终端能耗的影响因素，而为了提供热力、电力等二次能源，又需要在发电厂等能源加工转换环节投入一次能源，并通过输配系统（电网、热网）输送到终端用户，从而进一步增加了大量的影响因素。

可看出，在形成建筑能耗的过程中，从能源服务水平到有用能需求，再到能源系统（设备）的实际运行效率，是一种串联关系，对建筑能耗能够产生“叠加”影响。正是因为影响建筑能耗的因素非常多，这种特点也从根本上决定了建筑节能潜力非常巨大。

第三节　政策环境是推动建筑节能的关键因素

正如前文所述，建筑用能的影响因素非常复杂。从用能方式方面，采暖、空调、照明、炊事、热水、电器设备等都会影响建筑能耗；从形成环节方面，从用户的某种能源服务需求，到有用能需求，再到能源系统和设备的方式选择和技术选择，再到能源加工转换和输配环节，都对建筑用能产生影响。

为有效降低建筑能耗，首先要对居民的生活消费模式进行引导，形成节约型的消费方式和工作生活习惯，从而避免奢华浪费的能源服务需求，并可以合理降低有用能需求。其次，要提高建筑围护结构的节能性能，采用保温、隔热、遮阳等技术措施，从而降低采暖和空调负荷等有用能需求。第三，要提高建筑能源系统（设备）的实际运行能效水平，包括采取合理的系统（设备）方式、高效节能技术和节能运行管理机制，从而降低实际的建筑用能终端能耗。第四，要合理利用可再生能源，包括自然通风、自然采光、太阳能、地热等，其中自然通风、自然采光的利用可以降低有用能需求，而太阳能、地热等的利用则作为能源系统方式可以直接减少化石燃料消耗。

建筑能耗影响因素复杂，决定了推动建筑节能工作涉及的市场主体繁多、复杂的特点。与工业节能相比，工业能耗是工业产品的工艺工程能耗，一般的工业企业拥有比较强的技术力量，并且工业节能直接涉及企业自身的经济利益，所以市场经济下工业企业可以作为一个经济运行主体进行自我调节。但是，建筑能耗是建筑物使用过程中的能耗，其最终用户是广大社会公众，建筑节能工作涉及了诸多层次的社会主体，包括广大消费者、房地产开发商、建筑设备开发商、销售商、物业公司、设计部门、科研部门、能源管理与能源服务机构等环节的利益群体（见图 4-2）。一个人可以不拥有企业、不拥有汽车，但是必须有生活和工作的环境，所以建筑节能与每名社会公众都息息相关。

建筑能耗所涉及的广大社会公众是分散性和公益性都非常强的一个庞大的能源消费群体，并且所涉及的利益群体非常广泛，同时普通的居民百姓也缺乏节能的专业知识。所以，要推动这样一个庞大的能源消费群体的节能工作，几个示范项目解决不了根本问题，只能靠良好的政策环境来推动，必须选择基于市场规律的节能政策长效机制。并且，因为建筑节能的公益性非常强，与每个人的利益都息息相关，因此政府出台的节能政策体系中应该给予建筑节能领域更多的支持。

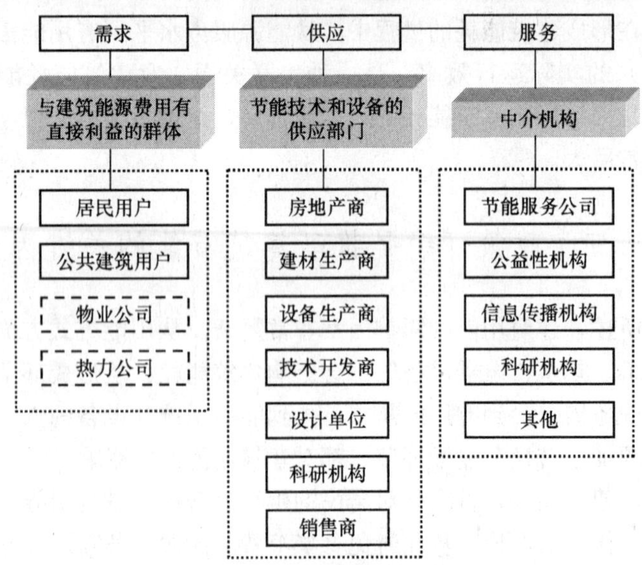

图 4-2 建筑节能技术涉及的相关主体

第五章　我国的建筑节能政策

第一节　我国建筑节能工作的发展历程

我国地域广阔，南北温差较大，依据《民用建筑热工设计规范》（GB 50176—93）和《中国建筑气候区划标准》（GB 50178—94）的规定，我国建筑气候区可划分为五个区，分别是：严寒地区、寒冷地区、夏热冬冷地区、夏热冬暖地区和温和地区。（见表 5-1，图 5-1）。

民用建筑热工设计的气候分区　　表 5-1

分区名称	分区指标		建筑设计要求
	主要指标	辅助指标	
严寒地区	最冷月平均温度≤−10℃	日平均温度≤5℃的天数≥145d	必须充分满足冬季保温要求，一般可不考虑夏季防热
寒冷地区	最冷月平均温度0～10℃	日平均温度≤5℃的天数 90～145d	应满足冬季保温要求，部分地区兼顾夏季防热
夏热冬冷地区	最冷月平均温度0～10℃，最热月平均温度 25～30℃	日平均温度≤5℃的天数 0～90d，日平均温度≥25℃的天数40～110d	必须满足夏季防热要求，适当兼顾冬季保温
夏热冬暖地区	最冷月平均温度＞10℃，最热月平均温度 25～29℃	日平均温度≥25℃的天数 100～200d	必须充分满足夏季防热要求，一般可不考虑冬季保温
温和地区	最冷月平均温度0～13℃，最热月平均温度 18～25℃	日平均温度≤5℃的天数 0～90d	部分地区应考虑冬季保温，一般可不考虑夏季防热

不同地区对采暖和空调有着不同的需求。如严寒和寒冷地区，以采暖能耗为主；夏热冬冷地区和夏热冬暖地区，以空调能耗为主。所以，我国的建筑节能工作也主要是分气候区域逐步开展的。

我国的建筑节能工作始于 20 世纪 80 年代。20 多年来，以建筑节能设计标准

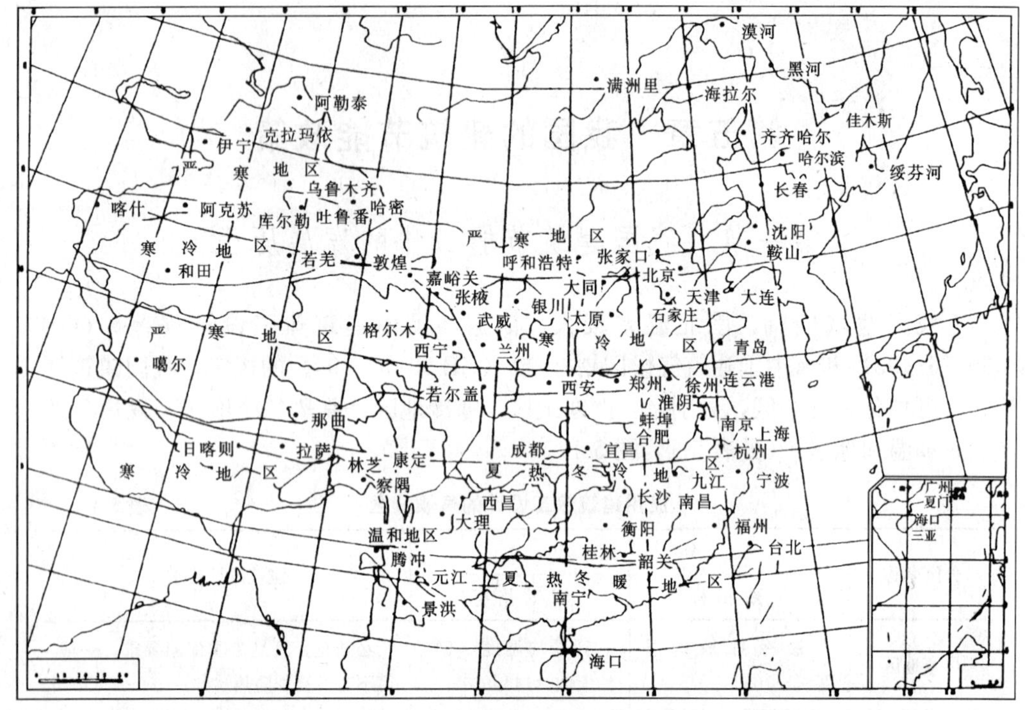

图 5-1　中国建筑气候分区图

为主线，我国的建筑节能工作可以大致分为两个阶段：

第一阶段：建筑节能主要在北方地区开展，工作以试点示范、相关节能技术研发、制定北方地区建筑节能标准等方面为主。1986 年颁布实施《民用建筑节能设计标准（采暖居住建筑部分）》，标准要求节能 30%；1996 年对标准进行修订，要求节能 50%；到 2000 年颁布《民用建筑节能管理规定》（建设部令第76 号）。

第二阶段：建筑节能工作逐步展开，形成了覆盖全国三个气候区、包括居住和公共建筑的标准体系。2001 年、2003 年、2005 年，建设部相继颁布实施《夏热冬冷地区居住建筑节能设计标准》、《夏热冬暖地区居住建筑节能设计标准》、《公共建筑节能设计标准》，形成了覆盖全国三个气候区、包括居住和公共建筑的标准体系。同时，在一些经济发达地区，如北京、天津等地已开始实行以节能 65%为目标的设计标准。

“十一五”以来，对建筑节能提出了新的要求，我国的建筑节能工作开始进入一个新的历史时期。

第二节 “十一五”期间的建筑节能目标和重要领域工作内容[1]

“十一五”期间，我国政府提出了“单位GDP能耗下降20%左右”的约束性节能目标。在《“十一五”十大重点节能工程实施意见》中，把建筑节能作为一个重点节能工程，对“十一五”建筑节能工作提出了明确的要求。

一、“十一五”期间的建筑节能目标

“十一五”期间，我国建筑节能工作主要目标包括：

1）新建建筑全面执行节能50%的设计标准；建立4个直辖市和北方地区节能65%的国家标准体系和技术支撑体系；完成低能耗、超低能耗和绿色建筑的示范工程，形成相关标准和技术体系，引导“十一五”期间建筑发展方向；新型墙材生产供应基本满足需求。

2）既有公共建筑节能改造取得突破性进展；深化北方地区供热体制改革，推动北方既有居住建筑节能改造。

3）可再生能源在建筑中规模化应用取得实质性进展。

4）形成国家推动建筑节能的关键能力。

“十一五”期间，总计节能1亿t标准煤，累计建设城镇节能建筑面积21.46亿m^2。其中，新建建筑15.92亿m^2，既有建筑改造5.54亿m^2。全社会实施建筑节能工程总投入33360亿元，其中建筑节能增量成本4950亿元。

二、“十一五”期间的建筑节能重点领域

“十一五”期间，我国建筑节能工作的重点领域分为四个主要方面：

（一）新建建筑节能

1）新建建筑全面执行50%节能标准：贯彻《关于新建居住建筑严格执行节能标准的通知》（建科［2005］55号），进一步提高认识，加强领导，落实责任，建立健全监督管理机制，依法推进，严格按本方案确定的目标实施。

2）四个直辖市率先执行新建建筑65%的节能标准并建立相关的国家标准和技术体系：四个直辖市在“十一五”期间制定并执行65%的地方标准；通过总结北京、天津、上海、重庆等地区执行65%建筑节能标准的经验，国家组织政策、技术、标准等研究机构和企业，制定推进节能65%标准的政策措施，建立成套的技术支撑体系和相关标准规范，发展和规范建筑节能设计、施工、咨询服

[1] 赵家荣．“十一五”十大重点节能工程实施意见．中国发展出版社，2007。

务等产业，为“十二五”期间在北方地区全面执行节能65%的标准做好基础工作。

3）低能耗、超低能耗建筑和绿色建筑示范：国家通过资金扶持、政策引导和提供技术咨询，充分调动房地产开发商的积极性；选择有积极性和相关能力的房地产开发商，按照国家要求，在低能耗、超低能耗建筑和绿色建筑等方面综合集成各种高效建筑节能成套技术来引导“十二五”期间建筑节能技术及产品的发展方向，形成相应政策法规和技术标准，并组织大规模的宣传推广，以便在“十二五”期间进行大范围的有效推广。

4）新型墙材和节能材料产品的规模化应用及产业化：国家通过建筑节能工程的实施，拉动新型墙材和节能材料产品产业的发展。为规范新型墙材和节能材料、产品的生产，保证质量，降低成本，国家通过确定新型墙材和节能材料产品的产业化基地，并给予政策、技术和资金的支持，发展民族工业，形成满足建筑节能工程实施要求的、质量达到要求的规模化生产基地。

（二）既有建筑节能改造

1）既有公共建筑节能改造：既有公共建筑由于产权清晰，相对独立，在调查统计的基础上，尽快安排改造，探索出可以市场化的改造机制和模式，在全国范围推广。本工程主要针对商业性公共建筑、地方财政支出的公共建筑（含科教文卫、政府机构等）。示范城市按照国家要求，组织本市科研机构、业主单位及相关企业等共同参与，与国际合作项目相结合，积极进行机制和体制创新，开展既有建筑节能改造示范，国家和示范城市共同总结示范经验和成果，形成既有建筑节能改造关键技术、经济激励政策、投融资模式、过程的管理模式、投资收益的分配模式等，组织各省、自治区、直辖市推广，带动全国城市既有公共建筑的节能改造。

2）深化北方采暖地区供热体制改革，推动既有居住建筑改造：国家一方面通过进一步推进城镇供热体制改革，在北方地区进行供热体制改革，另一方面给予资金扶持、政策引导和技术咨询，选择有积极性和相关能力的城市按国家要求进行城市级示范。在示范城市，通过全面推进供热体制改革，按“两手抓”的战略，带动采暖地区采暖系统和围护结构的改造，并为全国提供经验和模式，由国家组织相关省、自治区、直辖市进行推广。从总体上看，“十一五”期间北方采暖地区既有居住建筑改造先进行调查摸底，建立能源统计制度，进行城市级示范，积极探索，积累经验，根据各地条件，逐步开展改造工作，在“十二五”期间再全面推开。

（三）可再生能源在建筑中规模化应用的城市级示范

国家通过资金扶持、政策引导和提供技术咨询，充分调动地方政府的积极性；选择有积极性和相关能力的城市，按照国家要求，组织本市科研机构、房地产开发商、相关产品厂商等共同参与，以企业为主体，依靠市场机制，开展可再生能源在建筑中应用技术的研发并进行规模化应用，从需求端带动相关产业发展；摸索出可复制的工作推进模式，并组织大规模宣传推广；形成相关技术标准和配套政策法规，在“十二五”期间再在全国大规模地推进。

（四）形成国家推进建筑节能的配套措施和相关能力

在建筑节能工程的实施过程中，一是制定和修订相关法规，并通过组织示范摸索和试点建筑节能相关配套政策，建立健全建筑节能政策法规体系；二是通过示范完善建筑节能技术，制定相关标准、图集、工法、手册等，建立健全建筑节能技术、标准体系；三是继续深化供热体制改革，制定供热价格管理办法等规章，建立城市低收入家庭冬季采暖保障体系；四是建立国家建筑能效检测检验和评估机构；五是加强国际合作，不断提高我国建筑节能技术与管理水平；六是加强建筑节能的培训宣传工作，提高从业人员的相关能力，增强公众的建筑节能意识。

三、“十一五”期间建筑节能重点领域的主要工作内容

（1）新建建筑节能

1）工作目标

一是新建建筑全面严格执行建筑节能设计标准，其中大中城市新建建筑全部达到建筑节能设计标准的要求。到2010年，累计新建节能50%的建筑15.92亿m^2，节能7030万t标准煤，其中住宅建筑累计13.42亿m^2，节能4750万t标准煤；公共建筑累计2.5亿m^2，节能2280万t标准煤，累计减排二氧化碳1.86亿吨。

二是在北京、天津、上海试行节能65%的地方标准，取得经验，实验相应的技术，建立适用于四个直辖市及北方地区节能65%的国家标准体系和技术支撑体系。

三是开展低能耗、超低能耗建筑和绿色建筑示范（含可再生能源建筑应用单项示范，下同），到2010年，建设低能耗、超低能耗建筑和绿色建筑示范工程40个，累计示范面积达288万m^2；形成低能耗、超低能耗建筑和绿色建筑的关键技术，并建立相应认证标识体系；以示范工程为依托，总结经验成果，形成国家相关导则和指南，引导“十二五”期间的建筑发展方向。

四是在北方、南方、过渡地区，选择50个新型墙材和节能材料产品的企业进行产业化基地的建设，使得新型墙材和节能材料产品基本满足建筑节能的需要。新型墙材和节能材料产品应用比例得到显著提高，到2010年，新型节能墙材、屋面材料及部品占墙体材料及屋面材料总量的比例将由目前的约40%增长至60%以上；聚氨酯、聚苯乙烯、矿物棉、玻璃棉、保温浆料等新型保温隔热

材料在建筑节能工程中的应用量占当年保温隔热材料总应用量的比例由目前的约35%提高到55%以上。

2）工作内容

① 严格执行建筑节能标准。一是对全国新建建筑严格执行建筑节能设计标准的工作进行部署，并结合全国建筑节能检查，了解当前建筑节能标准执行现状及存在的主要问题，明确工作重点；二是通过完善建筑节能政策法规体系，加强对节能标准执行的行政监管，在规划、立项、设计、审查、施工、监理、验收、销售等环节加强监督管理，确保节能50%标准的落实；三是实施新建建筑的市场准入制度，通过建立建筑能耗统计制度、节能建筑认证标识制度，形成市场化的监督机制。

②建立节能65%的国家标准体系和技术支撑体系。

一是跟踪了解北京、上海、天津、重庆等地节能65%的标准制定和执行情况，总结经验；二是建立严寒寒冷地区和四个直辖市节能65%的国家标准体系和技术支撑体系。

③低能耗、超低能耗建筑和绿色建筑示范。

一是按照建设部《建筑节能试点示范工程（小区）管理办法》（建科［2004］25号），每年在全国范围内选择一批具有示范意义的项目进行低能耗、超低能耗和绿色建筑的示范；其中第一批绿色建筑示范应结合荷兰环境、空间规划与住房部和中国建设部“中荷可持续建筑合作项目”（该项目主要合作内容是引入荷兰及欧洲的可持续建筑的理念和规划设计方法，结合国情形成我国的可持续建筑规划设计技术指南），引入荷兰可持续建筑的规划设计理念和技术导则，在中荷专家的指导、协助下，在北京、重庆和深圳各建立一个可持续建筑住宅小区作为示范工程，以引入理念、技术、认证体系等，形成自己的初始能力。

二是在引进国外可持续建筑理念的基础上，总结经验制定和颁布《绿色建筑技术导则》、《低能耗、超低能耗建筑技术导则》、《绿色建筑认证评估管理方法》《绿色建筑评价标准》、《低能耗、超低能耗建筑评价标准》、《绿色建筑示范工程建设指南》。

三是制定专项示范工程管理办法。

四是在国家的指导和监督管理下，由业主负责进行示范。低能耗、超低能耗重点示范内容为住宅和公共建筑的各种建筑节能技术和可再生能源利用的集成的综合示范，最大限度地降低建筑能耗；绿色建筑示范工程重点示范内容为挖掘节能、节水、节地、节材的潜力；并推动绿色建筑开发、建材、设备等相关领域的产业化，坚持技术引进、消化与创新，走科技含量高、经济效益好、资源消耗低与环境污染少的新型产业化道路；注重资源与能源使用率，顺应市场发展需求及地方经济状况。

五是国家通过示范工程，形成节能建筑测评标识标准和法规体系、节能建筑测评标识制度实施办法、节能建筑测评标识管理规定、节能建筑测评标识使用管理办法、节能建筑测评标识机构管理办法，并委托第三方对示范工程进行节能建筑测评标识。

六是国家总结示范经验和成果，并进行大规模推广，以引导“十二五”的建筑发展方向。

④新型墙材及节能材料、产品的规模化应用和产业化。

一是建立与新型建筑节能材料及产品规模化应用配套的先进的应用技术及施工工艺体系；在建筑中大规模应用新型建筑节能材料及产品，保证建筑的围护结构热工性能等符合节能标准的要求。

二是确定新型墙材及节能材料、产品的选择原则及标准；对已有应用的各类新型墙材及节能材料、产品进行综合性能测试评估，确定适合于不同区域的新型墙材及节能材料、产品最佳方案；确定新型墙材及节能材料、产品的产业化基地建设方案，筛选产业化基地建设的重点生产企业，并实施产业化基地建设。

3）实施计划

①2006 年的计划。

一是建立建筑节能标准全过程监管机制和新建建筑的市场准入制度，确保节能 50％标准落到实处，同时建立能耗统计制度；

二是在京津地区进行节能 65％标准执行情况调研，总结京津地区经验，为严寒、寒冷地区和有条件的城市节能 65％做准备；

三是国家制定专项示范工程项目管理和国家经费补贴管理办法等；

四是分别在不同气候区选择第一批共 10 个示范工程。第一，结合荷兰环境、空间规划与住房部和中国建设部“中荷可持续建筑合作项目”，选择北京、重庆、深圳的 3 个住宅小区作为可持续建筑示范工程；第二，选择其他 7 个低能耗、超低能耗及绿色建筑的住宅领域和公共建筑领域的示范工程；同时选择第二批 10 个项目作示范工程；

五是国家制定和颁布《绿色建筑技术导则》、《低能耗、超低能耗建筑技术导则》；

六是进一步加强新型墙材及节能材料、产品的研发力度；

七是开展新型墙材及节能材料、产品在建筑中的应用示范；

八是开展对新型墙材及节能材料、产品的性能测评认证。

②2007～2010 年的计划。

一是全面推行建筑能耗统计制度和新建建筑的市场准入制度，建立节能建筑认证标识制度；

二是建立严寒寒冷地区及四个直辖市节能 65％的国家标准体系；

三是建立严寒寒冷地区及四个直辖市节能65%的技术政策法规支撑体系；

四是国家制定和颁布《绿色建筑认证评估管理方法》、《绿色建筑评价标准》、《低能耗、超低能耗建筑评价标准》；

五是国家委托第三方对完成的示范工程进行测评，并继续选择项目进行低能耗、超低能耗及绿色建筑的专项示范，并在此基础上形成《绿色建筑示范工程建设指南》；

六是以示范工程为平台，国家组织有关专家研究与示范内容相关的技术集成、经济政策、标准、材料产品的测评标识制度等；

七是以示范工程为基础，推进中外绿色建筑领域开发商、技术研究机构、材料及设备生产商等之间的广泛产业合作，逐步形成我国在绿色建筑开发、技术研究、设计规划、绿色材料设备研发生产等方面的能力和产业规模；

八是国家组织进行对示范经验和成果的大规模推广，确定可持续的建筑方针，引导“十二五”期间建筑的发展方向；

九是大力推广新型墙材及节能材料、产品在建筑节能中的应用；

十是进行新型墙材及节能材料、产品的产业化基地建设。

(2) 既有建筑节能改造

1) 工作目标

①既有公共建筑节能改造的城市级示范：一是建立既有公共建筑节能改造评估体系；二是建立既有公共建筑建筑能耗审计制度；三是形成良好的政策环境，促进既有公共建筑节能改造；四是形成经济适用可行的既有公共建筑节能改造成套技术；五是建立既有公共建筑改造的融资模式，在全国推广既有公共建筑节能改造。

②全面推进供热体制改革，推动北方严寒寒冷地区既有居住建筑节能改造。按“两手抓”的战略，一手抓供热体制改革，一手抓采暖地区城市热力管网、室内温度控制、计量和围护结构的改造，进行城市级示范，带动整个北方采暖地区既有居住建筑节能改造。

稳步推进城镇用热商品化，停止福利供热，加快供热企业改革，建立适应市场经济体制的热价形成机制，逐步实行热计量收费；调查既有建筑的地域、种类、建成年代、结构形式、采暖方式等基本情况，确定需进行节能改造的基本原则和方法；结合区域热电联产工程的实施，进行城市管网系统变流量改造、室内温度控制和计量改造；同步进行管网覆盖地区既有建筑围护结构改造的城市级示范，提高建筑能源利用效率；取得可在采暖地区推广的既有居住建筑节能改造经验和模式，带动各地推进既有居住建筑节能改造。

③在供热体制改革、国家相关政策法规和城市级示范带动引导下，既有建筑节能改造取得突破性进展，到2010年，累计既有建筑节能改造5.54亿m^2，节

能 3100 万 t 标准煤，其中住宅建筑累计节能改造 4.89 亿 m^2，节能 2100 万 t 标准煤；公共建筑累计节能改造 0.65 亿 m^2，建筑节能 975 万 t 标准煤。

2）工作内容

国家对供热体制改革作出部署，对既有建筑节能改造提出要求，并给予资金扶持、政策引导和提供技术咨询，引导相关城市积极申报国家既有建筑节能改造城市级示范，率先进行政策法规、技术标准、工程示范、投融资模式等方面的试点和探索，积极推动本地既有建筑节能改造工作并为全国提供经验和模式；各省、自治区、直辖市应在国家的统一部署下，制定本地的既有建筑节能改造工作实施方案，在资金、政策、技术力量等方面提供支持，认真组织实施。

①既有公共建筑节能改造的城市级示范

一是国家选择确定示范城市。按照不同的气候带划分，共选择 6 个城市（在严寒、寒冷地区冷地区选择北京、长春、唐山、太原共 4 个，夏热冬冷、夏热冬暖地区各 1 个），进行既有公共建筑节能改造的城市级示范。

二是示范城市负责对全市既有公共建筑的情况进行调查。摸清示范城市的既有公共建筑在地域、种类、建成年代、结构形式、采暖空调系统、方式等基本分布情况。

三是建立既有公共建筑节能改造的评估体系。建立一套完整的程序、方法和评价标准，根据建筑的建成年代、主体结构形式、抗震安全性、高能耗的薄弱环节等基本情况，判定出建筑的继续使用年限，主体结构改造的投资和可行性，节能改造的投资和节能效果，并制定相应的管理办法。

四是建立公共建筑实行能源审计制度和既有公共建筑能耗标识制度。确定能耗指标上限，要求限期改造。期限内改造，在示范期内政府给予补贴，超期则实行能源加价消费制度，以促进业主自愿进行改造的政策环境；摸索并建立以节能改造投资担保为特征的既有公共建筑改造投资融资模式。

五是城市政府组织进行既有公共建筑节能改造的工程示范。工程示范内容包括适用于不同气候区、不同建筑类型的围护结构改造技术（墙体、门窗、遮阳、玻璃幕墙、屋顶等）、空调采暖系统的改造技术（冷热源、输配系统、智能控制、冰蓄冷等），经济适用高效的节能设备等。

②北方采暖地区既有居住建筑节能改造的城市级示范

一是国家选择确定示范城市。结合北方地区供热体制改革试点城市、区域热电联产工程的实施以及在国际合作项目（GEF/世界银行“供热改革与建筑节能项目”与德国“既有建筑节能改造项目”）的试点城市，选定北京、长春、唐山、太原进行既有居住建筑城市级示范节能改造。

二是加快北方地区供热体制改革。组织制定城镇供热管理条例、城镇供热价格管理办法、城市低收入家庭冬季采暖保障制度。

三是示范城市负责对全市既有居住建筑和居民收入的情况进行调查。摸清示范城市的既有居住建筑在地域、种类、建成年代、结构形式、采暖空调系统、方式等基本分布情况，同时对低收入人群进行摸底，掌握基本情况，进行深入分析。

四是在国家专家支持下建立供热系统能耗统计制度。在示范城市，结合既有建筑的调查，对采暖空调系统加装计量措施，进行能耗调查统计，为改造后分析节能效果奠定基础。

五是在国家专家支持下建立既有居住建筑节能改造的评估体系。建立一套完整的程序、方法和评价标准，根据建筑的建成年代、主体结构形式、抗震安全性、高能耗的薄弱环节等基本情况，结合供热系统的现状及改造方案，判定出建筑的继续使用年限，主体结构改造的投资和可行性，节能改造的投资和节能效果。

六是在国家专家指导下，示范城市组织有关部门研究提出低收入人群城市供热保障措施并予以实施。

七是城市政府组织进行既有居住建筑节能改造的工程示范。工程示范内容包括适用于寒冷和严寒地区不同建筑类型的围护结构改造技术（墙体、门窗、遮阳、玻璃幕墙、屋顶等）、供热采暖系统的改造技术（换热站、二次管网、室内系统形式、计量方式、温度控制、热计量收费等）。

③各省、自治区、直辖市按照国家的要求，借鉴示范城市的工作经验，在充分考虑本地特点的基础上制定本省（自治区、直辖市）既有建筑节能改造工作实施方案，试点先行，以点带面，积极推动本地的既有建筑节能改造工作。

④国家通过总结示范城市和各地推进工作的经验，确立和完善不同地区建筑节能改造的关键技术，形成技术指南、工法、规范图集。研究和发展不同地区、不同种类建筑节能改造的技术，建筑围护结构改造，采暖空调系统改造，供热管网改造，照明系统改造等。

⑤国家组织制定建筑节能改造的经济激励等配套政策。研究和建立不同地区、不同种类建筑节能改造的政策和相应的经济激励措施。北方采暖地区应同供热体制改革紧密结合，使供热节能与热费、改造投资挂钩，同时切实解决低收入人群采暖保障问题。

⑥国家组织制定节能改造的投融资机制。确定国家既有建筑改造投资计划的运行机制。建立不同种类建筑节能改造的投融资模式，既有建筑节能改造过程的新型管理模式，新型投资收益分配模式等。

⑦国家组织对既有建筑节能改造政策法规和相关标准进行宣传贯彻，对示范城市的成果经验进行推广，结合城市改造和供热体制改革，进行大规模的既有建筑节能改造工程。

3）实施计划

①2006 年的计划。

一是示范城市对本市既有住宅、公共建筑及居民收入的基本情况进行摸底，掌握既有建筑在地域、种类、建成年代、结构、采暖空调方式等分布情况。

二是供热系统能耗调查。在示范城市，结合既有建筑的调查，对采暖空调系统加装计量措施，进行能耗调查统计。

三是在国家专家的支持下，示范城市研究建立完整的既有住宅、公共建筑节能改造的评估程序和方法，评估既有建筑的结构安全性、抗震性能、防火性能、可改造性、继续使用年限、节能改造的潜力。

四是示范城市负责开展既有建筑节能改造的示范。

五是建立公共建筑能源审计制度。根据能耗调查结果，制订指标体系，建立审计制度。

六是建立低收入人群采暖保障制度。

七是各省、自治区、直辖市按照国家的要求，借鉴示范城市的工作经验，在充分考虑本地特点的基础上，制定本省（自治区、直辖市）既有建筑节能改造工作实施方案。

②2007～2010 年的计划。

一是继续开展既有建筑节能改造的城市级示范。

二是各省、自治区、直辖市在进行试点改造的基础上，以点带面，积极推动本地的既有建筑节能改造工作。

三是国家与地方政府尤其是示范城市政府共同总结完善经济激励政策，投融资模式，过程的管理模式，投资收益的分配模式等的经验。

四是国家组织研究和完善不同地区建筑节能改造的关键技术，并通过技术目录和技术公告等形式予以发布。

五是国家组织研究和制定不同地区、不同种类建筑节能改造的经济激励政策、相应的法规以及技术规范和标准。

六是由国家组织对既有建筑节能改造政策法规和相关标准进行宣传贯彻，并进行示范成果经验的推广扩散。

（3）可再生能源在建筑中规模化应用和带动产业化的城市级示范

1）工作目标

示范城市建立一套完善的政策法规、技术标准、关键技术、检测评估等体系以及市场推进机制。在示范城市取得的经验和成果的基础上，形成国家相关技术标准、应用的成套技术和配套政策法规，摸索出在国家政策法规引导下，依靠市场机制推进可再生能源在建筑中规模化应用的机制和模式，促进可再生能源在建筑中的规模化应用。

“十一五”期间，新建应用太阳能光热系统的建筑累计 400 万 m^2；应用太阳能光电系统的建筑累计 100 万 m^2；应用水源热泵技术的建筑累计 400 万 m^2；应用浅层地能技术的建筑累计 400 万 m^2；可再生能源综合应用的建筑累计 200 万 m^2。示范工程总建筑面积约 1500 万 m^2。

2）工作内容

“十一五”期间，国家从政策法规层面予以引导，同时对示范城市在技术标准制定、技术研发、工程示范等方面提供技术支持和资金扶持。示范城市应充分考虑本地区资源和产业发展现状，对可再生能源与建筑结合的相关技术研发、集成和规模化应用以及产业化予以地方财力配套，率先进行探索和试点，积累经验，积极推动本地区可再生能源在建筑中的规模化应用，形成相关的核心技术和提高相关产品产业化水平，并为全国提供经验和模式。选择以下三类示范城市：

第一类，选择深圳和西安进行太阳能在建筑中规模化应用的城市级示范。示范内容包括：被动太阳能建筑设计技术；单体建筑太阳能通风降温关键技术；太阳能除湿降温技术；太阳能光热系统与建筑结合的应用技术；太阳能光电系统与建筑结合的应用技术；太阳能建筑热回收通风空调技术；太阳能中、小型区域供热空调技术；高效率、高可靠、高安全的太阳能光电系统并网技术以及相关技术标准规范和应用图集等。

第二类，选择重庆进行淡水源热泵技术在建筑中规模化应用的城市级示范，选择大连进行海水源热泵技术在建筑中规模化应用的城市级示范，选择北京和成都进行浅层地能在建筑中规模化应用的城市级示范。示范内容包括：水源及地源系统热交换与储能机理基础研究、水源及地源系统运行对地下水环境影响的研究、海水水源热泵供热与空调系统设计与施工技术、淡水水源热泵供热与空调系统设计与施工技术、地下水水源热泵供热与空调系统设计与施工技术、土壤源蓄能和冬夏能量调配技术、土壤源热泵供热与空调系统设计与施工技术等。

第三类，选择上海进行可再生能源在建筑中规模化应用的城市级综合示范。示范内容包括：在以上两类技术应用的基础上，重点突破多种可再生能源集成应用技术和多种可再生能源应用协同控制技术。

工作内容如下：

①示范城市应在国家相关部门的政策、技术等指导下，由示范城市政府主导，综合地方各方面力量，开展示范工作。一是示范城市现状调研。主要是对太阳能的自然资源条件；太阳能光热、光电产业现状；太阳能光热、光电系统与建筑结合的应用现状；以及包括政策、标准、技术、市场、社会意识及经济技术比较等现状的调研。二是根据国家《可再生能源法》相关规定，结合示范城市的社会经济特点等，制定《示范城市可再生能源与建筑结合的发展专项规划》；制定推进可再生能源产业发展、应用技术研究及工程应用的政策导向与经济激励政

策。三是示范城市按照实施方案选择科研单位、房地产开发商、相关厂商等共同实施，内容包括地方政策研究与出台、技术研发、标准规程编制、工程示范、产业化发展等。四是依靠国家和示范城市地方财政的增量成本补贴，按照工作目标要求推进可再生能源在建筑中的应用示范，逐步形成规模化的应用局面。

②各省、自治区、直辖市按照可再生能源法和国家其他相关要求，借鉴示范城市的工作经验，在充分考虑本地资源和产业发展状况的基础上，积极推动本地可再生能源在建筑中的规模化应用，并提高相关行业的产业化发展水平。

③国家组织对各示范城市工作开展情况和城市示范效果的总结与评估，形成国家相关技术标准、应用的成套技术和配套政策法规，摸索出依靠市场机制推进可再生能源在建筑中规模化应用的机制和模式，在全国进行大规模的推广。

④通过规模化应用形成市场需求，从需求侧带动我国可再生能源产业的发展。

3）实施计划

①2006 年的计划。编制并确定城市级示范实施方案；进行基本状况调研，开展相关技术体系以及标准法规体系的研究；确定示范工程，实施示范项目 100 万 m^2。

②2007～2010 年的计划。城市政府组织实施可再生能源在建筑中规模化应用及产业化的城市级示范，包括技术研发、政策和标准制定、工程示范、产业化基地建设等；各省、自治区、直辖市根据本地特点，积极推动可再生能源在建筑中的规模化应用，并提高相关行业的产业化发展水平；国家组织总结各地尤其是示范城市取得的成果、经验，形成国家层面的政策、标准及适宜推广的技术体系，摸索依靠市场机制推动可再生能源在建筑中的规模化应用及推动产业化发展的机制和模式，进行大范围推广；通过市场需求带动可再生能源建筑应用相关产品的产业化发展。

（4）配套措施与能力建设

1）工作目标。建立健全建筑节能政策法规体系；建立建筑节能技术、标准体系；继续深化供热体制改革；建立国家建筑能效检测检验及评估标识机构；加强国际合作，不断提高我国建筑节能技术与管理水平；加强建筑节能的培训宣传工作。

2）工作内容

①建立健全建筑节能政策法规体系。修订《中华人民共和国建筑法》；制定《建筑节能管理条例》，建立建筑节能的基本制度；修订《民用建筑节能管理规定》、《建筑能效测评标识管理办法》等部门规章；会同有关部门研究制定建筑节能经济激励政策；研究制定推广新型墙体材料的经济激励政策；建立节能建筑测评标识制度，实施新建建筑的市场准入。

②建立健全建筑节能技术、标准体系。根据建筑节能工作的需要，从基础、

设计、施工验收、检验评价等方面，制定相关标准、图集、工法、手册等。

③继续深化供热体制改革。一是制定“关于进一步深化城镇供热体制改革的指导意见部分”；二是制定城市供热管理条例；三是制定全国供热价格管理办法；四是城市低收入家庭冬季采暖保障体系的建立。

④加强国际合作，不断提高我国建筑节能技术与管理水平。一是充分结合现有国际合作项目，重点在即将展开的国际合作项目，应与“建筑节能工程”确定的相关示范工程、技术集成、标准编制等有机结合，相辅相成，更有利于引入国外先进的理念、知识和经验。当前重点是做好现有的世界银行“中国供热体制改革和建筑节能”项目、联合国开发计划署“中国终端能效项目（建筑部分）”、德国“既有建筑节能改造赠款项目”和中荷“可持续建筑示范”等国际合作项目的策划、示范工程的选择、技术标准目录的确定，使这些工作与本实施方案所确定的思路、工作内容协调一致。二是开展温室气体减排项目。加大国际合作的力度，充分利用国际资源和技术，积极开展建筑节能减排工作，并与发达国家减排“境外行动”机制联动，广泛拓展合作领域，引入先进的技术，促成温室气体减排国际合作项目的开展，实现温室气体减排的跨越式发展。三是继续拓展国际合作领域。全方位地开展建筑节能方面的国际合作，提高我国建筑节能政策的研究与制定、节能技术和工作管理水平。扩大与法国、荷兰、丹麦、德国、芬兰、瑞典、加拿大、美国等国家以及欧盟、世界银行等组织机构的交流与合作，开展双边、多边的建筑节能合作项目，积极引进和推广发达国家开展建筑节能的政策、技术与管理经验。

⑤加强建筑节能的培训宣传工作。一是节能技术、示范工程的宣传、培训、推广。每年召开一次建筑节能技术及示范工程的经验交流会，举办一次最新建筑节能技术的培训。二是开展政策法规和标准培训。定期开展对注册城市规划师、注册建筑师、注册勘察设计工程师、监理工程师、建造师等的建筑节能政策法规和标准的培训。争取每年举办一次对从事建筑节能及相关管理活动的单位的行政、技术人员的建筑节能政策法规和标准的培训。三是召开政策法规和标准宣贯会议。针对不同气候区、不同经济水平区域不定期召开建筑节能政策法规、节能标准宣贯会议。四是利用媒体对大众进行政策法规和标准的宣传。充分利用电视、网络、报刊等媒体，对建筑节能政策法规和标准开展广泛的多层次的媒体宣传，制作建筑节能宣传片、开设建筑节能论坛、编制大众科普读物。五是结合每年的节能宣传周，深入大众进行建筑政策法规和标准宣传。六是积极搭建平台，开展国际交流。组织召开一年一度的国际智能、绿色建筑与建筑节能大会暨新技术与产品博览会。

3）工作计划

①2006 年的计划。完成并上报《建筑法》、《建筑节能管理条例》送审稿；

完成修订并发布《民用建筑节能管理规定》；完成并颁布《建筑能效测评标识管理办法》，完成技术检测与评估标识体系相关技术文件编制工作，开展测评标识试点工作；完成建筑节能的经济激励政策研究并开始部分政策的实施试点；完成推广新型墙体材料的经济激励政策研究；完成建筑节能标准体系的研究与编制；完成建筑节能设计标准、验收标准、检测检验标准的修订、制定和颁布；建立国家级、地方级的节能与可再生能源建筑应用的技术与产品检测评估机构；继续做好现有国际合作项目；印发《关于深化城镇供热体制改革和建立城镇供热保障机制的决定》；制定城镇供热价格管理办法；建立供热社会保障体系；召开建筑节能技术的经验交流会；定期或不定期举办最新建筑节能技术的培训；对注册城市规划师、注册建筑师、注册勘察设计工程师、监理工程师、建造师等的建筑节能政策法规和标准的培训；开展标准实施监督机制的研究，建立并推行标准实施监督体系；组织召开“国际智能、绿色建筑与建筑节能大会暨新技术与产品博览会”。

②2007～2008年的计划。开展标准实施监督机制的研究，开始建立并推行标准实施监督体系；开展温室气体减排国际合作项目的前期调研、立项工作；进一步开展与各国际建筑节能机构的交流与合作，拓展国际合作领域；召开建筑节能技术的经验交流会；定期或不定期举办最新建筑节能技术的培训；完成建筑节能论坛建设；完成大众科普读物编制；完成建筑节能宣传片制作。

③2009～2010年的计划。开展城市供热价格方案、热源节能技术应用、热网节能技术应用、室内采暖系统改造及集中供热系统计算机监控系统等项目示范；召开建筑节能技术的经验交流会；举办最新建筑节能技术的培训。

第三节　我国促进建筑节能的相关政策

一、法律法规

(1)《中华人民共和国节约能源法》

1997年11月1日第八届全国人民代表大会常务委员会第二十八次会议通过《中华人民共和国节约能源法》，将节能确立为国家发展经济的一项长远战略方针，通过立法的形式对合理利用能源、调整能源消费结构、节约能源、鼓励开发和利用新能源、推进节能技术进步等做出了相应的规定。为适应形势的要求，2007年10月28日通过了修订的《中华人民共和国节约能源法》(中华人民共和国主席令第七十七号)，于2008年4月11日正式实施。并把建筑节能作为独立的章节列出，对建筑节能工作提出了明确的要求(详见附录A1)。

(2)《可再生能源法》

2005年2月28日第十届全国人民代表大会常务委员会第十四次会议通过

《可再生能源法》，对依法促进可再生能源利用，增加能源供应，改善用能结构起到了重要作用。《可再生能源法》中对于建筑中应用可再生能源也有相应的规定，尤其是太阳能系统的利用等，这为推广可再生能源在建筑中应用提供了政策依据和手段。其中，与建筑物节能及建筑能源系统节能相关的章节如下：

第十三条 国家鼓励和支持可再生能源并网发电。

建设可再生能源并网发电项目，应当依照法律和国务院的规定取得行政许可或者报送备案。

建设应当取得行政许可的可再生能源并网发电项目，有多人申请同一项目许可的，应当依法通过招标确定被许可人。

第十六条 国家鼓励清洁、高效地开发利用生物质燃料，鼓励发展能源作物。

利用生物质资源生产的燃气和热力，符合城市燃气管网、热力管网的入网技术标准的，经营燃气管网、热力管网的企业应当接收其入网。

第十七条 国家鼓励单位和个人安装和使用太阳能热水系统、太阳能供热采暖和制冷系统、太阳能光伏发电系统等太阳能利用系统。

国务院建设行政主管部门会同国务院有关部门制定太阳能利用系统与建筑结合的技术经济政策和技术规范。

房地产开发企业应当根据前款规定的技术规范，在建筑物的设计和施工中，为太阳能利用提供必备条件。

对已建成的建筑物，住户可以在不影响其质量与安全的前提下安装符合技术规范和产品标准的太阳能利用系统；但是，当事人另有约定的除外。

第十八条 国家鼓励和支持农村地区的可再生能源开发利用。

县级以上地方人民政府管理能源工作的部门会同有关部门，根据当地经济社会发展、生态保护和卫生综合治理需要等实际情况，制定农村地区可再生能源发展规划，因地制宜地推广应用沼气等生物质资源转化、户用太阳能、小型风能、小型水能等技术。

县级以上人民政府应当对农村地区的可再生能源利用项目提供财政支持。

第二十三条 进入城市管网的可再生能源热力和燃气的价格，按照有利于促进可再生能源开发利用和经济合理的原则，根据价格管理权限确定。

第二十四条 国家财政设立可再生能源发展专项资金，用于支持以下活动：

（一）可再生能源开发利用的科学技术研究、标准制定和示范工程；

（二）农村、牧区生活用能的可再生能源利用项目；

（三）偏远地区和海岛可再生能源独立电力系统建设；

（四）可再生能源的资源勘查、评价和相关信息系统建设；

（五）促进可再生能源开发利用设备的本地化生产。

第二十五条 对列入国家可再生能源产业发展指导目录、符合信贷条件的可再生能源开发利用项目，金融机构可以提供有财政贴息的优惠贷款。

第二十六条 国家对列入可再生能源产业发展指导目录的项目给予税收优惠。具体办法由国务院规定。

二、行政管理政策文件

（一）与建筑节能领域相关的综合性政策文件

（1）国务院关于做好建设节约型社会近期重点工作的通知（国发［2005］211号）

其中与建筑物节能及建筑能源系统节能相关的章节如下：

落实《节能中长期专项规划》提出的十大重点节能工程。研究提出《十大重点节能工程实施方案》，明确主要目标、重点内容、保障措施、实施主体，以及分年度实施计划、国家支持的重点。2005年启动节约和替代石油、热电联产、余热利用、建筑节能、政府机构节能、绿色照明、节能监测和技术服务体系建设等7项工程。

推动新建住宅和公共建筑节能。抓紧出台《关于新建居住建筑严格执行节能设计标准的通知》。贯彻实施《关于发展节能省地型住宅和公共建筑的指导意见》和《公共建筑节能设计标准》，新建建筑严格实施节能50%的设计标准，推动北京、天津等少数大城市率先实施节能65%的标准。深化北方地区供热体制改革，推动既有建筑节能改造。开展建筑节能关键技术和可再生能源建筑工程应用技术研发、集成和城市级工程示范，启动低能耗、超低能耗和绿色建筑示范工程。

引导商业和民用节能。推行空调、冰箱等产品强制性产品能效标识管理，扩大节能产品认证，促进高效节能产品的研发和推广，加快淘汰落后产品。在公用设施、宾馆商厦、居民住宅中推广采用高效节电照明产品。严格执行公共建筑夏季空调室内温度最低标准，在全社会倡导夏季用电高峰期间室内空调温度提高1～2℃。在农村大力发展户用沼气和大中型畜禽养殖场沼气工程，推广省柴节煤灶。

强化电力需求侧管理。落实电力需求侧管理及迎峰度夏工作的部署，加强以节电和提高用电效率为核心的需求侧管理，完善配套法规，制定有效的激励政策，推广典型经验，指导各地加大推行力度。

加快节能技术服务体系建设。推行合同能源管理和节能投资担保机制，为企业实施节能改造提供诊断、设计、融资、改造、运行、管理一条龙服务。

进一步限制毁田烧砖。认真实施《国务院办公厅关于进一步推进墙体材料革新和推广节能建筑的通知》（国办发［2005］33号），推动第二批城市禁止使用实心黏土砖。有关部门要适时联合召开“全国推进墙体材料革新和推广节能建筑工作电视电话会议”。

完善资源节约标准。编制《2005—2007年资源节约与综合利用标准发展计划》。制定风机、水泵、变压器、电动机等工业用能产品和家用电器、办公设备强制性能效标准，完善主要耗能行业节能设计规范。研究制定《轻型商用车燃料消耗量限值标准》。制定《绿色建筑技术导则》、《绿色建筑评价标准》、《建筑节能工程施工验收规范》。修订节水型城市考核标准和雨水利用标准，完善重点用水行业取水定额标准。

完善有利于节约资源的财税政策。研究制定鼓励生产、使用节能节水产品的税收政策，以及鼓励发展节能省地型建筑的经济政策。

建立资源节约监督管理制度。建立高耗能、高耗水落后工艺、技术和设备强制淘汰制度。完善重点耗能产品和新建建筑市场准入制度，对达不到最低能效标准的产品，禁止生产、进口和销售；对公共建筑和民用建筑达不到建筑节能设计规范要求的，不准施工、验收备案、销售和使用；对矿山尾矿中资源品位严重超标的，要采取强制回收措施。在2004年有关部门联合开展资源节约专项检查的基础上，组织各地节能监察（监测）中心对年耗能万吨标准煤以上重点企业开展节能监督检查。对北方采暖地区、夏热冬冷和夏热冬暖地区建筑节能标准执行情况分别组织一次规模较大的专项检查。

政府机构要带头节约。各级政府部门要从自身做起，带头厉行节约，在推动建设节约型社会中发挥表率作用。要制定《推动政府机构节能的实施意见》，建立政府机构能耗统计体系，明确能耗、水耗定额，重点抓好政府建筑物和采暖、空调、照明系统节能改造以及公务车节能。落实《节能产品政府采购实施意见》，推行政府机构节能采购，优先采购节能（节水）产品和节约办公用品，降低费用支出。各级政府在认真做好机关节约工作的同时，更要抓好全社会的节约工作。为此，要抓紧建立科学的政府绩效评估体系，进一步健全干部考核机制，将资源节约责任和实际效果纳入各级政府目标责任制和干部考核体系中。

（2）国务院关于加强节能工作的决定（国发〔2006〕28号）

其中与建筑物节能及建筑能源系统节能相关的章节如下：

（十一）推进建筑节能。大力发展节能省地型建筑，推动新建住宅和公共建筑严格实施节能50％的设计标准，直辖市及有条件的地区要率先实施节能65％的标准。推动既有建筑的节能改造。大力发展新型墙体材料。

（十三）引导商业和民用节能。在公用设施、宾馆商厦、写字楼、居民住宅中推广采用高效节能办公设备、家用电器、照明产品等。

（十四）抓好农村节能。加快淘汰和更新高耗能落后农业机械和渔船装备，加快农业提水排灌机电设施更新改造，大力发展农村户用沼气和大中型畜禽养殖场沼气工程，推广省柴节煤灶，因地制宜发展小水电、风能、太阳能以及农作物秸秆气化集中供气系统。

（十五）推动政府机构节能。各级政府部门和领导干部要从自身做起、厉行节约，在节能工作中发挥表率作用。重点抓好政府机构建筑物和采暖、空调、照明系统节能改造以及办公设备节能，采取措施大力推动政府节能采购，稳步推进公务车改革。

（十七）全面实施重点节能工程。有关部门和地方人民政府及有关单位要认真组织落实“十一五”规划纲要提出的燃煤工业锅炉（窑炉）改造、区域热电联产、余热余压利用、节约和替代石油、电机系统节能、能量系统优化、建筑节能、绿色照明、政府机构节能以及节能监测和技术服务体系建设等十大重点节能工程。发展改革委要督促各地区、各有关部门和有关单位抓紧落实相关政策措施，确保工程配套资金到位，同时要会同有关部门切实做好重点工程、重大项目实施情况的监督检查。

（十八）培育节能服务体系。有关部门要抓紧研究制定加快节能服务体系建设的指导意见，促进各级各类节能技术服务机构转换机制、创新模式、拓宽领域，增强服务能力，提高服务水平。加快推行合同能源管理，推进企业节能技术改造。

（十九）加强国际交流与合作。积极引进国外先进节能技术和管理经验，广泛开展与国际组织、金融机构及有关国家和地区在节能领域的合作。

（二十）健全节能法律法规和标准体系。抓紧做好修订《中华人民共和国节约能源法》的有关工作，进一步严格节能管理制度，明确节能执法主体，强化政策激励，加大惩戒力度。研究制定有关节能的配套法规。加快组织制定和完善主要耗能行业能耗准入标准、节能设计规范，制定和完善主要工业耗能设备、机动车、建筑、家用电器、照明产品等能效标准以及公共建筑用能设备运行标准。各地区要研究制定本地区主要耗能产品和大型公共建筑单位能耗限额。

（二十五）完善能效标识和节能产品认证制度。加快实施强制性能效标识制度，扩大能效标识在家用电器、电动机、汽车和建筑上的应用，不断提高能效标识的社会认知度，引导社会消费行为，促进企业加快高效节能产品的研发。推动自愿性节能产品认证，规范认证行为，扩展认证范围，推动建立国际协调互认。

（二十六）加强电力需求侧和电力调度管理。充分发挥电力需求侧管理的综合优势，优化城市、企业用电方案，推广应用高效节能技术，推进能效电厂建设，提高电能使用效率。改进发电调度规则，优先安排清洁能源发电，对燃煤火电机组进行优化调度，限制能耗高、污染重的低效机组发电，实现电力节能、环保和经济调度。

（二十七）控制室内空调温度。所有公共建筑内的单位，包括国家机关、社会团体、企事业组织和个体工商户，除特定用途外，夏季室内空调温度设置不低于26℃，冬季室内空调温度设置不高于20℃。有关部门要据此修订完善公共建筑室内温度有关标准，并加强监督检查。

（二十八）加大节能监督检查力度。有关部门和地方各级人民政府要加大节能工作的监督检查力度，重点检查高耗能企业及公共设施的用能情况、固定资产投资项目节能评估和审查情况、禁止淘汰设备异地再用情况，以及产品能效标准和标识、建筑节能设计标准、行业设计规范执行等情况。达不到建筑节能标准的建筑物不准开工建设和销售。严禁生产、销售和使用国家明令淘汰的高耗能产品。要严厉打击报废机动车和船舶等违法交易活动。节能主管部门和质量技术监督部门要加大监督检查和处罚力度，对违法行为要公开曝光。

（二十九）深化能源价格改革。加强和改进电价管理，建立成本约束机制；完善电力分时电价办法，引导用户合理用电、节约用电；扩大差别电价实施范围，抑制高耗能产业盲目扩张，促进结构调整。落实石油综合配套调价方案，理顺国内成品油价格。继续推进天然气价格改革，建立天然气与可替代能源的价格挂钩和动态调整机制。全面推进煤炭价格市场化改革。研究制定能耗超限额加价的政策。

（三十）加大政府对节能的支持力度。各级人民政府要对节能技术与产品推广、示范试点、宣传培训、信息服务和表彰奖励等工作给予支持，所需节能经费纳入各级人民政府财政预算。“十一五”期间，国家每年安排一定的资金，用于支持节能重大项目、示范项目及高效节能产品的推广。

（三十一）实行节能税收优惠政策。发展改革委要会同有关部门抓紧制定《节能产品目录》，对生产和使用列入《节能产品目录》的产品，财政部、税务总局要会同有关部门抓紧研究提出具体的税收优惠政策，报国务院审批。严格实施控制高耗能、高污染、资源性产品出口的政策措施。研究建立促进能源节约的燃油税收制度，以及控制高耗能加工贸易和抑制不合理能源消费的有关税收政策。抓紧研究并适时实施不同种类能源矿产资源计税方法改革方案。根据资源条件和市场变化情况，适当提高有关资源税征收标准。

（三十二）拓宽节能融资渠道。各类金融机构要切实加大对节能项目的信贷支持力度，推动和引导社会各方面加强对节能的资金投入。要鼓励企业通过市场直接融资，加快进行节能降耗技术改造。

（三十三）推进城镇供热体制改革。加快城镇供热商品化、货币化，将采暖补贴由“暗补”变“明补”，加强供热计量，推进按用热量计量收费制度。完善供热价格形成机制，有关部门要抓紧研究制定建筑供热采暖按热量收费的政策，培育有利于节能的供热市场。

（三十四）实行节能奖励制度。各地区、各部门对在节能管理、节能科学技术研究和推广工作中做出显著成绩的单位及个人要给予表彰和奖励。能源生产经营单位和用能单位要制定科学合理的节能奖励办法，结合本单位的实际情况，对节能工作中作出贡献的集体、个人给予表彰和奖励，节能奖励计入工资总额。

（三十五）加强节能管理队伍建设。各级人民政府要加强节能管理队伍建设，充实节能管理力量，完善节能监督体系，强化对本行政区域内节能工作的监督管理和日常监察（监测）工作，依法开展节能执法和监察（监测）。在整合现有相关机构的基础上，组建国家节能中心，开展政策研究、固定资产投资项目节能评估、技术推广、宣传培训、信息咨询、国际交流与合作等工作。

（三十六）加强能源统计和计量管理。各级人民政府要为统计部门依法行使节能统计调查、统计执法和数据发布等提供必要的工作保障。各级统计部门要切实加强能源统计，充实必要的人员，完善统计制度，改进统计方法，建立能够反映各地区能耗水平、节能目标责任和评价考核制度的节能统计体系。要强化对单位国内（地区）生产总值能耗指标的审核，确保统计数据准确、及时。各级质量技术监督部门要督促企业合理配备能源计量器具，加强能源计量管理。

（三十七）加大节能宣传、教育和培训力度。新闻出版、广播影视、文化等部门和有关社会团体要组织开展形式多样的节能宣传活动，广泛宣传我国的能源形势和节能的重要意义，弘扬节能先进典型，曝光浪费行为，引导合理消费。教育部门要将节能知识纳入基础教育、高等教育、职业教育培训体系。各级工会、共青团组织要重视和加强对广大职工特别是青年职工的节能教育，广泛开展节能合理化建议活动。有关行业协会要协助政府做好行业节能管理、技术推广、宣传培训、信息咨询和行业统计等工作。各级科协组织要围绕节能开展系列科普活动。要认真组织开展一年一度的全国节能宣传周活动，加强经常性的节能宣传和培训。要动员全社会节能，在全社会倡导健康、文明、节俭、适度的消费理念，用节约型的消费理念引导消费方式的变革。要大力倡导节约风尚，使节能成为每个公民的良好习惯和自觉行动。

(3) 国务院关于印发节能减排综合性工作方案的通知中，与建筑物节能及建筑能源系统节能相关的章节如下：

为加强对节能减排工作的组织领导，国务院成立节能减排工作领导小组。领导小组的主要任务是，部署节能减排工作，协调解决工作中的重大问题。领导小组办公室设在发展改革委，负责承担领导小组的日常工作，其中有关污染减排方面的工作由环保总局负责。地方各级人民政府也要切实加强对本地区节能减排工作的组织领导。

（八）加快实施十大重点节能工程。着力抓好十大重点节能工程，“十一五”期间形成2.4亿t标准煤的节能能力。今年形成5000万t标准煤节能能力，重点是：实施钢铁、有色、石油石化、化工、建材等重点耗能行业余热余压利用、节约和替代石油、电机系统节能、能量系统优化，以及工业锅炉（窑炉）改造项目共745个；加快核准建设和改造采暖供热为主的热电联产和工业热电联产机组1630万kW；组织实施低能耗、绿色建筑示范项目30个，推动北方采暖区既有居住建筑供热计量及节能改造1.5亿m^2，开展大型公共建筑节能运行管理与改造示范，启动200个可再生能源在建筑中规模化应用示范推广项目；推广高效照明产品5000万支，中央国家机关率先更换节能灯。

（十四）推进资源综合利用。落实《“十一五”资源综合利用指导意见》，推进共伴生矿产资源综合开发利用和煤层气、煤矸石、大宗工业废弃物、秸秆等农业废弃物综合利用。“十一五”期间建设煤矸石综合利用电厂2000万kW，今年开工建设500万kW。推进再生资源回收体系建设试点。加强资源综合利用认定。推动新型墙体材料和利废建材产业化示范。修订发布新型墙体材料目录和专项基金管理办法。推进第二批城市禁止使用实心黏土砖，确保2008年底前256个城市完成“禁实”目标。

（十九）加快建立节能技术服务体系。制定出台《关于加快发展节能服务产业的指导意见》，促进节能服务产业发展。培育节能服务市场，加快推行合同能源管理，重点支持专业化节能服务公司为企业以及党政机关办公楼、公共设施和学校实施节能改造提供诊断、设计、融资、改造、运行管理一条龙服务。

（二十七）严格建筑节能管理。大力推广节能省地环保型建筑。强化新建建筑执行能耗限额标准全过程监督管理，实施建筑能效专项测评，对达不到标准的建筑，不得办理开工和竣工验收备案手续，不准销售使用；从2008年起，所有新建商品房销售时在买卖合同等文件中要载明耗能量、节能措施等信息。建立并完善大型公共建筑节能运行监管体系。深化供热体制改革，实行供热计量收费。今年着力抓好新建建筑施工阶段执行能耗限额标准的监管工作，北方地区地级以上城市完成采暖费补贴“暗补”变“明补”改革，在25个示范省市建立大型公共建筑能耗统计、能源审计、能效公示、能耗定额制度，实现节能1250万t标准煤。

（三十八）制定和完善鼓励节能减排的税收政策。抓紧制定节能、节水、资源综合利用和环保产品（设备、技术）目录及相应税收优惠政策。实行节能环保项目减免企业所得税及节能环保专用设备投资抵免企业所得税政策。对节能减排设备投资给予增值税进项税抵扣。完善对废旧物资、资源综合利用产品增值税优惠政策；对企业综合利用资源，生产符合国家产业政策规定的产品取得的收入，在计征企业所得税时实行减计收入的政策。实施鼓励节能环保型车船、节能省地环保型建筑和既有建筑节能改造的税收优惠政策。抓紧出台资源税改革方案，改进计征方式，提高税负水平。适时出台燃油税。研究开征环境税。研究促进新能源发展的税收政策。实行鼓励先进节能环保技术设备进口的税收优惠政策。

（四十一）广泛深入持久开展节能减排宣传。组织好每年一度的全国节能宣传周、全国城市节水宣传周及世界环境日、地球日、水日宣传活动。组织企事业单位、机关、学校、社区等开展经常性的节能环保宣传，广泛开展节能环保科普宣传活动，把节约资源和保护环境观念渗透在各级各类学校的教育教学中，从小培养儿童的节约和环保意识。选择若干节能先进企业、机关、商厦、社区等，作为节能宣传教育基地，面向全社会开放。

（四十四）抓好政府机构办公设施和设备节能。各级政府机构分期分批完成政府办公楼空调系统低成本改造；开展办公区和住宅区供热节能技术改造和供热计量改造；全面开展食堂燃气灶具改造，“十一五”时期实现食堂节气 20%；凡新建或改造的办公建筑必须采用节能材料及围护结构；及时淘汰高耗能设备，合理配置并高效利用办公设施、设备。在中央国家机关开展政府机构办公区和住宅区节能改造示范项目。推动公务车节油，推广实行一车一卡定点加油制度。

（四十五）加强政府机构节能和绿色采购。认真落实《节能产品政府采购实施意见》和《环境标志产品政府采购实施意见》，进一步完善政府采购节能和环境标志产品清单制度，不断扩大节能和环境标志产品政府采购范围。对空调机、计算机、打印机、显示器、复印机等办公设备和照明产品、用水器具，由同等优先采购改为强制采购高效节能、节水、环境标志产品。建立节能和环境标志产品政府采购评审体系和监督制度，保证节能和绿色采购工作落到实处。

(4) 国务院批转节能减排统计监测及考核实施方案和办法的通知（国发［2007］36 号）

其中与建筑物节能及建筑能源系统节能相关的章节如下：

（五）建立健全第三产业能源消费统计调查制度。第三产业涉及范围广泛，单位数量众多，需要针对不同行业、不同经营类型企业的能源消费特点，采取不同的调查方法，进行统计调查。耗能较大的餐饮业分规模建立全面调查或重点调查统计制度；交通运输行业按照不同运输方式建立相应的调查制度。第三产业的其他行业能源消费，电力约占 90%左右，由中国电力企业联合会通过健全社会用电量统计，提供能耗核算所需的资料。

1. 餐饮业。餐饮业单位数量多、分布面广、能源消费品种较多、调查难度大，将其分为限额以上和限额以下两部分进行调查。对限额以上餐饮企业（从业人员 40 人以上，年营业额 200 万元以上）实行全面调查，全面建立煤炭、煤气、天然气、液化石油气、电力等能源消费量统计调查制度。对限额以下餐饮企业实行重点调查，取得样本企业单位营业额和能源消费量数据，按照限额以下餐饮业营业额资料推算其全部能源消费量。

调查内容：煤炭、煤气、天然气、液化石油气、电力消费量。

调查范围：限额以上企业，限额以下企业。

调查频率：季报，2007年年报正式实施。

调查方式：统计局在限额以上和以下企业分别组织全面调查和重点调查。

（六）建立健全居民生活用能统计制度。

1. 城镇居民生活用能。

调查内容：煤炭、汽油、柴油、城市煤气、天然气、液化石油气、电力消费量。

调查范围：与现有城镇住户调查范围相同。

调查频率：季报，2007年年报正式实施。

调查方式：统计局组织抽样调查。

2. 农村居民生活用能。

调查内容：煤炭、汽油、柴油、天然气、液化石油气、电力消费量等。

调查范围：与现有农村住户调查范围相同。

调查频率：季报，2007年年报正式实施。

调查方式：统计局组织抽样调查。

（七）建立健全主要建筑物能耗统计制度。针对饭店、宾馆、商厦、写字楼、机关、学校、医院等单位的大型建筑物，由建设部会同统计局研究建立相应的统计制度。

省级人民政府节能目标责任评价考核计分表见表5-2。

省级人民政府节能目标责任评价考核计分表　　表5-2

考核指标	序号	考核内容	分值	评分标准
节能目标（40分）	1	万元GDP能耗降低率	40	完成年度计划目标得40分，完成目标的90%得36分，完成80%得32分，完成70%得28分，完成60%得24分，完成50%得20分，完成50%以下不得分。每超额完成10%加3分，最多加9分。本指标为否决性指标，只要未达到年度计划确定的目标值即为未完成等级
节能措施（60分）	2	节能工作组织和领导情况	2	1. 建立本地区的单位GDP能耗统计、监测、考核体系，1分； 2. 建立节能工作协调机制，明确职责分工，定期召开会议，研究重大问题，1分
	3	节能目标分解和落实情况	3	1. 节能目标逐级分解，1分； 2. 开展节能目标完成情况检查和考核，1分； 3. 定期公布能耗指标，1分

造为集中供热。到2010年城市集中供热普及率由2002年的27%提高到40%，新增供暖热电联产机组4000万kW，年节能3500万t标准煤。

余热余压利用工程。“十一五”期间在钢铁联合企业实施干法熄焦、高炉炉顶压差发电、全高炉煤气发电改造以及转炉煤气回收利用，形成年节能266万吨标准煤；在日产2000t以上水泥生产线建设中低温余热发电装置每年30套，形成年节能300万t标准煤；通过地面煤层气开发及地面采空区、废弃矿井和井下瓦斯抽放，瓦斯气年利用量达到10亿m^3，相当于年节约135万t标准煤。

节约和替代石油工程。“十一五”期间电力、石油石化、冶金、建材、化工和交通运输行业通过实施以洁净煤、石油焦、天然气替代燃料油（轻油），加快西电东送，替代燃油小机组；实施机动车燃油经济性标准及相配套政策和制度，采取各种措施节约石油；实施清洁汽车行动计划，发展混合动力汽车，在城市公交客车、出租车等推广燃气汽车，加快醇类燃料推广和煤炭液化工程实施进度，发展替代燃料，可节约和替代石油3800万t。

电机系统节能工程。目前，我国各类电动机总容量约4.2亿kW，实际运行效率比国外低10～30个百分点，用电量约占全国用电量的60%。“十一五”期间重点推广高效节能电动机、稀土永磁电动机；在煤炭、电力、有色、石化等行业实施高效节能风机、水泵、压缩机系统优化改造，推广变频调速、自动化系统控制技术，使运行效率提高2个百分点，年节电200亿kWh。

能量系统优化工程。在重点耗能行业推行能量系统优化，即通过系统优化设计、技术改造和改善管理，实现能源系统效率达到同行业最高或接近世界先进水平。“十一五”期间重点在冶金、石化、化工等行业组织实施，降低企业综合能耗，提高市场竞争力。

建筑节能工程。“十一五”期间住宅建筑和公共建筑严格执行节能50%的标准，加快供热体制改革，加大建筑节能技术和产品的推广力度等，可分别节能5000万t标准煤。与此同时，开展北方采暖地区既有建筑节能改造，加大既有宾馆、饭店的综合节能改造。

绿色照明工程。照明用电约占全国用电量的13%，高效节能荧光灯与普通白炽灯之比为1∶2.6，用高效节能荧光灯替代白炽灯可节电70%～80%，用电子镇流器替代传统电感镇流器可节电20%～30%，交通信号灯由发光二极管(LED)替代白炽灯，可节电90%。“十一五”期间重点是在公用设施、宾馆、商厦、写字楼、体育场馆、居民中推广高效节电照明系统、稀土三基色荧光灯，对高效照明电器产品生产装配线进行自动化改造，可节电290亿kWh。

政府机构节能工程。政府机构（包括国防、教育、公共服务等公共财政支持的部门）能源消费增长快，能源费用开支较大。开展政府机构节能，不仅可以降低政府机构能耗，节约行政支出，而且通过政府自身带头节能，推进全社会节能工作的开展。"十一五"期间重点是政府机构建筑物及采暖、空调、照明系统节能改造，按照建筑节能标准改造的政府机构建筑面积达到政府机构建筑总面积的20%；推广使用高效节能产品，将节能产品纳入政府采购目录；实施公务车改革，带头采购低油耗汽车；中央国家机关率先试点，2010年中央国家机关单位建筑面积能耗和人均能耗在2002年基础上降低10%。

节能监测和技术服务体系建设工程。"十一五"期间通过更新监测设备、加强人员培训、推行合同能源管理等市场化服务新机制等措施，强化省级和主要耗能行业节能监测中心能力建设，依法开展节能执法和监测（监察）；省级和主要耗能行业节能技术服务中心具备为企业、机关和学校等提供节能诊断、设计、融资、改造、运行、管理"一条龙"服务的能力。

通过实施上述十项重点节能工程，"十一五"可实现节能2.4亿t标准煤（含增量部分），经济和环境效益显著。

（7）可再生能源中长期发展规划（2007年9月颁布）

其中与建筑物节能及建筑能源系统节能相关的章节如下：

六、重点发展领域

（四）太阳能

1. 太阳能发电

发挥太阳能光伏发电适宜分散供电的优势，在偏远地区推广使用户用光伏发电系统或建设小型光伏电站，解决无电人口的供电问题。在城市的建筑物和公共设施配套安装太阳能光伏发电装置，扩大城市可再生能源的利用量，并为太阳能光伏发电提供必要的市场规模。为促进我国太阳能发电技术的发展，做好太阳能技术的战略储备，建设若干个太阳能光伏发电示范电站和太阳能热发电示范电站。到2010年，太阳能发电总容量达到30万kW，到2020年达到180万kW。建设重点如下：

（1）采用户用光伏发电系统或建设小型光伏电站，解决偏远地区无电村和无电户的供电问题，重点地区是西藏、青海、内蒙古、新疆、宁夏、甘肃、云南等省（区、市）。建设太阳能光伏发电约10万kW，解决约100万户偏远地区农牧民生活用电问题。到2010年，偏远农村地区光伏发电总容量达到15万kW，到2020年达到30万kW。

（2）在经济较发达、现代化水平较高的大中城市，建设与建筑物一体化的屋顶太阳能并网光伏发电设施，首先在公益性建筑物上应用，然后逐渐推广到其他建筑物，同时在道路、公园、车站等公共设施照明中推广使用光伏电源。"十一五"时期，重点在北京、上海、江苏、广东、山东等地区开展城市建筑屋顶光伏发电试点。到2010年，全国建成1000个屋顶光伏发电项目，总容量5万kW。

到2020年，全国建成2万个屋顶光伏发电项目，总容量100万kW。

(3) 建设较大规模的太阳能光伏电站和太阳能热发电电站。“十一五”时期，在甘肃敦煌和西藏拉萨（或阿里）建设大型并网型太阳能光伏电站示范项目；在内蒙古、甘肃、新疆等地选择荒漠、戈壁、荒滩等空闲土地，建设太阳能热发电示范项目。到2010年，建成大型并网光伏电站总容量2万kW、太阳能热发电总容量5万kW。到2020年，全国太阳能光伏电站总容量达到20万kW，太阳能热发电总容量达到20万kW。

另外，光伏发电在通信、气象、长距离管线、铁路、公路等领域有良好的应用前景，预计到2010年，这些商业领域的光伏应用将累计达到3万kW，到2020年将达到10万kW。

2. 太阳能热利用

在城市推广普及太阳能一体化建筑、太阳能集中供热水工程，并建设太阳能采暖和制冷示范工程。在农村和小城镇推广户用太阳能热水器、太阳房和太阳灶。到2010年，全国太阳能热水器总集热面积达到1.5亿m^2，加上其他太阳能热利用，年替代能源量达到3000万t标准煤。到2020年，全国太阳能热水器总集热面积达到约3亿m^2，加上其他太阳能热利用，年替代能源量达到6000万t标准煤。

（五）其他可再生能源

积极推进地热能和海洋能的开发利用。合理利用地热资源，推广满足环境保护和水资源保护要求的地热供暖、供热水和地源热泵技术，在夏热冬冷地区大力发展地源热泵，满足冬季供热需要。在具有高温地热资源的地区发展地热发电，研究开发深层地热发电技术。在长江流域和沿海地区发展地表水、地下水、土壤等浅层地热能进行建筑采暖、空调和生活热水供应。到2010年，地热能年利用量达到400万t标准煤，到2020年，地热能年利用量达到1200万t标准煤。到2020年，建成潮汐电站10万kW。

（六）农村可再生能源利用

在农村地区开发利用可再生能源，解决广大农村居民生活用能问题，改善农村生产和生活条件，保护生态环境和巩固生态建设成果，有效提高农民收入，促进农村经济和社会更快发展。发展重点是：

(1) 解决农村无电地区的用电问题。在电网延伸供电不经济的地区，发挥当地资源优势，利用小水电、太阳能光伏发电和风力发电等可再生能源技术，为农村无电人口提供基本电力供应。在小水电资源丰富地区，优先开发建设小水电站(包括微水电)，为约100万户居民供电。在缺乏小水电资源的地区，因地制宜建设独立的小型太阳能光伏电站、风光互补电站，推广使用小风电、户用光伏发电、风光互补发电系统，为约100万户居民供电。

(2) 改善农村生活用能条件。推广“小水电代燃料”、户用沼气、生物质固体成型燃料、太阳能热水器等可再生能源技术，为农村地区提供清洁的生活能源，改善农村生活条件，提高农民生活质量。到2010年，使用清洁可再生能源的农户普及率达到30%，农村户用沼气达到4000万户，太阳能热水器使用量达到5000万m^2。到2020年，使用清洁可再生能源的农户普及率达到70%以上，农村户用沼气达到8000万户，太阳能热水器使用量达到1亿m^2。

(3) 开展绿色能源示范县建设。在可再生能源资源丰富地区，坚持因地制宜，灵活多样的原则，充分利用各种可再生能源，积极推进绿色能源示范县建设。绿色能源县的可再生能源利用量在生活能源消费总量中要超过50%，各种生物质废弃物得到妥善处理和合理利用。绿色能源示范县建设要与沼气利用、生物质固体成型燃料和太阳能利用相结合。到2010年，全国建成50个绿色能源示范县；到2020年，绿色能源县普及到500个。

(8) 中国节能技术政策大纲（计交能［11996］905号）(2006年颁布修订版本)

其中与建筑物节能及建筑能源系统节能相关的章节如下：

3 建筑节能

目前我国城乡既有建筑面积超过420亿m^2，年竣工建筑面积超过20亿m^2，其中大部分为高耗能建筑，居住和公共建筑用能增长迅速。新建建筑应严格执行节能设计标准，积极开展既有建筑的节能改造，使建筑能耗大幅度降低。

3.1 建筑节能设计技术

3.1.1 严格实施建筑节能设计标准。按照建筑用途和所处气候、区域的不同，做好建筑、采暖、通风、空调及采光照明系统的节能设计；完善建筑节能设计标准，建立建筑节能评价体系。

3.1.2 完善、规范符合我国国情与节能标准要求的管理技术。发展适用于各种建筑的用能模拟软件与节能设计计算及审核软件。发展建筑用能检测和智能控制技术与设备。

3.1.3 发展建筑节能标准化，完善建筑节能标准系列。制定并不断更新建筑节能设计标准、节能改造标准和施工验收规范，采暖空调照明系统运行标准，建筑节能产品标准，以及有关热工性能及能耗检测方法标准，并编制配套的节能设计标准图集。

3.1.4 加快墙体材料改革，研发节能节材结构体系。

3.2 建筑墙体、屋面和门窗节能技术。

3.2.1 推广采用高效保温材料复合的外墙和屋面，特别是外保温外墙和倒置屋面。发展以粘贴、钉挂、喷抹和浇入方法复合的多种外墙外保温技术，特别是工业化方法建造技术。在严寒和寒冷地区淘汰外墙内保温技术。研究保温墙体防火、防潮、防裂技术。

3.2.2 研究、发展绿化遮阳、通风散热和相变蓄热技术，完善倒置屋面、架空屋面、种植屋面与反射屋面等技术。

3.2.3 发展节能窗技术，控制窗墙面积比，改善窗户的传热系数和遮阳系数。

研发玻璃节能技术，推广采用中空玻璃，提倡充入惰性气体，推广低辐射率（Low-E）玻璃、太阳能控制低辐射（Sun-E）玻璃。低导热率的间隔条。推广断桥、复合、加设空腔等技术，降低窗框的传热。严格窗框与窗扇、窗框与墙体间的密封。推广窗户遮阳，发展活动外遮阳技术。

3.2.4 限制玻璃幕墙的使用，提高玻璃幕墙节能要求，严格控制玻璃幕墙能耗、发展双层通风遮阳式幕墙。

3.2.5 推广能耗较低的高效保温建筑材料和制品，研发相变储能材料和薄膜型热反射材料在建筑中的应用。

3.2.6 研究和完善隔热涂料的应用技术，在夏季有隔热要求的地区推广应用。

3.3 采暖和空调节能技术。

3.3.1 发展以集中供热为主导、多种方式相结合的城镇供热采暖节能技术。

3.3.2 发展优化配置冷、热源技术，避免低负载运行，提高采暖空调和热泵系统运行时的实际 *COP* 值，推广建筑空调和采暖系统风机和水泵变频调速技术。

3.3.3 研发各种空气热回收技术与装置。

经过技术经济比较，采用如转轮式全热交换器、纸质全热交换器、热管式显热换热器、空气—空气换热器和溶液式全热回收器等。提倡充分利用室外空气的自然冷却能力转移建筑内热量，如过渡季利用室外新风方式、冷却塔换热方式等。

3.3.4 发展地热源、水源、空气源热泵技术和污水源热泵技术。

一般情况下不应采用直接电采暖方式。提倡蓄冷、蓄热空调和采暖，尽量利用电网低谷负荷。

3.3.5 发展太阳能供热水、太阳能利用设备与建筑一体化技术。研究太阳能采暖制冷技术。

3.3.6 发展燃气空调，在夏季电力不足地区推广使用。

3.4 采光和通风节能技术。

3.4.1 发展利用自然光技术。

3.4.2 发展利用自然通风技术，合理组织室内气流路径。开发住宅用手动或自动调节进风量的通风器。

3.5 既有建筑节能改造技术。

3.5.1 研究分析既有建筑现状，建立既有建筑节能改造评估体系。

3.5.2 研发、推广针对不同地区、不同结构、不同构造既有建筑的节能改造技术。

主要包括外墙增加外保温、隔热、屋顶加设倒置屋面、平屋顶加设坡屋顶、窗户改为双（三）玻中空及 Low-E、Sun-E 玻璃、窗户外侧增设活动遮阳卷帘，玻璃幕墙设外夹层，入口加设外门等技术。发展单管串联采暖系统改造、加设温控阀及热计量表的技术。

5 城市与民用节能

城市与民用节能，包括公共事业、居民、机关、院校和商业及大型公建等方面用能的节约。当前城市与民用能源消费正快速上升，推广节能技术对缓解能源供需矛盾，改善城市环境十分重要。

5.1 城市供热和制冷技术

5.1.1 发展集中供热技术

发展热电联产、区域锅炉房集中供热技术，取代小型、分散锅炉供热。合理选择集中供热方式，提高热电比重。需用电供热时，应发展蓄热技术，利用低谷电。

5.1.2 发展热电冷联供技术

发展城市热水供应和夏季热制冷技术。有条件的地方，可以发展分布式热电冷联供系统。

5.1.3 推广节能的供热管网技术改造

推广供热管网保温技术。推广直埋预制保温管。对供热管道、法兰、阀门及附件按国家标准采取保温措施。改善热力管网的调节方式，推广管网水力平衡设备，发展管网调度、运行、调节的智能监控技术。发展应用管网先进抗垢技术，降低管网能耗。

5.1.4 发展热计量控制用仪表设备技术，研发不同用途的热计量控制用仪表设备。

5.2 民用能源优质化技术。

5.2.1 发展城市民用燃气技术。

因地制宜地利用天然气、液化石油气、煤制气、煤层气等燃气资源，增加天然气在城市民用气源中的比例。扩大城市燃气用气领域，优化用气结构，开发、应用节能器具，提高燃气利用效率。

5.2.2 推广燃气生产和输配调度智能控制技术

优化城市燃气系统，提高运行效率。

5.2.3　推广型煤和先进炉型技术

杜绝燃烧散煤，发展多品种、多规格的型煤生产；推广烟煤无烟燃烧技术。

5.3　绿色照明技术

5.3.1　推广绿色照明技术和产品

推广高光效、长寿命、显色性好的电光源，如：稀土高效荧光灯产品；推广设计科学的灯具及节能电子镇流器产品。一般建筑内部采用紧凑型荧光灯、T5及T8荧光灯，减少普通白炽灯的使用比例。实施照明产品的能效标准。

5.3.2　发展城市绿色照明技术

推广使用科学的节能照明控制技术。道路照明、建筑物泛光照明和区域场所照明，要采用金属卤化物灯和高压钠灯等节能型电光源。发展城市景观照明中的半导体照明（LED）工程技术。

5.4　办公及家用节能电器

5.4.1　推广高效节能产品。

研发、推广使用高效节能电冰箱、空调器、电视机、洗衣机、电脑等办公及家用电器技术。研究开发和推广变频等高效电机，研究开发高效制冷部件压缩机、热交换器等，研究开发和推广真空绝热等高效保温材料和技术。

5.4.2　减少待机能耗

研发、推广低待机能耗电器，对间断使用电器，推广采用可控电源插座。

(9) 关于印发“十一五”十大重点节能工程实施意见的通知（发改环资[2006] 11457号）

其中与建筑物节能及建筑能源系统节能相关的章节如下：

第二章　实施内容

一、燃煤工业锅炉（窑炉）改造工程

1. 更新、替代低效锅炉：采用新型高效锅炉房系统更新、替代低效锅炉，提高锅炉热效率。

2. 改造现有锅炉房系统：针对现有锅炉房主辅机不匹配、自动化程度和系统效率低等问题，集成现有先进技术，改造现有锅炉房系统，提高锅炉房整体运行效率。

4. 示范应用洁净煤、优质生物型煤替代原煤作为锅炉用煤，提高效率，减少污染。

二、区域热电联产工程

（二）主要内容

1. 用热电联产集中供热为主的方式替代城市燃煤供热小锅炉，提高热电联产在供热中的比例，扩大集中供热范围。燃煤热电厂发展 20 万 kW 以上的大型供热机组，城市附近的 30 万 kW 以下纯凝汽发电机组改为供热机组，鼓励建设热电冷联供机组，北方小城市建设背压式供热机组热电厂。

2. 加强工业开发区热电厂的管理，工业生产用热尽量采用热电联产方式，以背压供热机组为主。

3. 建设分布式热电联产和热电冷联供。

4. 因地制宜建设低热值燃料和秸秆等综合利用热电厂。

（三）配套措施

1. 加快城市供热体制改革。

2. 适度超前建设城市集中供热管网，为热电联产创造条件。热网不落实的热电联产项目，不予核准。

3. 结合城市规划改造和工业园区建设，将现有供热机组改建为热电联产机组。

4. 修改完善《关于发展热电联产的规定》，研究热力和电力价格管理办法和税收政策，研究制定严格的以单位热力煤耗作为主要指标的热电联产技术经济考核指标，建立热电联产认证制度，对于达不到热电联产有关技术经济指标要求的项目要给予处罚。加强项目建设和运行监督管理，防止以热电联产名义建设火电项目，引导热电联产规范有序发展。

5. 各省级发展改革委做好工业热电联产发展规划和建设管理工作，组织落实各省（区、市）热电联产规划和法规。

6. 研究并完善有关天然气分布式热电联产的标准和政策。

五、电机系统节能工程

（二）主要内容

1. 更新淘汰低效电动机及高耗电设备：推广高效节能电动机、稀土永磁电动机，高效风机、泵、压缩机，高效传动系统等。更新淘汰低效电动机及高耗电设备；采用高效节能电机及系统相关节电设备新装电机系统。逐步限制并禁止落后低效产品的生产、销售和使用。对老旧设备更新改造，重点是高耗电中小型电机及风机、泵类系统的更新改造及定流量系统的合理匹配。

2. 提高电机系统效率：推广变频调速、永磁调速等先进电机调速技术，改善风机、泵类电机系统调节方式，逐步淘汰闸板、阀门等机械节流调节方式。重点对大中型变工况电机系统进行调速改造，合理匹配电机系统，消除“大马拉小车”现象。

4. 优化电机系统的运行和控制：推广软启动装置、无功补偿装置、计算机自动控制系统等，通过过程控制合理配置能量，实现系统经济运行。

5. 重点改造领域：

……

其他：企业空调和通风、楼宇集中空调的电机系统改造等。

七、建筑节能工程

（二）主要内容

1. 新建建筑

新建建筑全面严格执行50%节能标准，四个直辖市和北方严寒、寒冷地区实施新建建筑节能65%的标准。采用新技术、节能建材、节能设施，建设低能耗、超低能耗及绿色建筑。新建建筑的节能要实行从规划、设计、施工图审查及施工、监理、验收和销售等全过程的严格监管，使节能设计标准得以切实实施。

2. 既有建筑

采用新技术对既有建筑的采暖、空调、热水供应、电气、炊事等方面进行改造。启动和实施供热体制改革，推行居住及公共建筑集中采暖按热表计量收费制。

3. 可再生能源城市级示范

开展再生能源技术城市级示范活动，探索推广机制和模式，包括太阳能利用、淡水源热泵、海水源热泵、浅层地能利用和可再生能源技术集成等。完善新建建筑设计规范，推行建筑物与可再生能源一体化进程。

4. 新型墙材和节能建材产业化

发展节能利废建材、聚氨酯、聚苯乙烯、矿物棉、玻璃棉等符合建筑节能标准和相关国家标准的新型墙材及建设节能建材产业化基地。

（三）配套措施

1. 加强项目管理，项目实施单位应按相关法规，确定责任人员，建立管理制度，按计划完成工程项目。

2. 制定和修订相关政策法规，制定供热价格管理办法，加快北方地区供热体制改革。

3. 建立健全技术标准体系和技术支撑体系，研究新型墙体材料节能利废和二氧化碳减排评价体系及指标，强化国家建筑能效检测检验和评估机制。

4. 推广建筑节能新技术、新材料、新设备。

5. 建立和完善建筑节能标准体系及实施监管机制；研究既有建筑节能改造激励机制。

6. 加强国际合作和宣传培训，引导农村和工业建筑节能。

八、绿色照明工程

（二）主要内容

2. 节能照明产品推广

采用大宗采购、电力需求侧管理、合同能源管理和质量承诺等市场机制和财政补贴激励机制，在政府机关、学校、宾馆饭店、商厦超市、大型工矿企业、医院、铁路车站、城市景观照明及城市居民小区等重点推广高效照明产品。

（三）配套措施

6. 将公用建筑节能照明系统设计和施工的审查，纳入建筑节能审查制度。

九、政府机构节能工程

1. 既有建筑节能改造

针对不同建筑特点和能源消费类型，对既有建筑围护结构、中央空调、采暖、照明和用电设备等进行节能改造；更换照明、办公等高能耗产品和设备；开展中央空调系统节能清洗和改造工作。

2. 综合电效改造

对用电设备和电力分配系统进行系统性诊断和分析，加装节电设备，实现用电系统整体优化，提高电效。

3. 新技术、新能源和可再生能源应用试点

积极推广使用浅层地源热泵、太阳能等新技术、新能源，扩大可再生能源使用范围。

4. 推行节能产品政府采购

进一步落实节能产品政府采购制度，完善政府采购节能认证工作，扩大政府采购节能产品的范围，实施政府采购统计工作，构建节能产品政府采购管理网络平台，开展政府采购人员培训。

7. 新建建筑节能评审和全过程监控

新建建筑全面执行现行建筑节能设计标准，对新建大型办公建筑开展节能综合评审试点，并对施工、调试、竣工验收、运行管理实施全过程的节能审查和监督。

8. 建立政府机构能耗统计体系

建立能耗统计指标体系，开展政府机构能耗专项调查、典型建筑的能耗监测，选择高能耗建筑进行分项计量改造，建立能耗统计信息管理平台，将政府机构能源消费纳入国民经济能源统计体系，开展全国性能耗普查工作，对在京中央机关进行年度能耗统计。

（10）关于加强政府机构节约资源工作的通知（发改环资［2006］284号）

其中，与建筑物节能及建筑能源系统节能相关的章节如下：

（二）加强建筑节能。各级政府机构要加强对新建工程项目规划、设计、施工、监理、竣工验收和运行管理等环节的节能监督管理，严格执行建筑节能设计标准，开展新建项目合理用能评价，积极采用节能新技术、新产品（设备）和新型墙体材料，建设节能、节水、节地、节材和利用新能源的低能耗绿色建筑。对

既有建筑应优化运行管理，抓好围护结构改造，推广绿色照明，加强中央空调、供暖和用电等耗能设施、设备的节能测试、诊断，有计划地实施节能改造，提高建筑物能源利用效率。加强办公楼、会议室的装修控制和管理，杜绝过度装修。

（六）加强日常节约资源管理。各级政府机构要建立健全管理制度，实施分级计量。办公区域夏季空调温度设置不低于26℃，冬季空调温度设置不高于20℃，工作时间提倡每天少开一小时空调；减少空调、电脑、复印机等耗能设备的待机能耗，养成人走关灯的良好习惯；大力推广节水型卫生器具（设备）；鼓励有条件的单位建立中水回收利用系统和雨水收集系统，提高水的使用效率；推行无纸化办公，开展废旧电脑及各种办公用品耗材的回收利用，促进办公用品的高效利用和循环利用；推广使用再生纸，减少一次性办公用品的使用。

（八）大力开展创建节约型机关活动。各级政府机构要加快开展节约型机关的创建活动，按照“节约型机关”评价标准，从节约和利用资源、高效管理、绿色建筑、节能采购、新产品和新技术应用等方面提出相应的要求，并加强监督管理。通过节约型机关的创建活动，促进政府机构节约资源工作的全面开展。

（11）中国节能产品认证管理办法（1999年2月11日）。

（12）能源效率标识管理办法（自2005年3月11日起施行）。

以上两个文件主要涉及到相关建筑用能设备（如空调、电冰箱等）的节能认证和能效标识的管理办法，具体内容不做赘述。

（13）关于加强热电联产管理的规定（计基础［2000］1268号）。

（14）关于进一步做好热电联产项目建设管理工作的通知（计基［2003］369号）。

以上两个文件主要涉及到热电联产和集中供热行业和项目的管理，具体内容不做赘述。

（15）关于印发《关于城镇供热体制改革试点工作的指导意见》的通知（建城［2003］148号）（详见附录A12）。

（16）关于印发《城镇住宅供热计量技术指南》的通知（建科［2004］10号）（详见附录A14）。

（17）关于印发《城市供热价格管理暂行办法》的通知（2007年6月3日）（详见附录A13）。

（二）建筑节能领域的专项政策文件

（1）民用建筑节能管理规定（建设部令第143号，2005年10月28日通过）（详见附录A3）。

（2）关于新建居住建筑严格执行节能设计标准的通知（建科［2005］55号）

（详见附录 A7）。

（3）关于发展节能省地型住宅和公共建筑的指导意见（建科［2005］78 号）（详见附录 A4）。

（4）建设部关于贯彻《国务院关于加强节能工作的决定》的实施意见（建科［2006］231 号）（详见附录 A8）。

（5）建设部建筑节能试点示范工程（小区）管理办法（建科［2004］25 号）。

（6）关于印发《建设部节能省地型建筑推广应用技术目录》的通知（建科［2006］38 号）。

（7）关于印发《绿色建筑评价标识管理办法》（试行）的通知（建科［2007］206 号）（详见附录 A10）。

（8）关于印发《建设部“十一五”可再生能源建筑应用技术目录》的通知。

（9）关于加强国家机关办公建筑和大型公共建筑节能管理工作的实施意见（建科［2007］245 号）（详见附录 A8）。

（10）关于推进北方采暖地区既有居住建筑供热计量及节能改造工作的实施意见（建科［2008］95 号）（详见附录 A20）。

三、节能标准与能效标识政策

（1）采暖居住建筑

1986 年 3 月颁发了行业标准《民用建筑节能设计标准（采暖居住建筑部分）》（JGJ 26—86），并于 1986 年 8 月 1 日试行，这是我国第一部建筑节能设计标准，规定严寒和寒冷地区采暖居住建筑在 1980～1981 年当地通用设计的基础上节能 30%，开始了严寒和寒冷地区的建筑节能工作。

随着建筑节能工作的推进，节能水平的进一步提高，1995 年建设部组织对《民用建筑节能设计标准（采暖居住建筑部分）》（JGJ 26—86）进行了修订，出台《民用建筑节能设计标准（采暖居住建筑部分）》（JGJ 26—95），1996 年 7 月 1 日施行，规定严寒和寒冷地区采暖居住建筑在 1980～1981 年当地通用设计的基础上节能 50%。

目前，有关部门正在编制节能 65%的《民用建筑节能设计标准（采暖居住建筑部分）》（北京市等地区已经出台），主要是强调提高建筑围护结构保温隔热性能，使最终的单位面积采暖能耗在 1980～1981 年当地通用设计的基础上节约 65%。

（2）夏热冬冷地区新建居住建筑

2001 年由建设部发布的行业标准《夏热冬冷地区新建居住建筑节能设计标准》（JGJ 134—2001），规定夏热冬冷地区（主要在长江中下游一带）居住建筑节能50%，夏热冬冷地区2001年10月1日起执行该标准。适用于夏热冬冷地区新建、改建和扩建居住建筑的建筑节能设计。该标准在设计阶段，控制围护结构热工性能及采暖空调设备能效比，使其采暖空调能耗比以前传统居住建筑（没有保温隔热措施）在保持同样室内热环境条件时，节能50%。

（3）夏热冬暖地区新建居住建筑

2003年建设部发布的行业标准《夏热冬暖地区居住建筑节能设计标准》（GJG 75—2003），规定夏热冬暖地区（包括海南、广东和广西大部、福建南部、云南小部分）居住建筑节能50%，夏热冬暖地区2003年10月1日执行《夏热冬暖地区新建居住建筑节能设计标准》。适用于夏热冬暖地区的各类新建、扩建和改建的居住建筑。

（4）公共建筑

1993年9月国家技术监督局与建设部联合发布了《旅游旅馆建筑热工与空气调节节能设计标准》（GB 50189—93），规定1994年7月1日起施行，这是我国第一本关于公共建筑的节能设计标谁。

2005年建设部和国家质量监督检验检疫总局联合发布的国家标准《公共建筑节能设计标准》，规定节能率为50%。2005年7月1日《公共建筑节能设计标准》开始实施。适用于新建、扩建、改建的公共建筑的节能设计。

（5）绿色建筑

《绿色建筑评价标准》（GB/T 50378—2006）于2006年颁布，提出了绿色建筑的评价标准体系。

（6）终端用能设备的相关政策

1）《管形荧光灯镇流器能效限定值及节能评价值》（GB 17896—1999）；

2）《普通照明用双端荧光灯能效限定值及能效等级》（GB 19043—2003）；

3）《普通照明用自镇流荧光灯能效限定值及能效等级》（GB 19044—2003）；

4）《单端荧光灯能效限定值及节能评价值》（GB 19415—2003）；

5）《高压钠灯能效限定值及能效等级》（GB 19573—2004）；

6）《高压钠灯用镇流器能效限定值及节能评价值》GB 19574—2004）；

7）《单元式空气调节机能效限定值及能源效率等级》（GB 19576—2004）；

8）《冷水机组能效限定值及能源效率等级》（GB 19577—2004）；

9）《通风机能效限定值及节能评价值》（GB 19761—2005）；

10）《金属卤化物灯用镇流器能效限定值及能效等级》（GB 200053—2006）；

11）《金属卤化物灯能效限定值及能效等级》（GB 200054—2006）。

（7）能效标识

1）《能源效率标识管理办法》（自2005年3月1日起施行，目前已经出台了电冰箱、空调器等用能设备的能效标识制度）

2)《建筑门窗节能性能标识试点工作管理办法》(建科［2006］319号)(详见附录A9);

3)《绿色建筑评价标识管理办法(试行)》(建科［2007］206号)(详见附录A10)。

四、节能技术规范

(1)《城市供热管网工程质量检验评定标准》(CJJ 38—90);

(2)《宾馆、饭店合理用电》(GB/T 12455—1990);

(3)《蒸汽供热系统凝结水回收及蒸汽疏水阀技术管理要求》(GB/T 12712—1991);

(4)《城市道路照明设计标准》(GJJ 45—91);

(5)《民用建筑电气设计规范》(JGJ/T 16—92);

(6)《城镇燃气设计规范》(GB 50028—93);

(7)《民用建筑热工设计规范》(GB 50176—93);

(8)《设备及管道保温保冷设计导则》(GB/T 15586—1995);

(9)《活塞式单级制冷机组及其供冷系统节能监测方法》(GB/T 15912—1995);

(10)《设备及管道保温保冷技术通则》(GB/T 11790—1996);

(11)《设备及管道保冷效果的测试与评价》(GB/T 16617—1996);

(12)《全玻璃真空太阳集热管》(NY/T 315—1997);

(13)《既有采暖居住建筑节能改造技术规程》(JGJ 129—2000);

(14)《家用燃气取暖器》(CJ/T 113—2000);

(15)《建筑采光设计标准》(GB/T 50033—2001);

(16)《生活锅炉经济运行》(GB/T 18292—2001);

(17)《采暖居住建筑节能检验标准》(JGJ 132—2001);

(18)《城市热力网设计规范》(CJJ 34—2002;J 216—2002);

(19)《通风与空调工程施工质量验收规范》(GB 50243—2002);

(20)《生活锅炉热效率及热工试验方法》(GB/T 10820—2002);

(21)《采暖通风与空气调节设计规范》(GB 50019—2003);

(22)《水源热泵机组》(GB/T 19409—2003);

(23)《聚光型太阳灶》(NY 219—2003);

(24)《地板辐射供暖技术规程》(JGJ 142—2004);

(25)《外墙外保温工程技术规程》(JGJ 144—2004);

(26)《建筑照明设计标准》(GB 50034—2004);

(27)《房间空气调节器》(GB/T 7725—2004);

(28)《地源热泵系统工程技术规范》(GB 50366—2005);

(29)《民用建筑太阳能热水系统应用技术规范》(GB 50364—2005);

(30)《空调通风系统运行管理规范》(GB 50365—2005);

(31)《绿色建筑技术导则》(建科［2005］199 号)。

五、经济激励政策文件

(1) 新型墙体材料专项基金

为推动禁止使用实心黏土砖、促进节能建筑材料的生产应用，国家先后出台了一系列关于新型墙体材料专项基金的征收和使用管理办法。1992 年，国务院下发《关于加快墙体材料革新和推广节能建筑意见的通知》(国发［1992］66 号)，明确建立发展新型墙体材料“专项用费”。随后，有 20 多个省、直辖市、自治区陆续采用“专项用费”的形式推进墙材革新工作。2000 年，国务院办公厅下发《关于推进住宅产业现代化提高住宅质量的若干意见的通知》(国办发［1999］72 号)，确定了直辖市、沿海城市和人均耕地面积不足 0.8 亩省份的 170 个大中城市 2003 年 6 月 30 日前实现禁用实心黏土砖，省会城市在 2005 年底实现禁用实心黏土砖的目标。2002 年，国家经贸委、财政部联合发布了《新型墙体材料专项基金征收和使用管理办法》(财综［2002］55 号)，对新型墙体材料专项基金的征收对象、范围、标准、程序；使用范围、支出方式、审批程序；法律责任、处罚规定、监督检查等方面做出了明确规定。2007 年，国家重新制定了《新型墙体材料专项基金征收使用管理办法》和《新型墙体材料目录》，支持节能建材行业发展，自 2008 年 1 月 1 日起执行(详见附录 A15)。

(2) 可再生能源建筑应用示范项目资金

2006 年，财政部和建设部制定了《关于可再生能源建筑应用示范项目资金管理办法》(财建［2006］460 号)(详见附录 A16)和《关于推进可再生能源在建筑中应用的实施意见》(建科［2006］213 号)。2007 年，下发了《关于加强可再生能源建筑应用示范管理的通知》(财建［2007］38 号)，鼓励在建筑领域推广应用太阳能、浅层地能等可再生能源。

(3) 国家机关办公建筑和大型公共建筑节能专项资金

2007 年，国家有关部门制定了《国家机关办公建筑和大型公共建筑节能专项资金管理暂行办法》，财政部、建设部下发了《财政部关于印发国家机关办公建筑和大型公共建筑节能专项资金管理暂行办法的通知》(财建［2007］558 号)和《关于加强国家机关办公建筑和大型公共建筑节能管理工作的实施意见》(建科［2007］245 号)。以节能专项资金方式支持国家机关办公建筑和大型公共建筑节能工作，对国家机关办公建筑和大型公共建筑实施的节能改造以及可再生能源建筑应用示范项目予以补助(详见附录 A18)。

(4) 北方采暖区既有居住建筑供热计量及节能改造奖励资金

根据《国务院关于印发节能减排综合性工作方案的通知》(国发［2007］15号)中提出的“十一五”期间推动北方采暖区既有居住建筑供热计量及节能改造1.5亿m^2的工作任务，2007年12月，财政部印发了《北方采暖区既有居住建筑供热计量及节能改造奖励资金管理暂行办法》(财建［2007］957号)，并预拨了部分奖励资金。2008年5月，住房和城乡建设部制定了《关于推进北方采暖地区既有居住建筑供热计量及节能改造工作的实施意见》(建科［2008］95号)，对推进北方采暖地区既有居住建筑供热计量及节能改造工作的实施提出了工作部署(详见附录A20)。

(5) 节能技术改造财政奖励资金

“十一五”期间，国家安排专项资金支持企业节能技术改造，并制定了《节能技术改造财政奖励资金管理暂行办法》(财建〔2007〕371号)。主要支持《“十一五”十大重点节能工程实施意见》(发改环资［2006］1457号)中确定的燃煤工业锅炉(窑炉)改造、余热余压利用、节约和替代石油、电机系统节能和能量系统优化等项目。采取奖励方式，实行资金量与节能量挂钩，对完成节能量目标的项目承担企业给予奖励。东部地区节能技术改造项目根据节能量按200元/t标准煤奖励，中西部地区按250元/t标准煤奖励。

(6) 高效照明产品财政补贴

2007年底，国家发改委会同有关部门制定了《高效照明产品推广财政补贴资金管理暂行办法》及推广方案。采用财政补贴方式，计划在未来3年中每年用高效照明产品替代5000万只白炽灯。对大宗用户的节能灯产生企业补贴30%，对分散用户的节能灯产生企业补贴50%(详见附录A21)。

(7) 供热价格

2007年，国家发改委会同建设部制定了《城市供热价格管理暂行办法》，改变原来按照面积征收热费的办法，通过“两部制”热价推动供热体制改革和建筑节能工作(详见附录A14)。

六、其他相关政策

(1) 建筑节能宣传和技术推广

国家发改委会同建设部等部门在“节能减排全民行动”以及每年的节能宣传周等各种宣传活动中，都加大了对建筑节能的宣传力度。建设部每年组织国际智能、绿色建筑与建筑节能大会暨新技术与产品博览会，对建筑节能技术进行宣传推广。建设部组织有关部门编制了针对不同对象的建筑节能培训教材，开展系列培训活动。国家发改委节能信息传播中心先后对50多项建筑节能技术组织开发了最佳实践节能案例，编制了《商业建筑空调节能技术改造指南》、《住宅建筑节能技术指南》、《集中供热系统节能技术指南》等建筑节能技术指南教材，并开展了一系列宣传培训活动。

（2）国际合作

1）供热改革与建筑节能项目

2004年，建设部和世界银行/全球环境基金启动了供热改革与建筑节能项目。项目的目标是在中国的寒冷地区提高城市住宅建筑和集中供热系统的能源效率，积极推动供热体制改革。

2）中国节能促进项目

从1996年开始，我国启动国家发改委（国家经贸委）/世界银行/全球环境基金中国节能促进项目。主要目的是示范、引进、推广基于市场的“合同能源管理”节能新机制，鼓励按照“合同能源管理”商业模式的节能服务公司在中国实施节能项目。目前，从事专业化节能服务的节能服务公司已经发展到300家左右。因为商业楼宇节能改造具有“投资小、见效快”的特点，调查结果表明，这些节能服务公司实施的节能改造项目中，约60%左右的项目为楼宇、空调、照明节能改造，积极推动了建筑节能工作开展。

（3）绿色照明工程

从1996年开始，我国启动国家发改委（国家经贸委）/UNDP/GEF中国绿色照明工程。为编制一系列照明电器产品的能效标准和建筑照明能效设计标准、开展高效照明产品认证和标识活动以及绿色照明宣传等活动提供了支持。

（4）终端能效项目

2003年，我国启动国家发改委/UNDP/GEF中国终端能效项目。主要支持工业、建筑、跨行业的节能政策研究，为相关建筑节能标准的编制和有关建筑节能培训教材的编写提供了大力支持。

此外，目前我国有关部门正在和德国、荷兰、加拿大、美国、日本等国家和世界银行、联合国开发计划署等国际机构在包括建筑节能的节能环保领域开展项目前期合作，拟进一步通过实施更多的国际合作项目，引进发达国家的管理经验、技术和资金，积极推动中国的节能减排工作开展。

第六章　我国的建筑节能工作成效与问题

第一节　我国的建筑节能工作成效

随着建筑能耗的日益增长及相应的能源环境问题越来越突出，建筑节能工作也越来越受到政府部门、科研部门及社会公众的关注。长期以来，在各部门的共同努力下，我国的建筑节能工作正在经历从北方到南方、从住宅到公共建筑、从新建建筑到既有建筑改造、从围护结构到能源系统和设备、从化石燃料到可再生能源、从法律行政手段到经济手段、从技术措施到居民生活消费方式的引导、从城市到农村的转变，取得了显著的成效。

一、建筑节能在我国节能工作中的地位不断提高

在新修订的《中华人民共和国节约能源法》、国务院《关于加强节能工作的决定》、《国务院节能减排综合性工作方案》、国务院办公厅《关于进一步推进墙体材料革新和推广建筑节能的通知》、国务院办公厅《关于严格执行公共建筑空调温度控制标准的通知》等文件中，都对建筑节能提出了明确要求。建筑节能及相关的供热、空调、照明、锅炉、电机、电器设备、热电联产以及政府机构节能等领域被纳入《中国节能中长期专项规划》、《“十一五”十大重点节能工程实施意见》、《中国节能技术政策大纲》的重点节能领域范围。在《“十一五”十大重点节能工程实施意见》中，建筑节能不仅被列为一个重点节能工程，而且其他节能工程也大都与建筑节能及商用/民用节能密切相关，并明确提出“十一五”期间总计节能1亿t标准煤的建筑节能目标。

二、建立我国建筑节能领域的节能标准、规范和标识体系

目前，“寒冷地区”、“严寒地区”、“夏热冬冷地区”和“夏热冬暖地区”的居住建筑节能设计标准都已经相继出台（节能50％的标准）。并且，一些地区（如北京市等）开始实施节能65％的居住建筑节能设计标准。同时，2005年7月1日，《公共建筑节能设计标准》也正式开始实施，适用于新建、扩建和改建的公共建筑的节能设计。从北到南，从居住建筑到公共建筑，从节能30％、节能50％到节能65％，覆盖我国三大气候区域和两大建筑类型的越来越严格的建筑

节能设计标准体系基本建立，对于全国建筑节能工作的开展提供了依据和手段。同时，针对家用电器快速发展的趋势，我国已经开始制定和实施冰箱、照明、空调等家用电器的节能标准，并且 2005 年 3 月对电冰箱和空调器开始实施能效标识制度。此外，通过实施节能专项检查，并下发关于加大对建筑节能标准执行效果进行监督检查的相关文件，不断推动相关节能标准和政策的实施效果。

三、建立我国建筑节能管理政策体系

建设部制定了《民用建筑节能管理规定》（建设部令第 143 号）、《关于发展节能省地型住宅和公共建筑的指导意见》（建科［2005］78 号）、建设部《关于贯彻国务院关于加强节能工作的决定的实施意见》（建科［2006］231 号）、《关于新建居住建筑严格执行节能设计标准的通知》（建科［2005］55 号）、《建筑节能工程施工质量验收规范》等一系列建筑节能管理政策文件，加强了建筑节能的监督管理。同时，随着大型公共建筑节能重要性日益凸显，目前我国正在加强国家机关建筑和大型公共建筑节能监管体系的建立，在 25 个示范省市建立了大型公共建筑能耗统计、能源审计、能效公示、能耗定额制度。

四、初步建立我国建筑节能领域的经济激励政策体系

制定了《新型墙体材料专项基金征收使用管理办法》和《新型墙体材料目录》，支持节能建材行业发展；制定了《高效照明产品推广财政补贴资金管理办法》及推广方案，计划在“十一五”的头 3 年每年用高效照明产品替代 5000 万只白炽灯；制定了《国家机关办公建筑和大型公共建筑节能专项资金管理暂行办法》、《关于可再生能源建筑应用示范项目资金管理办法》，通过中央财政对国家机关办公建筑和大型公共建筑实施的节能改造以及可再生能源建筑应用示范项目予以补助；制定了《城市供热价格管理暂行办法》，通过“两部制”热价推动供热体制改革和建筑节能工作。目前，住房和城乡建设部等部门正在研究制定有关办法，采用中央财政补贴和地方财政配套的方式，支持北方采暖地区既有居住建筑供热计量及节能改造工作，落实北方采暖地区既有居住建筑供热计量及节能改造 1.5 亿 m^2 的工作任务。

五、供热体制改革不断深化

2003 年，八部委联合颁布了《关于城镇供热体制改革试点工作的指导意见》，并组织编制了《城镇住宅计量供热技术指南》。2007 年，国家发改委会同建设部制定了《城市供热价格管理暂行办法》，通过“两部制”热价推动供热体制改革和建筑节能工作。目前，住房和城乡建设部已将北方采暖区既有居住建筑供热计量的任务分解到各省区市，并按照“两手抓”的战略，一手抓供热体制改

革，一手抓采暖地区城市热力管网、室内温度控制、计量和围护结构的改造，进行城市级示范，带动整个北方采暖地区既有居住建筑节能改造。

六、建筑节能技术研究与开发取得明显进展

外墙外保温技术开发水平、应用规模和数量都取得了令世界瞩目的成绩；节能门窗的种类得到发展，水平大幅度提高；Low-E 玻璃技术及玻璃封装技术已经接近世界水平；建筑围护结构优化集成节能技术得到发展；集中供热得到快速发展，北方城镇采暖地区集中供热面积比重超过 27%；供热采暖温度控制与计量技术取得明显进展；独立除湿空调系统的关键性技术已经取得突破性进展；提高空气源热泵在冬季低温工况下运行效率的关键技术取得明显进展，水源及地源热泵技术的应用逐步增加；热网系统及楼宇中央空调系统的节能优化控制技术得到越来越广泛的应用；变频空调、节能灯、节能冰箱等大部分节能型家电的关键技术取得显著进展；太阳能与建筑结合应用技术取得了阶段性突破；配合绿色奥运的绿色建筑评估体系已初步完成；分布式建筑热电冷联产（BCHP）技术取得进展。并印发了《建设部节能省地型建筑推广应用技术目录》的通知（建科［2006］38 号）、《建设部“十一五”可再生能源建筑应用技术目录》的通知（建科［2007］216 号）等技术推广文件。

七、建筑节能产业化取得长足进步，节能产品普及率不断提高

新型墙体材料占墙体材料总量的比例从 2000 年的 26%提高到当前的 40%以上；已建成亚洲第一条最大的在线镀膜生产线，并生产出世界先进水平的 low-E 玻璃产品；已建成世界上第二条真空玻璃生产线，开始批量生产；初步形成了门类齐全、综合配套、先进适用的建筑节能产品体系。同时，以建筑节能及建筑能源系统节能改造为关键业务领域之一的节能服务公司（ESCO）已经形成产业化，并成立了“节能服务产业协会”（EMCA），为采用基于市场的运作机制实施更多的建筑节能改造项目奠定了良好基础。此外，我国的节能型家用电器的普及率及国内生产能力不断提高。例如，随着“中国绿色照明工程”的开展，目前我国已经成为世界照明电器的生产大国，年产量居世界第一位。并且，我国已经成为节能灯的出口大国。

八、可再生能源在建筑节能领域的利用得到快速发展

近年来，建成的节能建筑逐年增加，太阳能、地热等新能源在建筑上的应用工作进展迅速。截至 2006 年，我国太阳能热水器运行保有量达 9000 万 m^2，占到世界太阳能热水器应用面积的 60%左右，年生产能力超过 2000 万 m^2，使用量和年产量均占世界总量的一半以上；太阳能一体化建筑、超低能耗建筑、绿色建

筑等理念开始进入初步应用阶段，地热能源开始得到推广应用。至 2007 年底[1]，我国城镇累计建成节能建筑面积超过 21 亿 m^2，占城镇既有建筑总量的 11.7%，各地太阳能光热应用面积达 7 亿 m^2，浅层地热能应用面积近 8000 万 m^2。

九、加大节能宣传力度，社会公众的节能意识不断提高

国家发改委联合中宣部、中央电视台等单位共同举办的“全民节约、共同行动”、“节能减排全民行动”、“建设节约型社会展览”以及每年的节能宣传周等大型节能宣传活动中，都加大了对建筑节能的宣传力度。此外，建设部每年组织国际智能、绿色建筑与建筑节能大会暨新技术与产品博览会，对建筑节能技术进行宣传推广。通过加强节能宣传，同时随着能源价格的快速攀升，广大社会公众的节能意识近年来得到了较大程度的提高。

十、积极开展国际合作，利用国际资金和技术推动建筑节能

中国政府与世界银行、联合国开发计划署、荷兰、加拿大、日本、德国等相关机构在建筑节能相关领域开展了国际合作，积极引进发达国家的管理政策、技术和资金，推动建筑节能工作。

第二节　当前我国建筑节能工作存在的主要问题

尽管建筑节能工作取得了一定进展，但由于我国建筑节能工作开展得相对较晚，且涉及的市场主体分散，当前在推动建筑节能工作的过程中还存在着诸多问题。

一、缺乏对建筑能耗和建筑节能概念的科学认识

推动建筑节能工作，首先应该科学分析建筑能耗的形成过程，研究影响建筑能耗高低的各种层面的因素。在此基础上才能够科学地提出在满足居民合理能源服务需求的前提下降低建筑能耗的措施和途径，并且根据这些措施和途径的特点，出台有关促进建筑节能的政策。

建筑能耗，又称商用/民用能耗，是指为满足相关的能源服务需求，建筑物内各种用能设备的运行能耗，主要包括采暖、空调、照明、家用电器、办公设备、热水供应、炊事、电梯、通风等能耗。至今，在我国关于建筑能耗的概念还存在着诸多不同的看法，影响了建筑节能工作的开展。

从建筑能耗的影响因素看，单位面积建筑能耗的大小主要取决于以下两个因

---

[1] 建设部汇报材料，2008 年 2 月。

素：一是能源服务水平和有用能需求，包括社会公众对采暖、空调、照明、热水、电器设备等与生活消费模式密切相关的能源服务水平要求，建筑围护结构的节能性能等；二是为满足有用能需求，所采用的各种用能设备的技术方式和实际运行效率水平。所以，建筑节能不仅是建筑围护结构的节能，同时应该包括采暖、空调、照明、热水、办公和家用电器设备等各种用能设备的节能，并且居民的能源服务需求和生活消费模式对建筑能耗也有着重要的影响。目前，社会上对这些建筑能耗的影响因素存在着认识不足的问题，从而对分析如何科学合理地降低建筑能耗产生了不利的影响。

由于对建筑能耗及建筑节能概念缺乏科学的认识，以往的建筑节能工作，侧重于抓建筑围护结构，对用能系统和设备以及居民生活消费模式缺乏足够的重视，导致一些人认为“建筑节能就是建筑物节能”；侧重于建筑物建造阶段的节能，对能源系统和设备的运行节能缺乏有效的政策措施；侧重于抓节能技术措施，对生活消费模式和建筑发展模式缺乏足够的重视，并且对实际的能耗数量缺乏足够的重视，导致一些建筑物尽管采取了某些节能技术，但是实际的单位面积能耗数量不降反升。

例如，尽管建筑物的保温隔热性能不断提高，但是由于缺乏对能源系统设备运行管理的足够重视，我国的供热锅炉房运行效率比国外低 15～20 个百分点，许多集中供热输配系统的能耗损失占采暖有用能需求的一半左右，在许多大型公共建筑中风机、水泵能耗损失占空调系统能耗的 40%以上。并且，由于许多供热系统缺乏末端调控手段，一些建筑冬季室温过高，只能开窗散热。再如，尽管出台了“节能 30%”、“节能 50%”、“节能 65%”等一系列建筑节能设计标准，但是缺乏能耗数量基准，导致当前的一些所谓节能建筑，尽管采取了许多节能措施，超过了节能标准的要求，但由于密闭性太强、运行管理不合理等原因，同时在消费模式方面缺乏合理引导，实际的单位面积能耗远高于其他建筑。

二、建筑节能政策落实较差

我国虽然已经出台了许多建筑节能政策，但是一些政策未能得到很好地贯彻实施。

例如，我国先后出台了一系列建筑节能设计标准，但是，根据建设部 2007 年的建筑节能专项检查结果，仅有 71%左右的新建建筑在施工阶段达到了相关标准的要求。其原因主要包括：1）我国正处于政治经济体制改革的过程中，存在着法治不健全、有法不依、执法不严的现象。这在节能政策领域也有所体现，并且影响了政策的落实；2）我国当前处于发展阶段，地方政府以发展为首要任务，对可能影响经济发展的节能工作尚缺乏应有的重视程度，并且广大社会公众缺乏足够的法律观念和诚信意识，加之当前的“违法违规”风险成本太低，导致相关建筑节能政策未能够得到贯彻落实；3）对建筑节能设计标准的执行效果缺乏有效的监管和责任追究手段，导致不符合要求的建筑未得到应有的惩罚，而负责建筑竣工验收的部门责任也无人追究；4）目前的建筑节能设计标准强调的是设计阶段的技术措施，没有以政府和居民关心的实际能耗和能源费用为出发点，在一定程度上缺乏市场需求。

再如，我国近年来一直推动的供热体制改革，尽管在暗补改明补、保障低收入家庭的采暖问题等方面取得了一定进展，并且《城市供热价格管理暂行办法》的颁布将通过“两部制热价”进一步促进“热改”的深化，但是关键的供热计量和调节技术目前还存在问题，并且涉及到复杂的供热管理体制的改革，因此在许多地方尚未得到贯彻落实，严重影响了北方采暖地区的建筑节能和供热节能工作开展。

三、建筑节能政策实施体系薄弱

从政府部门中专门从事建筑节能管理日常事务的部门定位和人员构成角度看，目前负责我国全社会节能的主管部门仅是国家发改委资源节约与环境保护司下的一个处级部门，国务院建设资源节约型社会办公室仅有数人；在住房和城乡建设部科技司，负责建筑节能工作也仅有几名工作人员。更为严重的是“上行下效”的后果，在一些省市具体落实建筑节能工作的人员仅是科级。与同样作为基本国策的环保工作相比，目前包括建筑节能在内的节能机构无论从定位还是人员结构角度，都远不能适应当前的形势需求。

从节能中介机构角度看，在西方国家，中介机构在节能政策的实施过程中发挥了重要的桥梁作用。例如，在日本和韩国，国家层面都设置了节能政策实施机构（日本节能中心、NEDO、KEMCO 等），在节能技术推广、节能效果测评、激励政策实施等方面积极帮助政府落实包括建筑节能在内的相关节能政策。我国尽管近年来在不断扶持地方和行业的相关节能中心，但是远不能满足节能任务的要求，节能中介机构市场仍然亟需培育和支持。

由独立的第三方机构形成的节能技术测评市场是实施节能经济激励政策的基础。但是对于目前种类成千上万、日新月异的众多节能技术来说，目前我国的节能技术测评市场还远未形成，从而影响了一些节能经济激励政策的出台，即使是已经出台的节能优惠政策，也会因为缺乏完善的节能技术测评市场而影响了实际的节能效果。例如，在国外，能效信息标识和能效分级体系标识制度中，是由生产商进行自我标识的，生产商对自己生产的产品（建筑物）的能效水平进行自我声明，对这种自我标识的监督方法一般采用市场（同行）监督的方法，同时结合政府部门的抽查。所以，按照市场运作的节能评估、监测、认证机构市场比较健全，基于市场的评估机构很多，并且许多评估机构依靠自身的业务能力和服务水平闯出了自己的品牌。但是，我国目前对高效节能技术进行评估、检测、认证的权威机构很少，节能技术测评机构的市场也亟待健全。尤其是对于非常复杂的建筑物以及建筑能源系统来说，强调的是整体的节能性能，节能量如何计算、如何检测评估方面尚缺乏科学完善的节能中介市场，影响了相关政策的落实。

此外，在西方国家，大部分节能服务公司都是从商业建筑（尤其是政府机构建筑）节能改造起家的，并且国外的建筑节能激励政策给予了节能服务公司非常大的支持，使节能服务公司在推动建筑节能的工作中发挥了重要作用。近年来，我国政府一直在鼓励“合同能源管理”节能机制的发展，节能服务公司数量已由2001年的3个增长到目前的300个左右❶。并且，在这些节能服务公司实施的节能项目中，建筑能源系统和公共建筑节能改造项目占60%左右❷。但是，由于建筑节能市场非常大，当前的节能服务公司规模远不能满足市场需求。

四、缺乏基于市场的建筑节能经济激励长效机制

节能，特别是商用/民用节能，是一个公益性的领域，需要政府主导出台的节能经济激励政策来对市场加以引导。市场经济国家的经验表明，市场是资源配置的基础力量，“利益驱动”是基本规律，节能效益是影响用户节能积极性的关键因素。尤其是推动能源用户非常分散的建筑节能工作，需要加快建立基于市场的节能长效机制，通过价格、财税等经济激励手段调动各方面参与节能的积极性，引导节能技术、节能产品、节约型生活消费模式的发展。在西方国家“胡萝卜+大棒”的节能政策体系中，能源价格政策、节能财税政策等经济激励措施对推动建筑节能工作发挥了重要的作用。在我国，目前推动建筑节能工作仍然更多地依靠行政手段，因为政策实施体系不健全，并且许多情况下市场缺乏推动节能的原动力，导致一些政策没有发挥理想的效果。

(1) 能源价格形成机制有待于完善

能源价格直接影响能源用户的能源费用，是影响其节能积极性的直接因素。纵观我国的能源价格体系，近年来各种能源价格都在快速上涨，客观上对提高用户的节能积极性、推动节能工作起到了一定作用。但是，抛开能源价格的这种快速上升趋势是否合理，当前的能源价格形成机制中多是从能源供应方考虑如何收回相关能源成本，但是对能源在不同领域的消费环节如何有利于促进用户的能源节约意识和提高能源使用效率考虑得较少，从而对节能工作产生了负面影响。

首先，在当前能源价格中考虑的资源和环境成本非常少，不利于节能。一方面没有真正反映能源资源的实际成本，另一方面导致建立类似于国外相关节能基金（主要来自于能源税、环境税）缺乏合理的资金来源。

---

❶ 国家发改委能源研究所. 促进我国节能服务产业发展的财税政策研究，2008。

❷ 国家发改委能源研究所. 中国节能服务产业发展现状调查，2006。

其次，一次能源和二次能源价格关系尚未理顺。目前，我国的一次能源（例如煤炭、原油）价格已经趋于市场化，但是二次能源（例如电力、热力，成品油）价格却都实行政府指导价格，所以不可避免地会出现一些矛盾。尤其是热力行业，热电厂的煤炭价格和出厂热价，以及热力公司的销售热价，因为关系不顺，导致许多节能效果很好的热电联产集中供热项目没有发挥应有的节能效果。

第三，在不同能源品种比价不合理，不利于节能。从国家资源利用最大化角度，在哪些部门、哪些行业使用哪种能源利用技术最合理，不同能源品种比价应该是多少才有助于不同能源品种的合理利用，目前尚缺乏系统的研究。近年来，我国在大力推动能源优质化进程，高效、清洁的能源利用技术将有利于能源效率的提高。但是，相对于煤炭价格，优质能源（尤其是天然气）价格偏高则是影响这一进程的一个主要因素。

第四，我国当前主要采用的单一能源价格政策，不利于节能。

一方面，大部分情况下，针对不同行业，同一能源品种未实施差别价格，影响了国家资源利用效率的提高。例如，对于天然气这种清洁、高效，对我国又是非常宝贵的资源自身来说，从国家资源利用效率最大化角度，如何最为有效地利用天然气资源、在哪些行业应该优先推广、在哪些行业应该抑制使用，因为我国的天然气价格采用的是单一价格，在价格形成机制中没有得到反映，其结果可能导致适合于煤炭的领域使用了天然气，而适合于使用天然气的领域却使用了其他能源，从而降低了国家的整体能源资源利用效率。此前，我国已经出台了“分时电价”政策，虽然对节能发挥了一定的作用，但是其出发点主要也是从如何削减电力容量需求❶。而我国针对不同行业出台的差别电价政策，则是从抑制高耗能行业、提高国家资源利用效率角度向前迈出的一步。

另一方面，针对不同人群，没有出台差别价格（例如阶梯能源价格），不利于节能，也不利于资源的公平利用。总体上，我国城镇人口中人均能源消费量是农民的3倍左右，而即使是在城镇中，也存在着少数富人消耗多数能源的问题。在当前的单一能源价格体系下，对于穷人来说，在人均能源消费量很小的情况下促使其节能，一方面节能潜力很小，另一方面不利于公平地利用能源资源；对于富人来说，这种平均的单一能源价格水平与其收入水平相比可能还不足以调动其节能的积极性，导致这些人均能源消费量很大、节能潜力很大的群体反而不愿意节能，不利于形成节约型的生活消费模式。

（2）相关能源费用征收机制存在不合理现象

能源费用征收机制，即能源费用按照什么原则征收，是能源价格的另外一种

---

❶ 2004年，上海市大部分公共建筑和近一半的居民住宅中都安装了“分时电价”表，结果是夏季电力高峰期负荷比预期低了约200万kW。

表现形式，也是直接影响用户节能积极性的关键性因素。目前，我国在一些领域由于存在着能源费用征收机制不合理现象，严重影响了用户的节能积极性。例如：

1）尽管我国推动供热体制改革多年，但是该政策一直没有得到实施，目前北方城镇许多地区仍然采用按照面积征收采暖费的方式。在这种情况下，建筑物是否节能、供热系统是否节能，与用户自身利益没有直接的联系，导致市场上不缺乏节能技术、节能潜力也很大，但是因为缺乏市场需求而严重地影响了北方城镇地区建筑节能技术的推广应用。

2）公共机构的财政预算中没有节能科目，节能改造需要的资金没有正当的来源。并且，公共机构能源费用的"实报实销"体制，年度能源费用是根据前几年费用支出的情况确定的，采取节能措施反而会导致下一年拨付给本部门的费用减少，不利于调动公共机构相关部门的节能积极性。这种能源费用的征收机制已经从根本上影响了建筑节能工作的推进，急需改变。

（3）建筑节能财税激励政策有待于完善

随着我国近年来对节能工作的日益重视，节能经济手段在不断加强，尤其在节能资金方面比原来有了较大幅度的提高。但是，建筑节能在我国的整个节能政策体系中还有待于进一步提高。与工业节能领域相比，公益性和分散性非常强的建筑节能领域，无论在节能资金还是其他节能优惠政策方面，都需要进一步加强。同时，目前我国大部分资金主要用于支持既有项目的节能改造，而对于先进节能的各种新技术和设备（例如节能建筑，节能空调等）缺乏基于市场的激励措施（例如减免税、财政补贴、贴息等）和推广机制，对节约型生活消费方式的引导也大多是侧重于宣传和提高意识方面，缺乏从价格、税收方面的激励政策引导。目前，许多节能产品"叫好不卖座"的现象就是一个典型的例子❶。

总体上看，当前我国未建立起基于市场的建筑节能长效机制和政策环境。对能源用户来说，仍然处于"要我节能"而不是"我要节能"的阶段。由于节能市场缺乏根本的需求动力，从新增建筑/产品和既有改造两个方面都影响了高效节能技术的推广应用。

五、建筑节能工作涉及部门多，协调合作机制有待完善

建筑节能是一项涉及到经济社会各个领域的庞大而复杂的系统工程。从宏观层面角度，既要考虑居民生活消费方式的引导，又要考虑城市的合理规划和建筑的合理发展模式；从涉及的节能领域角度，既要考虑墙体材料、门窗等各种建筑

---

❶ 根据中央电视台的调查，60%～70%的顾客表示愿意购买节能产品，但实际上购买时由于产品价格方面的原因，最终还是选择了普通产品。

围护结构的节能，又要考虑锅炉、热电联产、空调、照明、热水供应、各种电器设备等用能系统和设备的节能；从涉及的能源品种角度，既要考虑煤炭、电力、天然气、热力等常规能源，又要考虑农村能源、可再生能源和新能源；从节能政策角度，既要考虑节能法律法规和行政管理政策，又要考虑价格、财税等促进节能的经济激励政策。

综上，为有效推动建筑节能工作，会涉及到发展改革、建设、财政、税务、科技、质量监督、环保等诸多部门，因此需要加强各部门之间的统筹、协调、合作。而由于缺乏对建筑节能概念的科学认识，当前建筑节能在整个节能工作体系中的地位尚有待于加强和完善。并且，由于尚未建立起针对上述各个相关部门的有效协调合作机制，在建筑节能工作的开展过程中，容易导致管理职能和相关政策的交叉重叠或者政策的缺位。当前的总体情况是建设部门在负责建筑节能工作，其工作重点是建筑围护结构节能；发展改革部门在推动居民节约型生活消费方式的引导工作；能源系统和设备节能有多个部门在参与管理，而直接影响建筑终端能耗的能源系统和设备的节能运行管理非常重要，需要更加有力的宏观经济政策来推动，但是目前的政策力度尚有待于进一步加强。

六、缺乏建筑能耗统计数据基础

建筑能耗统计是推动建筑节能最基础的工作。在国外，终端能源消费主要按照工业、交通运输、商用、民用、农业等部门进行统计分析。在我国，目前的能源消费统计体系中是按照第一产业、第二产业、第三产业和民用进行部门划分的。尤其是包括了商用和民用部门的建筑能耗，由于目前尚未建立科学的建筑用能统计指标体系和统计制度，导致关于建筑能耗的说法不一，直接影响了建筑节能工作的开展。

第七章　西方发达国家推动建筑节能的政策经验

第一节　建筑节能在国家节能政策中占有重要地位

自从 20 世纪 70 年代石油危机以来，西方国家开始高度重视节能工作。随着 20 世纪 90 年代以来全球气候变化问题的日益凸显，节能作为温室气体减排的一项重要措施，其地位在各国的能源战略中得到了进一步加强。

其中，由于建筑节能（包括住宅、商业建筑和政府机构）具有很强的公益性特征，空调和采暖导致季节性尖峰能源需求，并且建筑能耗在发达国家中占的比重比较高（一般占全国总能耗的 30%～40%），所以在绝大部分西方国家的节能政策体系中，建筑节能方面的政策一直占据着主导位置，大部分节能激励政策和节能资金用于建筑（商用/民用）节能领域。

例如，2003 年美国能源部能源效率和可再生能源局的节能资金预算高达 13.12 亿美元（见表 7-1）。其中，在建筑节能领域的资金预算为 4.4 亿美元，与建筑节能有密切联系的电力节能资金预算为 3.94 亿美元，两者占全部预算的 2/3。

美国能源部能源效率和可再生资源局年度预算（百万美元）　**表 7-1**

	2001 年	2002 年	2003 年
商用/民用，州和社区项目	293.4	380.3	408.8
联邦政府能源管理计划	27.7	24.7	30.9
工业	146.0	148.9	138.3
交通	297.5	301.6	275.7
电力	384.9	376.2	394.4
管理	66.9	70.2	63.9
总计	1180.4	1301.9	1312.0

数据来源：美国能源部能效和可再生能源局网（http//www.eren.doe.gov/eere）。

第二节　采用“胡萝卜+大棒”的政策思路

许多市场经济发达国家的节能政策特点可以归结为“胡萝卜+大棒”政策。

一是制定相关产品、设备、系统的最低能源效率标准等节能措施，并且措施以法律、法规形式颁布执行，是强制性的措施。主要包括建筑物和相关设备的最低能效标准、强制性的能效信息标识、对政府机构的能源管理要求（如澳大利亚和美国要求政府机构出台年度能耗报告，进行能源审计等）、对商业建筑的能源管理要求（如美国加州要求所有的商业建筑进行“能效对标”）等。

二是通过补贴、减免税、贴息等财税激励措施鼓励厂家、用户来提高建筑物和用能设备的能源效率。

随着节能技术的进步和发展，上述能源政策及节能标准每隔3～5年就不断更新。下面以美国为例[1]，阐述市场经济国家推动节能，尤其是建筑/商用/民用节能的做法和经验。

一、能效标准和标识制度

早在20世纪70年代末到20世纪80年代初，能源危机促使美国政府开始制定并实施建筑物及家用电器的能源效率标准。并且，制定最低能耗标准的能耗产品品种越来越多，标准经过每3～5年的不断更新也越来越严格。而这些标准在不同的州有不同的具体内容和要求，大部分州根据自身特点制定高于国家标准要求的最低能耗标准。

最低能效标准主要涉及家用电器和建筑物领域。以加州为例，在20世纪70年代末就开始制定电冰箱、空调器、采暖炉及日光灯镇流器的能效标准；1978年加州开始制定建筑物的节能标准，并且每3年更新一次，目前正在制定2005年的建筑节能标准。

最低能效标准一般都以强制性的法律、法规的形式颁布执行。标准的针对对象一般是将要进入市场的新产品（包括建筑物），进入各州市场销售的相关产品必须满足该州的最低能耗标准。最低能效标准的制定一般采用政府组织，由相关第三方中介机构完成的方法。在标准的制定过程中主要采取工程测算法，制定比较严格的标准。这种制定标准的方法主要特点是保证能耗限额标准的先进性。尽管制定标准时市场上的很多产品尚未达到该标准，但是在培训并采用更先进的技术后，其产品的能耗可以达到的标准就是几年后要实行的能耗限额标准。这种方法与我国能效标准制定与实施的方法不同。

由于美国是一个非常讲“诚信”的国家，同时法制比较完善，老百姓及厂商的法制观念和诚信意识很强。并且，这些标准从制定到实施，相关单位及群体的责、权、利非常明确，如果哪个厂家、公司或者个人没有达到标准的要求，一方面要受到法律的制裁，另一方面就会失去信誉，而一旦失去信誉，对他们未来的

---

[1] 康艳兵·美国节能管理模式考察报告，2003

工作及生活会产生非常巨大的影响。

能效标识制度也是推动建筑/商用/民用节能的主要做法之一。

一种是节能信息标识，即厂家标出能耗产品的相关耗能信息，比较典型的是美国的能源指南（Energy-Guide）标识项目。其标识内容主要包括：1）产品型号的年用能量或能效比；2）所有相似产品型号能耗值的比较范围；3）该产品型号按国家平均能源价格计算的预计年能源费用。能源指南标识为用户提供年相关产品的能耗性能、大约的能耗费用以及该产品的能耗性能在同类产品中所处于的档次和水平。这样，有助于用户进一步根据产品的价格和自身的需求来合理地进行选择。

另外一种是保证标识，即厂家认为其能耗产品的性能达到了一定的标准后，经向相关部门申请，并获得批准在产品上粘贴节能产品的标签，表明已经达到了相关标准。最为典型的是 DOE 和 EPA 联合推动的能源之星（Energy Star）项目。

美国标识项目涵盖的产品　　表 7-2

信息标识	洗衣机、中央空调、洗碗机、镇流器、紧凑型萤光灯、冷冻箱、炉子、普通用白炽灯、热泵热水器、冷藏箱、房间空调器、游泳池热水器等
保证标识	家用电器、加热和制冷设备、家用电子产品、办公设备、照明装置和灯泡、建筑物等

企业要申请“能源之星”标识，可以向美国能源部和环保署的相关机构提供所规定的产品能耗性能指标。并且，产品的性能检测工作一般由企业自己完成，或者由企业委托相关的第三方机构来检测，并不需要政府指定的机构来完成。这样既简化了企业的申请手续，又减轻了政府的负担，同时可以避免因为政府采用行政命令指定机构而产生的一些问题。

那么，“能源之星”标识靠什么来保证其质量和可靠性呢？靠市场监督！一方面是靠用户监督，而更为主要的是依靠企业之间的互相监督。因为企业之间存在竞争，当一个企业申请并获得了“能源之星”标识后，其竞争对手往往会出于自身利益对该产品性能进行检测。当竞争对手发现该产品性能没有达到“能源之星”所规定的标准时，它们就会向相关政府机构举报该企业“谎报”了产品性能。此时，政府部门的主要职能是维护企业“公平竞争”的环境，起到的是一个“法官”的作用。他们会委托第三方机构对被举报的产品进行性能检测及核实。如果被举报企业的产品被证明确实夸大了其性能，没有达到“能源之星”所规定的标准，该产品的标识将被取消，而该企业的市场信誉将大大降低，甚至可能得到其他的惩罚。美国是一个信誉社会，企业视信誉为生命，所以这种市场监督手段收到了良好的效果。

到2002年，“能源之星”标识的产品已经达到38个大类，主要集中在家用电器和建筑物领域。市场上已经有25%的能耗设备和产品得到了“能源之星”的标识，而“能源之星”的市场认知程度已经达到40%。“能源之星”项目使美国居民的节能意识得到了大幅度的提高，并且已经成为美国居民购买产品的重要参考依据之一。此外，“能源之星”无形中成了国外产品进入美国市场的技术壁垒，未获“能源之星”认证的产品在美国无法获取市场份额。

二、基于市场的财税激励政策

节能激励政策是西方市场经济国家推动节能工作的重要途径。美国政府推动节能的资金主要可以分两大类：一是政府的财政拨款，二是节能公益基金（PGC、PBF）。以节能公益基金为例，通过提高2%～3%的电价，作为推动节能工作的主要资金来源。在美国的21个州都设有类似的节能公益基金，由各州的公用事业委员会（PUC）负责管理。而各种相关的部门都可以申请并利用该基金开展节能活动，体现了“取之于民、用之于民”的原则。

美国联邦政府、各级州政府以及公用事业单位等都采取了一系列经济激励性措施来促进高效节能产品的推广普及工作，这些财政激励措施主要有节能产品（建筑物）现金回扣、减免税收、抵押贷款等形式。

（1）现金回扣补贴

如美国加州政府开展的“能源回扣补贴项目”规定：如果用户2001年夏季的耗电量比2000年同期水平降低20%，则将用户2001年夏季电费的20%返还给用户，因此加州居民既可通过更新使用节能设备、也可通过减少现有用电设备的使用时间等措施来实现降低耗电量20%的目的，以获取政府的经费补贴。

1）特点

①各级政府部门、水、电、气公用事业单位及相关的推动节能的非政府机构都积极开展节能产品补贴项目。经初步统计，2001年美国各州共有近40个单位和部门组织开展节能家用电器产品现金回扣补贴项目，16个不同部门机构组织开展了照明产品现金补贴项目；

②大多数居民都能享受到节能产品现金补贴项目，例如在2001年住宅家用电器现金回扣补贴项目中，项目覆盖地区内居民人数超过了4000万；而照明产品项目覆盖地区范围内的居民人数超过了5600万；

③美国各级政府和组织投入了大量的经费用于“能源之星”的宣传推广工作：2001年美国联邦政府用于推广“能源之星”的财政经费大约有3500万美元，其中，为节能型家用电器现金补贴项目提供的经费大约为800万美元；据统计，40个州级政府部门或组织2001年用于开展家用电器节能补贴项目的预算经费高达6330万美元；照明产品补贴预算经费为5000万美元；

④所有的项目都有配套的项目推广方案和措施，确保更多的居民了解和参与项目活动；

⑤除了购买节能产品的用户能享受现金回扣补贴外，部分项目还对生产厂商、经销商、房地产开发商等各级人员提供现金补贴项目，以便让更多的人参与节能项目、提高全社会的节能环保意识；

⑥项目覆盖的产品范围广。大多数项目都要求所补贴的产品必须是经“能源之星”认证的产品，此外，还包括一些“能源之星”还未开展认证的产品，如公用事业委员会（PUC）鼓励用户安装和使用光电设备、燃料电池、绿色屋顶等。

2）项目举例

现以太平洋燃气电力公司（Pacific Gas & Electric Company）2001 年所开展的项目为例对节能产品现金补贴项目进行说明。

太平洋燃气电力公司（Pacific Gas & Electric）成立于 1905 年，是美国最大的燃气和电力事业管理部门之一，其总部位于旧金山，主要负责加州北部和中部地区 7 万 km^2 范围内 1300 万人口的燃气和电力管理工作，每年都要开展多个节能产品现金补贴项目，覆盖的产品包括：家用电器、照明器具、建筑物、汽车等多方面。表 7-3 是太平洋燃气电力公司 2001 年开展的几个项目的简单说明。表 7-4以太平洋燃气电力公司 2001 年开展的家用电器项目为例，对节能产品现金补贴项目的情况进行了说明。

太平洋燃气电力公司 2001 年现金补贴项目 **表 7-3**

名　　称	针　对　对　象
节能设备现金回扣项目	购买节能产品和设备的用户
发光二极管交通信号指示灯项目	购买“能源之星”产品认证的发光二极管交通信号指示灯的城市或农村各部门
新建住宅	节能型住宅的房地产开发商、设计人员、业主、房屋运行管理人员等
商业建筑	节能型非民用建筑的设计人员
清洁空气运输项目	以电和天然气为燃料的车主

太平洋燃气电力公司家用电器现金补贴项目 **表 7-4**

名　　称	说　　明
项目单位	太平洋燃气电力公司
补贴产品要求	必须是经“能源之星”认证的产品
项目覆盖范围	加州北部和中部地区的 1300 万居民
项目名称	节能设备现金回扣项目

续表

名　　称	说　　明
项目期限	照明灯具补贴项目：2001年3月21日～2001年12月31日； 洗衣机、洗碗机、电冰箱补贴项目：2001年3月21日～2001年12月31日； 房间空气调节器补贴项目：2001年5月～2001年9月
2001年预算经费	家用电器和照明共计2500万美元
预期目标	2.5万台洗衣机、1.2万台洗碗机、5万台电冰箱得到现金回扣补贴
补贴经费数额	照明灯具：补贴经费根据灯具类型发生变化，最高补贴为60美元； 洗衣机：75美元/台； 洗碗机：50美元/台； 电冰箱：75～125美元/台，如果用户更新旧电冰箱，回扣费用还会有所变化； 房间空气调节器：50美元/台
销售现场保证	项目现场代表对零售商进行培训，讲解项目的有关内容； 零售商需要签订一个零售商参与合同，合同要求零售商所进的货必须符合项目质量要求，而且商店中要保证有提供现金回扣补贴的产品； 2000年，与太平洋燃气电力公司签订合同的家用电器零售店大约有400多家，照明产品零售店有71家
项目宣传营销	对项目采取了多种宣传形式，如广告、邮寄信息、网站公开宣传与厂商共同宣传

此外，由于加州夏季能源特别紧张，为了降低夏季电力峰值负荷，太平洋燃气电力公司规定，凡在2001年6月2日～2001年9月15日期间购买节能产品的用户，可以获得额外的经费补贴，额外补贴经费额度依产品类型发生变化，有在基本补贴经费的基础上增加50%和100%的两种形式。

2000年，太平洋燃气电力公司共发放补贴经费1900万美元，节约电2.54亿kWh，购买节能型照明器具、电冰箱、空调等设备的用户不仅减少了能源费用的支出，而且还创造了一个健康舒适的工作、学习和生活环境，其经济效益、社会效益、环境效益都是非常巨大的。

(2) 税收减免政策

对节能产品减免部分税收是美国联邦政府和各级州政府提高能源利用效率和普通居民节能意识的重要措施之一。在美国2001年政府财政预算中，对新建的节能住宅、高效建筑设备等都实行减免税收政策，其具体规定为：

1) 新建节能住宅减税政策

①在2001年1月1～2003年12月31日期间，凡在IECC标准（国际节能标准）的基础上节能30%以上的新建建筑，减免税款1000美元；

②在2001年1月1～2005年12月31日期间，凡在IECC标准（国际节能标准）的基础上节能50％以上的新建建筑，减免税款2000美元。

2）建筑设备减税政策

各种节能型设备根据所判定的能效指标不同，减税额度分别为10％或20％，例如对如下两种设备的减税额度为20％：

①凡符合能源部测试程序和标准，能效系数经检测为1.7以上的“节能型电热泵热水器”，每台设备减税最高可达500美元；

②制热能效系数在1.25以上、制冷能效系数在0.70以上的“节能型天然气热泵”，每台设备减税最高可达1000美元。

“节能设备减免税收”政策有效地促进了节能型产品和设备的大规模推广和使用，较好地实现了节能环保的目的。

此外，各级州政府还根据当地的实际情况，分别制定了地方节能产品税收减免政策。现以加州节能产品减免税收项目为例进行简单说明。

①家用电器：节能型洗碗机、洗衣机、水加热设备，减税额度在50美元和200美元之间变化。但要求这些产品的型号必须在勒冈州认证的节能电器产品目录范围之内，减税的多少取决于产品的节能效果及产品价格；

②HVAC（采暖通风空调系统）：季节能效系数在（SEER）15以上、且能效系数（EER）在13以上的节能型空调系统可以减税，减税额度为购买价格的25％；

③测试和服务用热泵以及中央空调系统：主要提供给一些检测服务机构，减税最多可达250美元；

④节能型管道系统：为减少管道系统漏气损失，凡对现有管道进行密封处理或在新建住宅中安装密封性能良好的管道系统，减税最多可达250美元；

⑤地热采暖系统：安装地热采暖系统，减税最多可达1500美元；

⑥太阳能水加热系统：购买太阳能水加热系统，减税最多可达1500美元；

⑦太阳能采暖系统：凡能提供家庭所需能量10％以上的太阳能采暖系统，减税最多可达1500美元；

⑧太阳能发电系统：凡能提供家庭所需能量10％以上的太阳能光伏系统，减税最多可达1500美元。

（3）抵押贷款

一些贷款机构还提供“能源之星”抵押贷款服务，居民在购买“能源之星”认证的建筑时均可向这些银行申请抵押贷款。此外，这些贷款机构还采取诸如返还现金、低利息等措施刺激居民购买“能源之星”认证住宅、申请节能住宅抵押贷款。

抵押贷款项目的实施，不仅有效地促进了节能建筑的建设和开发，降低了建筑物的能耗和维护运行管理费用，更重要的是还带动了墙体、屋面保温隔热技术的发展，刺激了建材市场，增加了就业机会，促进了美国社会经济的发展。

表 7-5 描述了部分欧盟国家采取的建筑节能财税激励政策措施。

部分欧盟国家采取的建筑节能财税激励政策措施 表 7-5

国家	主要财税政策措施
英国	2001 年 4 月 1 日开始对除住宅以外的部门征收气候变化税；家庭能效计划向低收入家庭安装保温设施提供 491.75 欧元的补贴，对用户采取节能措施增加的成本进行补贴；英国所有用户的电费中都包含有化石燃料税，税额为 2.2%，用于可再生能源发电的补贴
法国	对除汽车燃料以外的能源产品征税；为能源效率技术的研究、开发和示范项目提供补贴；保温和供暖设备以及高效锅炉的安装减免所得税，能源效率技术第一年加速，并少征商业税
德国	1999 年对所有使用电、天然气、石油的用户征收能源税，热电联产的效率超过 70%的可免税，火车和电车用电也免税；凡对节能、高能源效率、使用可再生技术的设施进行安装和普及时，均可获得低息贷款；对包括住宅和工业在内各个领域的能源生产和能效技术的研究、开发和示范提供补贴，最高可达投资的 35%；等同于紧凑型荧光灯节能效果的节能灯免征消费税
丹麦	将能源税的税率提高 0.006 丹麦克朗/kWh 用作节电基金；对含硫量超过 0.05%的矿物燃料征税；对燃油、天然气、煤和电征收碳税，税率为每吨 CO_2 13.5 欧元，其他税金和补贴可充抵该税；每年用于提高能源效率的补贴金额为 1.35 亿欧元，1993 年实施促进工业节能的补助项目，对工业和服务业引入 CO_2 排入税
荷兰	环境计划经费来源于税收，税率不超过能源费率的 2%，总的财政预算大约为每年 2.5 亿荷盾；为可持续建筑房主和建筑项目提供绿色抵押贷款，人们对绿色基金进行投资时，其利息可免交所得税；1996 年对节能技术的研发予以资助，总额为 1.68 亿欧元；经批准技术的部分投资可以抵扣公司所得税；1978 年，启动投资帐户法，为节能投资提供税收优惠，1980 年引入能源奖励制度以鼓励节能投资
挪威	每度电征收 0.00036 欧元用于补偿电力传输和分配。此外，税收收入还用于信息项目和网络建设；从 1970 年开始对 SO_2 征税，税率按含硫量大于 0.25%的燃料比例进行计算；为技术革新和高效技术的研发提供补贴
意大利	1998 年启动能源产品碳税政策，计划在 2004 年全面实施；开征 SO_2 环境税
奥地利	1996 年对天然气和电征收能源税，用于节能、环保和公共交通等项目，2000 年用于节能和环保措施的为 6660 万欧元，能源税有一些减免政策；一些省和公用事业部门对建筑节能提供软贷款；根据燃料和可再生资源情况，对区域供热的电厂提供补贴，对保温隔热提供补贴

第三节 西方发达国家建筑节能经济激励政策汇总分析❶

节能，特别是商用/民用节能，是一个公益性的领域，需要政府主导出台的节能经济激励政策来对市场加以引导。在西方国家“胡萝卜十大棒”的节能政策体系中，能源价格政策、节能财税政策等经济激励措施对推动建筑节能工作发挥了重要的作用。

一、激励方式

建筑节能的经济激励方式主要包括减免税、补贴、贴息、加速折旧、贷款抵押、政府采购（包括筛选一批节能产品和实施政府机构节能的节能服务公司)、能效标识（包括建筑设备和建筑物的能效分级信息标识和类似于“能源之星”的认证标识)、自愿协议等，通过这些激励措施鼓励节能技术/产品的开发和推广以及相关节能项目的实施。发达国家支持节能的财税激励政策措施见表 7-6。

发达国家支持节能的财税激励政策措施 **表 7-6**

政策措施	支 持 方 式
税收减免	对节能技术、设备、项目实行低税，甚至给予一定范围和时期的免税，以鼓励和扶持节能产业的发展
加速折旧	通过加大企业节能设备前期的应纳税扣除额，以延期纳税的优惠方式，鼓励节能设备的推广应用
低息贷款	通过政策性银行或给予财政贴息的方式，促进节能事业发展
现金回扣补贴	对购买使用节能产品和设备的用户直接给予财政补贴，影响节能产品价格，吸引用户购买节能产品
政府采购	通过直接购买的方式，引导和示范节能产品的使用，促进技术商业化和快速普及，为节能产品提供一定的市场，通过扩大生产规模和降低产品流通和营销成本，降低能效技术的成本
抵押贷款	对购买和使用大型的、符合一定认证标准的节能设备时，购买者可向有关机构申请抵押贷款服务，鼓励节能设备的推广使用
科研资助	对节能技术的研究开发与推广使用给予一定的资金支持与政策优惠，分担一定的技术研究与推广方面的风险，引导节能技术的发展方向
中介机构扶持	对咨询、服务、信息传播以及产品能效标准认证等有关节能的中介机构，提供一定的经费资助或税收优惠，以促进节能技术、意识和信息的规范化与普及，推动政府节能工作的顺利开展

❶ 康艳兵，李亚平等．市场经济国家的建筑节能激励政策经验研究，2005。财政科学研究所．鼓励节能的财税政策研究，2005。康艳兵．美国节能管理工作特点及对我国的启示，《中国能源》，2003（7)。

续表

政策措施	支 持 方 式
自愿协议	指能源用户在自愿的基础上，为提高能效与政府签订的一种协议，政府给予承诺方以某种形式的激励
开征能源税	对不同能耗产业和耗能行为开征能源税，通过征税或差异税率来加大高能耗产业的生产成本，促使企业改进耗能技术设备，提高能源使用效率，控制能源消费的快速增长，引导能源结构升级，达到环境保护的目的

资料来源：财政科学研究所，鼓励节能的财税政策研究，2005。

(1) 减免税

在日本，对使用列入节能产品目录的节能设备实行税收减免优惠，减免的税收约占设备购置成本的7%，2004年可享受税收优惠的节能设备共有185种。美国对购买带有"能源之星"标识产品的用户可能得到一定的现金补贴，凡在IECC标准基础上节能30%以上和50%以上的新建建筑，可以分别减免税1000美元和2000美元。荷兰政府制定了一个能源目录，明确规定能够享受能源税收优惠政策的主要项目类型，包括：建筑物的保温隔热、高能效生产设备、热电联产、余热利用设备、太阳能、风能、煤炭利用设备、提高交通设备能源利用效率以及水电等。美国对新建建筑和各种节能型设备根据所判定的能效指标不同，减税额度分别为10%或20%。在英国，达到节能自愿协议规定目标的企业，减免80%能源税，热电联产免征气候变化税。在德国，热电联产的效率超过70%的可免税，对等同于紧凑型荧光灯节能效果的节能灯免征消费税。

(2) 补贴

在美国，消费者补贴是推广节能产品的重要政策手段，各州政府和公用事业公司为此投入大量资金，2001年给购置节能家用电器和高效照明产品的用户的补贴，分别为6330万美元和5000万美元。在加利福尼亚州，每台节能电冰箱补贴75～125美元，房间空调器每台50美元，洗衣机每台75美元，紧凑型荧光灯每只3.5～5.5美元。在英国，家庭节能计划向低收入家庭安装保温设施提供491.75欧元的补贴，对用户采取节能措施增加的成本进行补贴；英国所有用户的电费中都包含有化石燃料税，税额为2.2%，用于可再生能源发电的补贴。在德国，对包括住宅和工业在内各个领域的能源生产和能效技术的研究、开发和示范提供补贴，最高可达投资的35%。在日本，经济产业省每年380亿日元（约3亿美元）的预算，用于补贴家庭和楼房普及能源管理系统、ESCO以及采用高效热水器等。

(3) 贷款贴息和担保

在日本，节能投资约有一半来自政府指定的银行（日本政策投资银行，中小企业金融公库等），企业按照政府规定的贷款对象设备、条件和审批程序，从这些银行取得优惠贷款，其利率比商业银行低20%～30%，由政府贴息。企业从商业银行贷款，政府通过专项准备金提供担保。2004年，中小企业节能优惠贷款的对象设备有91种，贷款限额为2.7亿日元，享受一级特别利率，还贷期为15年。在法国，环境与能源管理局与法国中小企业发展银行合作，建立节能贷款担保基金，在国家为贷款金额的40%提供担保的基础上，再给贷款金额的30%担任。在泰国，电力局为实施房间空调器和电冰箱能效标识，利用节能基金分别投入4700万美元和780万美元，并投入800万美元宣传费用。对购买达到最高能效等级（5级）房间空调器的消费者提供售价的30%的无息贷款。在荷兰，为可持续建筑房主和建筑项目提供绿色抵押贷款，人们对绿色基金进行投资时，其利息可免交所得税。在美国，一些贷款机构提供“能源之星”抵押贷款服务，居民在购买“能源之星”认证的建筑时均可向这些银行申请抵押贷款，这些贷款机构还采取诸如返还现金、低利息等措施激励居民购买“能源之星”认证住宅、申请节能住宅抵押贷款。

（4）加速折旧

节能设备加速折旧的措施是通过减免税鼓励节能产品的另外一种表现形式。美国主要对热电联产等设备及系统采用加速折旧的方法来鼓励其提高能源效率。在日本，购置政府指定的节能设备，可在普通折旧的基础上，按购置费的30%提取特别折旧。在加拿大，购置节能和可再生能源设备，可按购置费的30%加速折旧。英国、法国、斯洛伐克、印度、中国台湾也有对部分节能产品加速折旧的措施。

（5）能源税和碳税

能源环境税在不同国家有不同的表现形式，主要有消费税、销售税、碳税、二氧化硫税以及其他能源和环境税等。在丹麦，对不同能源和用户征收能源税和碳税。能源税按能源热值计征，税率约为7欧元/GJ，碳税税率为12欧元/（t·CO_2）。采暖征收100%能源税加100%碳税。对重工业企业，签订自愿协议的征收4.8%碳税，未签订自愿协议的征收27.78%碳税。征收能源税和碳税的收入用于节能补贴。企业征收能源税和碳税对减少能源消费的贡献为10%。英国的碳排放信托基金主要用于促进新的或已有的能效技术的商业化。它是在开始征收气候变化税、能源税和碳税的同时建立的，目标是支持目前工业部门和公共部门已有的低碳技术的发展，支持所有部门新型低碳技术的开发、研究创新和商业化。约50%的基金用于高效节能低碳新技术的开发和商业化，其余基金用于支持节能改造项目融资和中介机构开展节能活动。

二、支持的技术范围

从激励政策所支持的技术（产品）角度看，既包括建筑围护结构节能技术，而更多是采暖空调（HVAC）节能技术，以及高效节能的照明设备、家用电器和办公设备；既包括新增高效节能的建筑物、采暖空调设备、照明设备、家用电器和办公设备，也包括对既有建筑的节能改造（大部分是包括政府机构建筑和商业建筑中空调系统、采暖系统和照明系统的节能改造，也有一些情况是针对住宅围护结构构件的节能改造，例如节能窗、墙体保温措施等）和节能示范项目（采用多种先进的节能新技术）。

三、支持的对象

从支持的对象角度看，既包括消费者（用户）、房地产和设备生产商、销售商，也包括节能服务公司，并且在节能激励政策制定和实施过程中的政策研究、标准制定、能源系统节能效果的检测以及培训、宣传等节能活动也可以获得相关资金的支持。

四、激励政策类型

从激励政策的类型看，可以分为两大类：

一类是对高效节能产品（包括建筑物）的激励，其特点是一般情况下这些产品都是新增的单一产品，并且安装和运行操作比较简单，同时大部分已经有了相应的能效标准。一般采用减免税、补贴等激励措施（一般要求的节能标准性能非常高），激励的对象多为消费者（用户），少数情况针对生产商，这类激励政策持续的时间比较长，所以也被称为长期性激励政策。

另一类是对系统节能改造的激励，更多的是对既有建筑能源系统及建筑物的节能改造和节能示范项目，例如美国公用事业部门资助的DSM项目。这种激励政策往往涉及多种节能技术，一般由节能服务公司提供一条龙的节能改造服务，所以激励的对象多为节能服务公司，也有些情况是业主或者相关节能技术的生产商。因为这种激励政策多以节能改造项目的形式出现，一般执行期比较短，所以也称为短期性节能激励政策。

五、激励力度

从对节能技术（产品）的激励力度角度，可以分为三大类：一是基于成本（节能产品及技术的增益成本或者全成本，目前基于增益成本的较多）；二是基于节能技术/产品/项目的节能效果，主要是根据设备、能源系统或者整座建筑物的节能效果给予相应的补贴或者减免税；三是成本和节能效果综合考虑。

因为基于成本的激励方法操作性比较简单，以往采用这种方法的情况比较多。但是，因为激励政策的最终目标是得到预期的节能效果，这种方法可能导致购买了节能产品而用的很少，从而实现不了预期的节能量。同时，还很容易导致

“搭便车”问题，美国太阳能热水器补贴项目就是一个典型的失败案例[1]。所以，目前许多国家的激励政策更多的是基于节能技术/产品/项目的节能效果或者综合考虑成本和节能效果，进一步提出激励资金的额度。尤其是对建筑能源系统（集中供热系统、中央空调系统以及照明系统）和整座建筑物（包括墙体、门窗、屋面等围护结构）而言，都是非常复杂的大系统，各种系统构件之间互相影响，并且系统的运行管理对实现节能效果非常重要。如果仅对其中的某个设备进行激励，可能得不到预期的节能效果。

六、激励政策的实施与监督管理

对某种节能技术/产品/项目而言，具有了什么样的节能性能才应该支持？谁来判断该技术/产品/项目是否应该支持？怎么对激励政策的实施进行监督和评估？这是从能力建设方面实施节能激励政策的基础工作。

节能标准是实施节能激励政策的基础，尤其是对新增的用能设备及新建建筑物来说。强制性最低能效标准是新增设备和建筑物进入市场的“门槛”，只有节能性能超过了强制性最低能效标准的设备和建筑物，才可以考虑对其进行激励。例如，2005 年的美国能源法案中规定，凡在 2004 年 IECC 标准的基础上进一步节能 50%以上的新建住宅，给予 2000 美元减免税；凡在美国供热、空调、制冷工程师协会标准（ASHRAE/IESNA90.1—2001）的基础上进一步节能 50%以上的商业建筑（包括新建商业建筑和既有商业建筑节能改造，主要针对供热、空调、照明、热水供应等能源系统），给予营业税纳税人 1.8 美元/平方英尺的减免税。而能效标识政策的出台为对新增设备和建筑物的激励政策奠定了良好的基础。例如，达到能效“分级”信息标识体系中某个档次的建筑物或者设备就可以提供激励，或者对获得了“能源之星”标识的设备或者建筑物提供激励。对于节能改造项目，尤其是建筑能源系统及建筑围护结构的节能改造，因为节能效果的分析非常复杂，一般情况下是政府部门

---

[1] 为居民家庭提供的太阳能热水器利用补贴占太阳能热水器成本的 40%，但不能超过 4000 美元。并且，没有对设备节能性能的具体要求，甚至只要买了该设备，不使用都可以得到补贴。这种激励措施的一种直接后果就是可能导致承包商和生产商提高其价格。下面的事例说明了这种激励框架是如何导致高昂的价格及其可能带来的无法预期的后果的。一个太阳能热水器设备商原来要价可能是 3000 美元，现在却要价 10000 美元，但是可以提供为期一周的去海滩胜地旅游的机会，旅游的成本是 3000 美元。这样，消费者可以支付给设备商 10000 美元，得到一套价值 3000 美元的太阳能热水器系统，价值 3000 美元的利益（旅游度假）和 4000 美元的财税优惠。消费者的净成本仍然是最初的 3000 美元。但是政府提供了 4000 美元，目的是为消费者降低仅 1000 美元的净成本。剩余的钱则被设备商赚了。尽管这个事例并非来自于某个文献资料，但是分析结果表明这种滥用节能财税激励政策的行为是不道德的。可以清楚地看到，设备商有可能试图采用这种手法，并且市场上缺乏对这种行为的控制手段。同时，非常明显，一个依靠财税激励进行这种交易而不是靠实际节能效果生存发展的企业在财税激励政策终止后是无法生存的。事实情况是该措施导致美国太阳能热水器行业发展受挫。

组织第三方机构来界定应该激励支持的节能效果“基线”，达到了节能效果“基线”的用户可以向政府部门申请支持。

针对新增用能设备和建筑物的强制性能效标准和激励政策实施过程的监督管理而言，一方面是靠用户监督，而更为主要的是依靠生产企业之间的互相监督，同时结合政府部门的抽查监督。这种监督管理方法之所以收到了比较好的实施效果，是因为许多发达国家的法治体系和社会诚信体系相对非常健全，政策“违规”和信用“违规”都面临着极大的风险成本。而对于节能改造项目来说，更多的情况是政府部门对激励政策的实施进行监督管理，一般情况下政府部门通过委托第三方机构对节能改造项目的节能效果进行检测和评估。大部分发达国家中，第三方节能评估机构市场都比较健全，为节能激励政策的有效实施奠定了良好的基础。

在节能激励政策的制定、实施和监督过程中，第三方节能中介机构发挥着重要的作用。包括节能领域相关的科研事业单位、大学、实验室、设计单位、设备生产商、房地产开发商、节能咨询服务公司等第三方中介机构，是节能领域的一支不可忽视的主力军。在许多国家，大量的第三方机构发挥了政府和市场之间的桥梁纽带作用。这些机构一方面可以为政府应该优先制定什么方面的能源政策提供政策建议，帮助政府制定相关节能政策和标准，并对该政策的实施效果进行深入的分析和评价；另一方面他们可以为老百姓、设备生产商、房地产开发商和建筑用户提供节能信息宣传及培训服务、节能审计服务、节能技术咨询服务、节能效果评估及检测服务等等，帮助节能技术、节能产品（建筑）的市场转换（MarketTransfer）和提高公众的节能意识，同时将在此过程中遇到的节能市场障碍及时反馈给相关政府部门，以及时出台相关政策来消除市场障碍。与此同时，发达国家也通过公共财政及各种节能公益性基金为这些中介机构提供了经费支持，鼓励这些机构开展各种节能活动。

七、资金来源

从激励资金来源的角度看，主要有三大类：

一是公共财政的支持，包括公共财政资金的直接投入和各种财税激励政策。通过公共财政预算支持项目的实施，是促进节能的重要途径。国外的公共预算主要是通过各类计划或项目来实施的。例如，进入21世纪以来，美国用于能效和新能源方面的投资预算逐年增加，2001年为11.8亿美元，2003年的财政预算为13.1亿美元，其中一半以上与建筑节能有关。

二是通过征收能源税、环境税（CO_2、SO_2、NOx），为支持节能活动提供资金来源，这种方法在欧洲国家非常盛行。

三是通过征收附加电费，支持节能活动。美国和许多欧洲国家（丹麦、德国、罗马尼亚等）都采取了类似的方法。最典型的是美国的“节能公益基金”❶。从资金的征收和使用思路看，主要遵循了“取之于民、用之于民”和“专款专用”的思想。

第四节 世界相关国家的建筑节能激励项目清单

世界上一些国家和地区根据自己的国情在相关政策和财税补贴上对建筑节能做出鼓励和奖励，对推动建筑节能起到了积极的作用。表 7-7 对世界上相关国家的建筑节能激励项目进行了汇总。

世界相关国家建筑节能激励项目清单 表 7-7

地 区	项 目 描 述	说 明
亚美尼亚	对高效节能设备减免进口税	
澳大利亚	每年 15 亿元的节能改造基金； 每个省把为保温隔热措施提供补贴作为住宅节能政策的一部分； 采用 0.044 欧元/m^3的天然气税和 0.0073 欧元/kWh 电税用来支持各省的节能项目，例如，热电联产、可再生能源等； 一些省为提高住宅保温隔热性能的活动提供软贷款； 对节能措施进行减免税支持； 一些省为锅炉改造提供补贴； 为商业建筑节能改造提供补贴； 两个省为基于成本的节能投资提供补贴	
比利时	一些地区为节能投资提供补贴； 一些地区为节能示范项目提供不超过项目成本 50%的激励措施； 瓦龙地区为低收入群体提供提高能效水平活动的补贴	
捷 克	对节能措施和热电联产提供补贴； 通过赠款方式，为住宅节能技术的研发、宣传活动提供补贴； 对包括节能设备在内的“环境友好”技术减免增值税	建筑物增值税不受限制
丹 麦	对 CO_2 和 SO_2 排放以及能源的使用征税，用来支持节能措施和能源审计，包括工业节能和建筑节能领域； 从 1993 年起，为低收入家庭的节能活动提供补贴（每年 1.35 亿欧元）； 用部分碳税基金补贴节能投资活动； 贸易工业部建立了 MOTIVA，主要应用于市场转化项目领域，包括节能窗技术、高效电冰箱竞标、商业建筑节能灯等	

❶ 康艳兵，《美国节能管理工作特点及对我国的启示》研究报告，2003。

续表

地　区	项目描述	说　明
欧　盟	建立基金，支持先进节能技术的发展，资助节能示范项目	
芬　兰	提供赠款（约每年 2.52 亿欧元），支持节能技术的研发和示范项目； 为能源审计提供 40%～50%的补贴	赠款基金是跨领域的，能源审计的领域主要是商业建筑和工业部门
法　国	对建筑物保温、供热系统节能控制及锅炉节能的所得税给予优惠政策； 对部分领域采取加速折旧方式； 为节能项目提供贷款支持； 从 1990 年来在不同领域实施了许多节能财税激励项目（注：目前缺乏项目细节的内容）； 对已经使用了 20 年以上的住宅和 15 年以上的租赁设备的节能改造，为低收入家庭提供补贴	
乔治亚共和国	对进口的节能设备提供财税激励，包括能量计量表等； 征收自然资源税，建立基金，支持节能活动	
德　国	对节能灯实施减免税； 对热电联产提供 35%以下的补贴，尤其是现代化的区域热电厂，热网节能改造和能量计量技术装置的配置； 有一系列基于成本的财税激励政策，支持节能、建筑改造以及热泵和太阳能利用等节能技术。例如，凡是购买了相关热泵、太阳能利用系统及余热回收锅炉的家庭（尤其是低收入家庭），在 8 年内每年都可以得到 255.65 欧元的补贴； 为比保温隔热标准节能 25%的家庭提供进一步的支持； 提供赠款，支持在工业和建筑节能领域的热电联产和高效节能技术的研发和信息传播； 通过私营银行的低息贷款（不超过项目成本的 50%），支持包括节能技术在内的市政基础设施建设投资、中小企业（SMEs）和家庭用户投资等	
希　腊	为主动式太阳能利用系统和节能改造活动提供财税激励	
匈牙利	提供赠款，支持住宅节能改造（包括保温隔热、供热系统节能、节能窗）； 提供赠款，支持可再生能源利用技术，例如太阳能集热器	支持可再生能源利用的赠款是跨领域的
爱尔兰	为低收入家庭和陈旧住宅保温隔热提供赠款补贴； 为商业建筑节能改造和工业节能审计活动提供不超过成本 40%，并且总额不超过 5，000 爱尔兰镑的补贴	

续表

地 区	项目描述	说 明
日 本	为节能设备和工艺的投资提供补贴性软贷款、贷款担保和临时性减免税	
立陶宛	为住宅能效水平的改善提高提供长期贷款	
卢森堡	为节能和其他环保投资提供不超过25%的补贴	
摩尔多瓦	对当地的节能设备生产商，在5年内减免增值税和50%的销售税； 州范围的节能基金，用于节能融资； 在州预算中包括了节能产品清单，相关支出免税	
荷 兰	建立“绿色基金”，广泛支持环保项目，对相关节能投资项目采用加速折旧和所得税减免等政策。为达到包括节能性能在内的可持续标准的建筑物提供1.5%的补贴性抵押。相关补贴来自“绿色基金”； 补贴范围包括清单中的节能家电和建筑物节能措施等。早期的项目为双层玻璃窗和租房的保温隔热措施提供不超过25%的赠款补贴	
挪 威	提供赠款，支持节能技术的研发和信息传播活动	跨领域项目
波 兰	建立了国家级和地方级别的节能基金	
葡萄牙	赠款补贴支持住宅用能计量、节能技术投资和节能示范项目	
罗马尼亚	多种融资途径支持节能，包括最少3种国家级财税来源、州级和地方级别的节能预算以及国际援助项目； 消费者可以得到节能措施经济资助。公司实施的节能投资项目可以减免所得税。节能产品和设备可以免除关税。节能项目贷款可以获得25%的利率补贴	
新加坡	对在支持的节能设备和项目清单（包括新增和改造）中的投资，实施所得税加速折旧（3年期变为1年多）	跨领域项目，主要集中在建筑节能领域
斯洛伐克	提供赠款，支持公寓建筑的节能投资； 为公寓和住宅的保温隔热措施提供贷款补贴资助，一般不超过利率的70%，并且是短期的3年期贷款，或者提供贷款额度70%的银行担保	
斯洛文尼亚	对购买高效节能设备的行为采取所得税减免资助； 对家庭节能，为新窗户和保温措施提供免费能源咨询服务和赠款补贴； 为公寓建筑和商业建筑的能源审计提供50%的补贴	能源审计是跨领域的

续表

地　区	项目描述	说　明
瑞　典	提供政府赠款和贴息贷款支持建筑节能活动，包括降低供热电耗、热电联产等。瑞典的国家级权威机构（NUTEK及后来的STEM）先后发起了30多个节能技术采购项目，其中几个已经进行了正式评估。在5个被评估的项目中有4个被证明是非常成功的。7年间，用于节能技术采购项目的资金为1亿瑞典克朗	
乌克兰	建立了两个国内的节能融资基金；基金主要来自于市政预算和多边发展银行； 赠款主要支持节能措施、能源审计、节能培训和节能标准制定； 实施了基于项目节能效果的贴息贷款项目	
英　国	建立了民用能源燃料的增值税，通过提供财税激励措施（一般为成本的22%左右）支持相关的节能投资活动； 提供赠款，支持家庭用户提高能效水平。例如，家庭能源效率计划为低收入家庭提供不超过492欧元的赠款，支持保温隔热措施、在能源效率承诺下的能源咨询服务活动，活动必须实现节能目标，并且消费者也需要为提高能效水平承担一定的成本	
美国：国家级	1978年出台的《能源税法令》中指出，可以对住宅节能改造提供15%的减免税，为特定节能措施提供10%的减免税； 在21世纪，国会中通过了许多相关法案，为商业建筑、新建住宅、住宅改造、建筑用能设备和产品及热电联产系统提供减免税支持	对1978年项目的评估表明该项目的实施效果并不理想，最近的项目建议内容中既包括了基于成本的项目，也包括基于性能的项目
州级：美国亚利桑纳州	2002～2010年执行的家庭节能项目中，为家庭提供所得税减免措施，将达到节能50%的目标； 委托相关管理机构代表政府来提高能够获得资助的能效水平门槛； 在1999年实施了机动车替代燃料减免税，每辆机动车可以减免几千美元	因为不可预期的高昂成本，机动车减免税项目已经终止
州级：美国爱达荷州	为基于成本的保温隔热项目和可再生能源项目提供不超过400美元的所得税减免	虽然没有进行评估，但是这种激励措施使用得比较少

续表

地　区	项目描述	说　明
州级：美国马里兰州	对某些达到“能源之星”水平的产品和混合燃料车提供销售税减免支持； 对达到了基于绿色建筑评估体系（LEED）要求的绿色建筑进行财税激励； 此外，要求节能效果最少在35%以上。	关于建筑物和设备的节能激励项目的成本效益尚不清楚，但是，混合燃料车项目似乎效果不太理想，因为经销商对项目的有效性缺乏足够的信息
州级：美国明尼苏达州	对紧凑型荧光灯、高效炉及热水器提供销售税减免。对除照明外的其他设备能效水平要求超过了“能源之星”的要求	
州级：美国新泽西州	对应用在热电联产领域的天然气实行减免税	非正式的评估表明该措施效果不错
州级：美国纽约州	对绿色建筑实行激励，类似于LEED中的要求，不过是采用了该州自己开发的绿色建筑评估体系；并且，要求节能效果要达到35%以上。对该项目，每年都有固定的预算	
州级：美国俄勒冈州	对家用电器、高效节能新建建筑和绿色建筑实行减免税激励措施。对家用电器的激励基于性能；对建筑节能的激励基于性能和成本；对绿色建筑的激励基于LEED评估体系。	非正式的评估表明该项目的实施效果非常好

第八章　推动我国建筑节能工作的政策建议

一、树立科学的建筑节能观，提高建筑节能在我国节能工作中的战略地位

（1）树立科学的建筑节能观。

科学的建筑节能观应该是在满足人民群众日益提高的合理能源服务需求的前提下，通过采取各种节能措施，降低为实现相同能源服务水平相关用能设备在实际运行中消耗的化石燃料商品能源数量。

评价建筑节能的能源效率指标，应该是为满足相同的能源服务水平，各种用能设备在实际运行中消耗的单位面积化石燃料商品能源数量。围绕该节能指标，需要从居民生活消费模式、建筑物节能性能、建筑能源系统及设备的实际运行效率和促进可再生能源利用等方面加大工作力度。

所以，推动建筑节能工作，既要抓建筑物围护结构，又要抓各种用能设备；既要抓技术，又要抓居民的生活消费模式；既要抓节能，又要推动可再生能源和新能源的利用；既要在生产环节抓起，保证进入市场的建筑物和各种用能设备符合相关节能标准要求，又要在使用环节抓各种用能设备的运行管理；既要抓节能和可再生能源方面的措施，又要抓政府和用户最关心的实际能耗目标。

（2）逐步提高建筑节能在我国节能工作中的战略地位。

建筑（商用/民用）节能具有公益性、分散性非常强的特点，需要政府主导推动，在许多发达国家的节能政策体系中都占有重要位置。随着我国产业结构优化调整和人民生活水平日益提高，建筑节能的重要性日益凸显，需要逐步提高建筑节能在我国节能工作体系中的战略地位，把建筑节能切实纳入各级政府部门的节能工作体系中去，并把建筑节能工作成效纳入节能考核指标范围。

建议加快研究建筑节能在全国节能目标中应该承担的责任以及评价建筑节能效果的指标和方法。同时，结合建筑节能未来在全国节能工作中地位的变化趋势和特点，制定我国未来提高建筑能效的战略思路和政策框架，提出提高建筑能效的近期、中长期目标和规划，研究制定我国未来提高建筑能效的路线图。

二、合理引导节约型的生活消费模式和建筑发展模式

（1）合理引导节约型的生活消费模式。

建筑能耗是为了满足居民对工作生活环境的各种能源服务需求，因此社会

公众的生活消费模式对建筑能耗会产生很大影响。尤其在当前城镇化的高潮期，居民消费结构正在快速转型，对各种能源服务水平的需求急剧上升。发达国家的先进节能技术和管理经验需要我们借鉴，但是生活消费模式方面不能一味模仿西方国家。需要从消费理念、节能意识、节能技术选择、日常行为等多个方面对社会公众加强引导，并创新出一条符合中国国情的节约型生活消费模式发展道路。

(2) 合理引导建筑的发展模式。

近年来，我国城乡居民的人均住房面积以每年约 $1m^2$ 的速度增长。按照当前的发展趋势，到 2020 年我国的人均住房面积将超过 $40m^2$，高于欧洲和日本 30～$40m^2$的水平，并且这些新建建筑中各种能源设施的服务需求普遍很高。如果这种趋势不能够及时得到有效控制，即使采取节能技术，届时的建筑能耗也不可避免地会大幅度上升。此外，随着我国产业结构优化调整，各种类型的商业/公共建筑在快速发展。其中，单位面积耗电量是普通居民家庭 10～15 倍的大型商业/公共建筑在以每年 5000 万 m^2 左右的速度快速增长，并且已经成为当前商业/公共建筑发展的潮流。如果不进行合理引导，当前美国商用/民用领域用电量约占全社会用电量 70%左右的局面未来也可能在我国发生，必然会进一步加剧我国的电力供需矛盾。

所以，建议一方面要加大建筑面积总量规模的控制力度，另一方面要从能耗总量控制角度对大型公共建筑加以引导。例如，在项目立项阶段就对大型公共建筑实施能耗总量控制方法。

三、强化新建建筑和新增用能设备的节能标准执行力度

对新建建筑，一是建立设计、施工、监理、验收、运行等环节的监督机制，实施节能评审和验收的“一票否决”制度。二是明确各方的“责、权、利”，建立节能工作问责制，尤其要强化在验收阶段相关部门的责任。三是对未达标建筑的开发商采取严厉的惩罚性措施，包括降低或者取消建筑开发商资质、限制销售、限制贷款、司法惩罚、罚款、社会公布等。

对新增的各种用能设备，要加强能效标准的实施范围和实施力度，并建立和完善各种用能设备能效标准的监督机制。

四、加强完善建筑节能经济激励长效机制

(1) 通过财税经济激励手段支持建筑节能技术和项目。

采用减免税、补贴、贴息、加速折旧、贷款抵押、政府采购、能效标识、自愿协议等激励方式，并逐步建立鼓励建筑节能的专项资金和节能公益基金（类似于美国的节能公益基金，或者英国的碳基金），不断完善我国的建筑节能激励政

策体系。同时，建议加快研究评价建筑节能效果的方法，并按照相关措施能够实现的节能量来采取财政补贴或者减免税政策；

1）对新增高效节能产品（包括建筑物）的经济激励。其特点是一般情况下这些产品都是新增的单一设备，并且安装和运行操作比较简单，同时大部分已经有了相应的能效标准。对于节能性能远超过强制性最低能效标准要求的节能产品（包括建筑物），建议采用减免税、补贴、政府采购等经济激励措施；

2）对既有节能改造的经济激励。其特点是通常以节能改造项目形式出现。建议对通过采用先进节能技术，达到预期节能效果的既有用能设备以及建筑围护结构的节能改造项目，给予贴息、减免税、加速折旧等方面的支持，同时建议大力支持节能服务公司参与此类项目。

（2）完善能源价格形成机制。

建议从国家资源利用效率最大化角度，采用国民经济评价方法，加快完善我国的能源价格形成机制。包括以下几个方面：

1）在能源价格中充分考虑资源和环境成本，并将多征收的大部分能源费用用作支持节能经济激励政策及相关活动的资金来源；

2）逐步理顺一次能源和二次能源之间的关系。尤其是煤炭价格与热价和电价直接的关系，鼓励热电联产集中供热发挥应有的节能效果；

3）合理调整不同能源品种比价，通过能源价格政策引导相关节能技术的发展；

4）加快研究并出台天然气、电力在不同行业、不同领域的差别价格体系；

5）建立基于“全社会能源消费目标管理”思路的“阶梯能源价格”体系，对“奢侈型，浪费型”的消费行为进行合理控制。

（3）完善能源费用征收机制。

1）加快落实和推广供热/冷计量收费机制；

2）改变当前“吃财政饭”的公共机构能源费用征收和缴纳机制，采用能源费用“定额管理”或者“承包制”的方法，并在公共财政预算中把节能列为一个预算科目。

五、加强完善建筑节能队伍的能力建设

（1）加强建筑节能政府机构能力建设。

从职能定位和人员结构角度，加强关于建筑节能日常管理工作的政府机构能力建设，以满足当前的建筑节能形势要求。

（2）加强建筑节能中介机构的能力建设。

一方面要加强建筑节能执法队伍的能力建设，另一方面要支持中介机构开展建筑节能政策研究、技术推广、宣传培训等公益性活动，使公共财政“四两拨千

斤”的社会效益最大化。在近期，根据新修订的《节约能源法》，建议支持相关中介机构开展建筑节能配套法规和政策方面的研究工作。

(3) 加强建筑节能服务市场培育。

针对大部分节能服务公司普遍面临的问题，需要在融资机制和财税政策等方面进一步加强对建筑节能服务市场的扶持。

六、加强关键建筑节能技术的技术革新和产业化

要对建筑节能领域的关键节能技术在研发和推广阶段给予大力扶持，推动实现产业化。例如，供热计量及调节技术、围护结构及门窗节能技术、能源系统的节能运行控制技术、可再生能源在建筑领域的应用技术、建筑物能耗评估技术、热电联产集中供热技术等。

七、建立建筑用能统计制度

要加快研究建立与国际接轨的建筑用能统计指标体系和统计制度，夯实建筑节能基础工作。

八、加大建筑节能技术推广和宣传力度

建立建筑节能技术推广机制，大力支持建筑节能最佳实践案例的开发和相关建筑节能技术的推广，培训建筑节能专门人才。在每年的节能宣传周和日常宣传工作中，采用多种形式，加强对建筑节能的宣传力度，提高社会公众的建筑节能意识，积极引导居民形成节约型的生活消费模式。

九、建立科学合理的建筑节能工作部门协作机制

建筑节能涉及的技术种类繁多、市场主体分散复杂，并且涉及许多工作部门。能否建立科学合理的建筑节能推进机制，将对建筑节能工作的开展产生重要的影响。总体上，目前我国推动建筑节能是按照建筑/商用/民用领域的思路。其中，建筑物节能由建设主管部门负责推动，而与能源系统和设备节能以及居民生活消费模式密切相关的商用/民用节能工作有多个部门在参与管理，并且没有明确的职责分工。因为建筑物的节能性能、能源系统和设备的实际运行效率以及居民生活消费模式都是建筑能耗（商用/民用能耗）的重要影响因素，建议全盘统筹，综合考虑，并加快建立科学合理的建筑节能推进机制。

首先，由于推动建筑节能需要诸多部门共同合作，建议由具有综合协调职能的部门（如国家发展和改革委员会，或者国务院节能减排办公室）负责对各部门相关工作的统筹和协调，并把建筑节能纳入全国的总体节能工作中，对建筑节能工作安排进行统一部署。

其次，由于建筑节能工作主要涉及建筑围护结构节能、能源系统和设备节能以及对居民生活消费模式的合理引导，考虑到部门职能的特点，建议如下：1）由建设主管部门会同其他相关部门推动建筑物围护结构节能工作和建筑节能设计标准的制定及实施工作；2）由节能主管部门会同其他相关部门推动能源系统/设备节能工作、引导节约型生活消费模式工作和相关的宏观经济政策工作；3）其他部门根据自身职能配合相关工作的开展。

第三，建议充分发挥包括科研部门、行业协会等部门在内的节能中介机构在建筑节能政策的制定和实施环节发挥桥梁纽带作用，并积极鼓励建筑节能服务市场发展。

附录A 我国主要的建筑节能相关政策

A1 中华人民共和国节约能源法

（中华人民共和国主席令第七十七号）

《中华人民共和国节约能源法》已由中华人民共和国第十届全国人民代表大会常务委员会第三十次会议于2007年10月28日修订通过，现将修订后的《中华人民共和国节约能源法》公布，自2008年4月1日起施行。

中华人民共和国主席　胡锦涛

2007年10月28日

中华人民共和国节约能源法

（1997年11月1日第八届全国人民代表大会常务委员会第二十八次会议通过，2007年10月28日第十届全国人民代表大会常务委员会第三十次会议修订）

目　录

第一章 总则

第一条 为了推动全社会节约能源，提高能源利用效率，保护和改善环境，促进经济社会全面协调可持续发展，制定本法。

第二条 本法所称能源，是指煤炭、石油、天然气、生物质能和电力、热力以及其他直接或者通过加工、转换而取得有用能的各种资源。

第三条 本法所称节约能源（以下简称节能），是指加强用能管理，采取技术上可行、经济上合理以及环境和社会可以承受的措施，从能源生产到消费的各个环节，降低消耗、减少损失和污染物排放、制止浪费，有效、合理地利用能源。

第四条 节约资源是我国的基本国策。国家实施节约与开发并举、把节约放在首位的能源发展战略。

第五条 国务院和县级以上地方各级人民政府应当将节能工作纳入国民经济和社会发展规划、年度计划，并组织编制和实施节能中长期专项规划、年度节能计划。

国务院和县级以上地方各级人民政府每年向本级人民代表大会或者其常务委员会报告节能工作。

第六条 国家实行节能目标责任制和节能考核评价制度，将节能目标完成情况作为对地方人民政府及其负责人考核评价的内容。

省、自治区、直辖市人民政府每年向国务院报告节能目标责任的履行情况。

第七条 国家实行有利于节能和环境保护的产业政策，限制发展高耗能、高污染行业，发展节能环保型产业。

国务院和省、自治区、直辖市人民政府应当加强节能工作，合理调整产业结构、企业结构、产品结构和能源消费结构，推动企业降低单位产值能耗和单位产品能耗，淘汰落后的生产能力，改进能源的开发、加工、转换、输送、储存和供应，提高能源利用效率。

国家鼓励、支持开发和利用新能源、可再生能源。

第八条 国家鼓励、支持节能科学技术的研究、开发、示范和推广，促进节能技术创新与进步。

国家开展节能宣传和教育，将节能知识纳入国民教育和培训体系，普及节能科学知识，增强全民的节能意识，提倡节约型的消费方式。

第九条 任何单位和个人都应当依法履行节能义务，有权检举浪费能源的行为。

新闻媒体应当宣传节能法律、法规和政策，发挥舆论监督作用。

第十条 国务院管理节能工作的部门主管全国的节能监督管理工作。国务院有关部门在各自的职责范围内负责节能监督管理工作，并接受国务院管理节能工作的部门的指导。

县级以上地方各级人民政府管理节能工作的部门负责本行政区域内的节能监督管理工作。县级以上地方各级人民政府有关部门在各自的职责范围内负责节能监督管理工作，并接受同级管理节能工作的部门的指导。

第二章 节能管理

第十一条 国务院和县级以上地方各级人民政府应当加强对节能工作的领导，部署、协调、监督、检查、推动节能工作。

第十二条 县级以上人民政府管理节能工作的部门和有关部门应当在各自的职责范围内，加强对节能法律、法规和节能标准执行情况的监督检查，依法查处违法用能行为。

履行节能监督管理职责不得向监督管理对象收取费用。

第十三条 国务院标准化主管部门和国务院有关部门依法组织制定并适时修订有关节能的国家标准、行业标准，建立健全节能标准体系。

国务院标准化主管部门会同国务院管理节能工作的部门和国务院有关部门制定强制性的用能产品、设备能源效率标准和生产过程中耗能高的产品的单位产品能耗限额标准。

国家鼓励企业制定严于国家标准、行业标准的企业节能标准。

省、自治区、直辖市制定严于强制性国家标准、行业标准的地方节能标准，由省、自治区、直辖市人民政府报经国务院批准；本法另有规定的除外。

第十四条 建筑节能的国家标准、行业标准由国务院建设主管部门组织制定，并依照法定程序发布。

省、自治区、直辖市人民政府建设主管部门可以根据本地实际情况，制定严于国家标准或者行业标准的地方建筑节能标准，并报国务院标准化主管部门和国务院建设主管部门备案。

第十五条 国家实行固定资产投资项目节能评估和审查制度。不符合强制性节能标准的项目，依法负责项目审批或者核准的机关不得批准或者核准建设；建设单位不得开工建设；已经建成的，不得投入生产、使用。具体办法由国务院管理节能工作的部门会同国务院有关部门制定。

第十六条 国家对落后的耗能过高的用能产品、设备和生产工艺实行淘汰制度。淘汰的用能产品、设备、生产工艺的目录和实施办法，由国务院管理节能工作的部门会同国务院有关部门制定并公布。

生产过程中耗能高的产品的生产单位，应当执行单位产品能耗限额标准。对超过单位产品能耗限额标准用能的生产单位，由管理节能工作的部门按照国务院规定的权限责令限期治理。

对高耗能的特种设备，按照国务院的规定实行节能审查和监管。

第十七条　禁止生产、进口、销售国家明令淘汰或者不符合强制性能源效率标准的用能产品、设备；禁止使用国家明令淘汰的用能设备、生产工艺。

第十八条　国家对家用电器等使用面广、耗能量大的用能产品，实行能源效率标识管理。实行能源效率标识管理的产品目录和实施办法，由国务院管理节能工作的部门会同国务院产品质量监督部门制定并公布。

第十九条　生产者和进口商应当对列入国家能源效率标识管理产品目录的用能产品标注能源效率标识，在产品包装物上或者说明书中予以说明，并按照规定报国务院产品质量监督部门和国务院管理节能工作的部门共同授权的机构备案。

生产者和进口商应当对其标注的能源效率标识及相关信息的准确性负责。禁止销售应当标注而未标注能源效率标识的产品。

禁止伪造、冒用能源效率标识或者利用能源效率标识进行虚假宣传。

第二十条　用能产品的生产者、销售者，可以根据自愿原则，按照国家有关节能产品认证的规定，向经国务院认证认可监督管理部门认可的从事节能产品认证的机构提出节能产品认证申请；经认证合格后，取得节能产品认证证书，可以在用能产品或者其包装物上使用节能产品认证标志。

禁止使用伪造的节能产品认证标志或者冒用节能产品认证标志。

第二十一条　县级以上各级人民政府统计部门应当会同同级有关部门，建立健全能源统计制度，完善能源统计指标体系，改进和规范能源统计方法，确保能源统计数据真实、完整。

国务院统计部门会同国务院管理节能工作的部门，定期向社会公布各省、自治区、直辖市以及主要耗能行业的能源消费和节能情况等信息。

第二十二条　国家鼓励节能服务机构的发展，支持节能服务机构开展节能咨询、设计、评估、检测、审计、认证等服务。

国家支持节能服务机构开展节能知识宣传和节能技术培训，提供节能信息、节能示范和其他公益性节能服务。

第二十三条　国家鼓励行业协会在行业节能规划、节能标准的制定和实施、节能技术推广、能源消费统计、节能宣传培训和信息咨询等方面发挥作用。

第三章　合理使用与节约能源

第一节　一般规定

第二十四条　用能单位应当按照合理用能的原则，加强节能管理，制定并实施节能计划和节能技术措施，降低能源消耗。

第二十五条 用能单位应当建立节能目标责任制，对节能工作取得成绩的集体、个人给予奖励。

第二十六条 用能单位应当定期开展节能教育和岗位节能培训。

第二十七条 用能单位应当加强能源计量管理，按照规定配备和使用经依法检定合格的能源计量器具。

用能单位应当建立能源消费统计和能源利用状况分析制度，对各类能源的消费实行分类计量和统计，并确保能源消费统计数据真实、完整。

第二十八条 能源生产经营单位不得向本单位职工无偿提供能源。任何单位不得对能源消费实行包费制。

第二节 工业节能

第二十九条 国务院和省、自治区、直辖市人民政府推进能源资源优化开发利用和合理配置，推进有利于节能的行业结构调整，优化用能结构和企业布局。

第三十条 国务院管理节能工作的部门会同国务院有关部门制定电力、钢铁、有色金属、建材、石油加工、化工、煤炭等主要耗能行业的节能技术政策，推动企业节能技术改造。

第三十一条 国家鼓励工业企业采用高效、节能的电动机、锅炉、窑炉、风机、泵类等设备，采用热电联产、余热余压利用、洁净煤以及先进的用能监测和控制等技术。

第三十二条 电网企业应当按照国务院有关部门制定的节能发电调度管理的规定，安排清洁、高效和符合规定的热电联产、利用余热余压发电的机组以及其他符合资源综合利用规定的发电机组与电网并网运行，上网电价执行国家有关规定。

第三十三条 禁止新建不符合国家规定的燃煤发电机组、燃油发电机组和燃煤热电机组。

第三节 建筑节能

第三十四条 国务院建设主管部门负责全国建筑节能的监督管理工作。

县级以上地方各级人民政府建设主管部门负责本行政区域内建筑节能的监督管理工作。

县级以上地方各级人民政府建设主管部门会同同级管理节能工作的部门编制本行政区域内的建筑节能规划。建筑节能规划应当包括既有建筑节能改造计划。

第三十五条 建筑工程的建设、设计、施工和监理单位应当遵守建筑节能标准。

不符合建筑节能标准的建筑工程，建设主管部门不得批准开工建设；已经开工建设的，应当责令停止施工、限期改正；已经建成的，不得销售或者使用。

建设主管部门应当加强对在建建筑工程执行建筑节能标准情况的监督检查。

第三十六条 房地产开发企业在销售房屋时，应当向购买人明示所售房屋的节能措施、保温工程保修期等信息，在房屋买卖合同、质量保证书和使用说明书中载明，并对其真实性、准确性负责。

第三十七条 使用空调采暖、制冷的公共建筑应当实行室内温度控制制度。具体办法由国务院建设主管部门制定。

第三十八条 国家采取措施，对实行集中供热的建筑分步骤实行供热分户计量、按照用热量收费的制度。新建建筑或者对既有建筑进行节能改造，应当按照规定安装用热计量装置、室内温度调控装置和供热系统调控装置。具体办法由国务院建设主管部门会同国务院有关部门制定。

第三十九条 县级以上地方各级人民政府有关部门应当加强城市节约用电管理，严格控制公用设施和大型建筑物装饰性景观照明的能耗。

第四十条 国家鼓励在新建建筑和既有建筑节能改造中使用新型墙体材料等节能建筑材料和节能设备，安装和使用太阳能等可再生能源利用系统。

第四节 交通运输节能

第四十一条 国务院有关交通运输主管部门按照各自的职责负责全国交通运输相关领域的节能监督管理工作。

国务院有关交通运输主管部门会同国务院管理节能工作的部门分别制定相关领域的节能规划。

第四十二条 国务院及其有关部门指导、促进各种交通运输方式协调发展和有效衔接，优化交通运输结构，建设节能型综合交通运输体系。

第四十三条 县级以上地方各级人民政府应当优先发展公共交通，加大对公共交通的投入，完善公共交通服务体系，鼓励利用公共交通工具出行；鼓励使用非机动交通工具出行。

第四十四条 国务院有关交通运输主管部门应当加强交通运输组织管理，引导道路、水路、航空运输企业提高运输组织化程度和集约化水平，提高能源利用效率。

第四十五条 国家鼓励开发、生产、使用节能环保型汽车、摩托车、铁路机车车辆、船舶和其他交通运输工具，实行老旧交通运输工具的报废、更新制度。

国家鼓励开发和推广应用交通运输工具使用的清洁燃料、石油替代燃料。

第四十六条 国务院有关部门制定交通运输营运车船的燃料消耗量限值标准；不符合标准的，不得用于营运。

国务院有关交通运输主管部门应当加强对交通运输营运车船燃料消耗检测的监督管理。

第五节 公共机构节能

第四十七条 公共机构应当厉行节约，杜绝浪费，带头使用节能产品、设备，提高能源利用效率。

本法所称公共机构，是指全部或者部分使用财政性资金的国家机关、事业单位和团体组织。

第四十八条 国务院和县级以上地方各级人民政府管理机关事务工作的机构会同同级有关部门制定和组织实施本级公共机构节能规划。公共机构节能规划应当包括公共机构既有建筑节能改造计划。

第四十九条 公共机构应当制定年度节能目标和实施方案，加强能源消费计量和监测管理，向本级人民政府管理机关事务工作的机构报送上年度的能源消费状况报告。

国务院和县级以上地方各级人民政府管理机关事务工作的机构会同同级有关部门按照管理权限，制定本级公共机构的能源消耗定额，财政部门根据该定额制定能源消耗支出标准。

第五十条 公共机构应当加强本单位用能系统管理，保证用能系统的运行符合国家相关标准。

公共机构应当按照规定进行能源审计，并根据能源审计结果采取提高能源利用效率的措施。

第五十一条 公共机构采购用能产品、设备，应当优先采购列入节能产品、设备政府采购名录中的产品、设备。禁止采购国家明令淘汰的用能产品、设备。

节能产品、设备政府采购名录由省级以上人民政府的政府采购监督管理部门会同同级有关部门制定并公布。

第六节 重点用能单位节能

第五十二条 国家加强对重点用能单位的节能管理。

下列用能单位为重点用能单位：

（一）年综合能源消费总量一万吨标准煤以上的用能单位；

（二）国务院有关部门或者省、自治区、直辖市人民政府管理节能工作的部门指定的年综合能源消费总量五千吨以上不满一万吨标准煤的用能单位。

重点用能单位节能管理办法，由国务院管理节能工作的部门会同国务院有关部门制定。

第五十三条 重点用能单位应当每年向管理节能工作的部门报送上年度的能

源利用状况报告。能源利用状况包括能源消费情况、能源利用效率、节能目标完成情况和节能效益分析、节能措施等内容。

第五十四条 管理节能工作的部门应当对重点用能单位报送的能源利用状况报告进行审查。对节能管理制度不健全、节能措施不落实、能源利用效率低的重点用能单位，管理节能工作的部门应当开展现场调查，组织实施用能设备能源效率检测，责令实施能源审计，并提出书面整改要求，限期整改。

第五十五条 重点用能单位应当设立能源管理岗位，在具有节能专业知识、实际经验以及中级以上技术职称的人员中聘任能源管理负责人，并报管理节能工作的部门和有关部门备案。

能源管理负责人负责组织对本单位用能状况进行分析、评价，组织编写本单位能源利用状况报告，提出本单位节能工作的改进措施并组织实施。

能源管理负责人应当接受节能培训。

第四章 节能技术进步

第五十六条 国务院管理节能工作的部门会同国务院科技主管部门发布节能技术政策大纲，指导节能技术研究、开发和推广应用。

第五十七条 县级以上各级人民政府应当把节能技术研究开发作为政府科技投入的重点领域，支持科研单位和企业开展节能技术应用研究，制定节能标准，开发节能共性和关键技术，促进节能技术创新与成果转化。

第五十八条 国务院管理节能工作的部门会同国务院有关部门制定并公布节能技术、节能产品的推广目录，引导用能单位和个人使用先进的节能技术、节能产品。

国务院管理节能工作的部门会同国务院有关部门组织实施重大节能科研项目、节能示范项目、重点节能工程。

第五十九条 县级以上各级人民政府应当按照因地制宜、多能互补、综合利用、讲求效益的原则，加强农业和农村节能工作，增加对农业和农村节能技术、节能产品推广应用的资金投入。

农业、科技等有关主管部门应当支持、推广在农业生产、农产品加工储运等方面应用节能技术和节能产品，鼓励更新和淘汰高耗能的农业机械和渔业船舶。

国家鼓励、支持在农村大力发展沼气，推广生物质能、太阳能和风能等可再生能源利用技术，按照科学规划、有序开发的原则发展小型水力发电，推广节能型的农村住宅和炉灶等，鼓励利用非耕地种植能源植物，大力发展薪炭林等能源林。

第五章 激励措施

第六十条 中央财政和省级地方财政安排节能专项资金，支持节能技术研究开发、节能技术和产品的示范与推广、重点节能工程的实施、节能宣传培训、信息服务和表彰奖励等。

第六十一条　国家对生产、使用列入本法第五十八条规定的推广目录的需要支持的节能技术、节能产品，实行税收优惠等扶持政策。

国家通过财政补贴支持节能照明器具等节能产品的推广和使用。

第六十二条　国家实行有利于节约能源资源的税收政策，健全能源矿产资源有偿使用制度，促进能源资源的节约及其开采利用水平的提高。

第六十三条　国家运用税收等政策，鼓励先进节能技术、设备的进口，控制在生产过程中耗能高、污染重的产品的出口。

第六十四条　政府采购监督管理部门会同有关部门制定节能产品、设备政府采购名录，应当优先列入取得节能产品认证证书的产品、设备。

第六十五条　国家引导金融机构增加对节能项目的信贷支持，为符合条件的节能技术研究开发、节能产品生产以及节能技术改造等项目提供优惠贷款。

国家推动和引导社会有关方面加大对节能的资金投入，加快节能技术改造。

第六十六条　国家实行有利于节能的价格政策，引导用能单位和个人节能。

国家运用财税、价格等政策，支持推广电力需求侧管理、合同能源管理、节能自愿协议等节能办法。

国家实行峰谷分时电价、季节性电价、可中断负荷电价制度，鼓励电力用户合理调整用电负荷；对钢铁、有色金属、建材、化工和其他主要耗能行业的企业，分淘汰、限制、允许和鼓励类实行差别电价政策。

第六十七条　各级人民政府对在节能管理、节能科学技术研究和推广应用中有显著成绩以及检举严重浪费能源行为的单位和个人，给予表彰和奖励。

第六章　法律责任

第六十八条　负责审批或者核准固定资产投资项目的机关违反本法规定，对不符合强制性节能标准的项目予以批准或者核准建设的，对直接负责的主管人员和其他直接责任人员依法给予处分。

固定资产投资项目建设单位开工建设不符合强制性节能标准的项目或者将该项目投入生产、使用的，由管理节能工作的部门责令停止建设或者停止生产、使用，限期改造；不能改造或者逾期不改造的生产性项目，由管理节能工作的部门报请本级人民政府按照国务院规定的权限责令关闭。

第六十九条　生产、进口、销售国家明令淘汰的用能产品、设备的，使用伪造的节能产品认证标志或者冒用节能产品认证标志的，依照《中华人民共和国产品质量法》的规定处罚。

第七十条　生产、进口、销售不符合强制性能源效率标准的用能产品、设备的，由产品质量监督部门责令停止生产、进口、销售，没收违法生产、进口、销售的用能产品、设备和违法所得，并处违法所得一倍以上五倍以下罚款；情节严重的，由工商行政管理部门吊销营业执照。

第七十一条 使用国家明令淘汰的用能设备或者生产工艺的，由管理节能工作的部门责令停止使用，没收国家明令淘汰的用能设备；情节严重的，可以由管理节能工作的部门提出意见，报请本级人民政府按照国务院规定的权限责令停业整顿或者关闭。

第七十二条 生产单位超过单位产品能耗限额标准用能，情节严重，经限期治理逾期不治理或者没有达到治理要求的，可以由管理节能工作的部门提出意见，报请本级人民政府按照国务院规定的权限责令停业整顿或者关闭。

第七十三条 违反本法规定，应当标注能源效率标识而未标注的，由产品质量监督部门责令改正，处三万元以上五万元以下罚款。

违反本法规定，未办理能源效率标识备案，或者使用的能源效率标识不符合规定的，由产品质量监督部门责令限期改正；逾期不改正的，处一万元以上三万元以下罚款。

伪造、冒用能源效率标识或者利用能源效率标识进行虚假宣传的，由产品质量监督部门责令改正，处五万元以上十万元以下罚款；情节严重的，由工商行政管理部门吊销营业执照。

第七十四条 用能单位未按照规定配备、使用能源计量器具的，由产品质量监督部门责令限期改正；逾期不改正的，处一万元以上五万元以下罚款。

第七十五条 瞒报、伪造、篡改能源统计资料或者编造虚假能源统计数据的，依照《中华人民共和国统计法》的规定处罚。

第七十六条 从事节能咨询、设计、评估、检测、审计、认证等服务的机构提供虚假信息的，由管理节能工作的部门责令改正，没收违法所得，并处五万元以上十万元以下罚款。

第七十七条 违反本法规定，无偿向本单位职工提供能源或者对能源消费实行包费制的，由管理节能工作的部门责令限期改正；逾期不改正的，处五万元以上二十万元以下罚款。

第七十八条 电网企业未按照本法规定安排符合规定的热电联产和利用余热余压发电的机组与电网并网运行，或者未执行国家有关上网电价规定的，由国家电力监管机构责令改正；造成发电企业经济损失的，依法承担赔偿责任。

第七十九条 建设单位违反建筑节能标准的，由建设主管部门责令改正，处二十万元以上五十万元以下罚款。

设计单位、施工单位、监理单位违反建筑节能标准的，由建设主管部门责令改正，处十万元以上五十万元以下罚款；情节严重的，由颁发资质证书的部门降低资质等级或者吊销资质证书；造成损失的，依法承担赔偿责任。

第八十条 房地产开发企业违反本法规定，在销售房屋时未向购买人明示所售房屋的节能措施、保温工程保修期等信息的，由建设主管部门责令限期改正，逾期不改正的，处三万元以上五万元以下罚款；对以上信息作虚假宣传的，由建设主管部门责令改正，处五万元以上二十万元以下罚款。

第八十一条 公共机构采购用能产品、设备，未优先采购列入节能产品、设备政府采购名录中的产品、设备，或者采购国家明令淘汰的用能产品、设备的，由政府采购监督管理部门给予警告，可以并处罚款；对直接负责的主管人员和其他直接责任人员依法给予处分，并予通报。

第八十二条 重点用能单位未按照本法规定报送能源利用状况报告或者报告内容不实的，由管理节能工作的部门责令限期改正；逾期不改正的，处一万元以上五万元以下罚款。

第八十三条 重点用能单位无正当理由拒不落实本法第五十四条规定的整改要求或者整改没有达到要求的，由管理节能工作的部门处十万元以上三十万元以下罚款。

第八十四条 重点用能单位未按照本法规定设立能源管理岗位，聘任能源管理负责人，并报管理节能工作的部门和有关部门备案的，由管理节能工作的部门责令改正；拒不改正的，处一万元以上三万元以下罚款。

第八十五条 违反本法规定，构成犯罪的，依法追究刑事责任。

第八十六条 国家工作人员在节能管理工作中滥用职权、玩忽职守、徇私舞弊，构成犯罪的，依法追究刑事责任；尚不构成犯罪的，依法给予处分。

第七章 附则

第八十七条 本法自2008年4月1日起施行。

A2 国务院办公厅关于严格执行《公共建筑空调温度控制标准》的通知

国办发［2007］42号

各省、自治区、直辖市人民政府，国务院各部委、各直属机构：

随着我国经济社会的快速发展，空调已比较普遍地应用于公共建筑和居民住宅，在改善人们生产生活条件的同时，也消耗了大量电能。为深入贯彻科学发展观，进一步落实《国务院关于加强节能工作的决定》（国发〔2006〕28号）精神，促进科学使用空调，节约能源资源，减少温室气体排放，有效保护环境，经国务院同意，现就严格执行公共建筑空调温度控制标准有关问题通知如下：

一、充分认识合理控制空调温度的重要意义

多年以来，我国公共建筑的空调管理比较粗放，空调温度设置不尽合理，导致能效不高，造成能源资源浪费，增加了环境压力，与建设资源节约型、环境友好型社会的目标不相适应。实践表明，合理设置空调温度，科学管理空调的运行，既能提供比较健康、舒适的室内环境，满足正常的工作、生活和学习需要，又能节约能源，保护生态环境，是一件利国利民的好事。加强空调使用环节的节能环保工作，已日渐成为世界各国的普遍共识和通行做法。我国人口多、底子薄，节约能源资源、保护生态环境的任务十分艰巨，目前节能减排的形势十分严峻。今年夏季用电高峰即将来临，各地区、各有关部门一定要提高认识，提前谋划，加强组织领导，采取有效措施，切实做好空调节能工作。

二、严格执行空调温度控制标准

所有公共建筑内的单位，包括国家机关、社会团体、企事业组织和个体工商户，除医院等特殊单位以及在生产工艺上对温度有特定要求并经批准的用户之外，夏季室内空调温度设置不得低于26摄氏度，冬季室内空调温度设置不得高于20摄氏度。一般情况下，空调运行期间禁止开窗。各地可在确保符合上述要求的前提下，根据当地气候条件等实际情况，进一步制定具体的控制标准。各级国家机关要带头厉行节约，严格执行空调温度控制标准，发挥表率作用。

三、切实落实空调节能管理措施

严格执行空调能效标识制度，严禁不合格的高耗能空调进入市场。加强对空调的节能诊断，实施合同能源管理，及时分析能耗状况，根据节能需要和用户承受能力，采取加装变频器等方式，积极实施空调节能改造。要改进空调的运行管理，加强保养维护，定期清洗，充分利用室外新风，提高空调能效水平。要进一步完善并严格执行政府采购节能环保产品制度，对空调等高耗能产品，实行政府强制采购节能环保产品制度。有关部门要抓紧出台具体办法。

四、加强督促检查

严格实施公共建筑空调温度控制标准是完成节能减排任务的一项重要措施，要纳入节能减排工作目标责任体系，建立和完善工作机制，加强督促检查，确保相关规定和措施不折不扣地得到贯彻落实。各级节能主管部门要会同有关部门加强协调指导，合理调配人力物力，把机关办公楼、宾馆、写字楼、商场、超市等空调使用大户作为重点，做好温度控制的监督检查工作，公开处理违反国家节能管理和环保法律法规的典型案件。要注意依法行政、文明执法，依法纠正和查处违反空调温度控制标准的行为。要充分发挥社会监督特别是舆论监督的作用，充分调动广大人民群众的积极性，形成全社会齐抓共管的氛围。

五、大力倡导家庭合理控制空调温度

节约能源、保护环境是每个公民的义务。要采取多种形式，深入宣传合理控制空调温度的科学道理，增强全社会的资源忧患意识、节约意识和责任意识，培育科学使用空调、节约用电的良好风尚，倡导广大家庭合理控制空调温度，使之成为每一位公民的自觉行动。

国务院办公厅

二〇〇七年六月一日

A3 民用建筑节能管理规定

中华人民共和国建设部令第 143 号

《民用建筑节能管理规定》已于 2005 年 10 月 28 日经第 76 次部常务会议讨论通过，现予发布，自 2006 年 1 月 1 日起施行。

建设部部长 汪光焘

二〇〇五年十一月十日

第一条 为了加强民用建筑节能管理，提高能源利用效率，改善室内热环境质量，根据《中华人民共和国节约能源法》、《中华人民共和国建筑法》、《建设工程质量管理条例》，制定本规定。

第二条 本规定所称民用建筑，是指居住建筑和公共建筑。

本规定所称民用建筑节能，是指民用建筑在规划、设计、建造和使用过程中，通过采用新型墙体材料，执行建筑节能标准，加强建筑物用能设备的运行管理，合理设计建筑围护结构的热工性能，提高采暖、制冷、照明、通风、给排水和通道系统的运行效率，以及利用可再生能源，在保证建筑物使用功能和室内热环境质量的前提下，降低建筑能源消耗，合理、有效地利用能源的活动。

第三条 国务院建设行政主管部门负责全国民用建筑节能的监督管理工作。

县级以上地方人民政府建设行政主管部门负责本行政区域内民用建筑节能的监督管理工作。

第四条 国务院建设行政主管部门根据国家节能规划，制定国家建筑节能专项规划；省、自治区、直辖市以及设区城市人民政府建设行政主管部门应当根据本地节能规划，制定本地建筑节能专项规划，并组织实施。

第五条 编制城乡规划应当充分考虑能源、资源的综合利用和节约，对城镇布局、功能区设置、建筑特征，基础设施配置的影响进行研究论证。

第六条 国务院建设行政主管部门根据建筑节能发展状况和技术先进、经济合理的原则，组织制定建筑节能相关标准，建立和完善建筑节能标准体系；省、自治区、直辖市人民政府建设行政主管部门应当严格执行国家民用建筑节能有关规定，可以制定严于国家民用建筑节能标准的地方标准或者实施细则。

第七条 鼓励民用建筑节能的科学研究和技术开发，推广应用节能型的建筑、结构、材料、用能设备和附属设施及相应的施工工艺、应用技术和管理技术，促进可再生能源的开发利用。

第八条 鼓励发展下列建筑节能技术和产品：

（一）新型节能墙体和屋面的保温、隔热技术与材料；

（二）节能门窗的保温隔热和密闭技术；

（三）集中供热和热、电、冷联产联供技术；

（四）供热采暖系统温度调控和分户热量计量技术与装置；

（五）太阳能、地热等可再生能源应用技术及设备；

（六）建筑照明节能技术与产品；

（七）空调制冷节能技术与产品；

（八）其他技术成熟、效果显著的节能技术和节能管理技术。

鼓励推广应用和淘汰的建筑节能部品及技术的目录，由国务院建设行政主管部门制定；省、自治区、直辖市建设行政主管部门可以结合该目录，制定适合本区域的鼓励推广应用和淘汰的建筑节能部品及技术的目录。

第九条 国家鼓励多元化、多渠道投资既有建筑的节能改造，投资人可以按照协议分享节能改造的收益；鼓励研究制定本地区既有建筑节能改造资金筹措办法和相关激励政策。

第十条 建筑工程施工过程中，县级以上地方人民政府建设行政主管部门应当加强对建筑物的围护结构（含墙体、屋面、门窗、玻璃幕墙等）、供热采暖和制冷系统、照明和通风等电器设备是否符合节能要求的监督检查。

第十一条 新建民用建筑应当严格执行建筑节能标准要求，民用建筑工程扩建和改建时，应当对原建筑进行节能改造。

既有建筑节能改造应当考虑建筑物的寿命周期，对改造的必要性、可行性以及投入收益比进行科学论证。节能改造要符合建筑节能标准要求，确保结构安全，优化建筑物使用功能。

寒冷地区和严寒地区既有建筑节能改造应当与供热系统节能改造同步进行。

第十二条 采用集中采暖制冷方式的新建民用建筑应当安设建筑物室内温度控制和用能计量设施，逐步实行基本冷热价和计量冷热价共同构成的两部制用能价格制度。

第十三条 供热单位、公共建筑所有权人或者其委托的物业管理单位应当制定相应的节能建筑运行管理制度，明确节能建筑运行状态各项性能指标、节能工作诸环节的岗位目标责任等事项。

第十四条 公共建筑的所有权人或者委托的物业管理单位应当建立用能档案，在供热或者制冷间歇期委托相关检测机构对用能设备和系统的性能进行综合检测评价，定期进行维护、维修、保养及更新置换，保证设备和系统的正常运行。

第十五条 供热单位、房屋产权单位或者其委托的物业管理等有关单位，应当记录并按有关规定上报能源消耗资料。

鼓励新建民用建筑和既有建筑实施建筑能效测评。

第十六条 从事建筑节能及相关管理活动的单位，应当对其从业人员进行建筑节能标准与技术等专业知识的培训。

建筑节能标准和节能技术应当作为注册城市规划师、注册建筑师、勘察设计注册工程师、注册监理工程师、注册建造师等继续教育的必修内容。

第十七条 建设单位应当按照建筑节能政策要求和建筑节能标准委托工程项目的设计。

建设单位不得以任何理由要求设计单位、施工单位擅自修改经审查合格的节能设计文件，降低建筑节能标准。

第十八条 房地产开发企业应当将所售商品住房的节能措施、围护结构保温隔热性能指标等基本信息在销售现场显著位置予以公示，并在《住宅使用说明书》中予以载明。

第十九条 设计单位应当依据建筑节能标准的要求进行设计，保证建筑节能设计质量。

施工图设计文件审查机构在进行审查时，应当审查节能设计的内容，在审查报告中单列节能审查章节；不符合建筑节能强制性标准的，施工图设计文件审查结论应当定为不合格。

第二十条 施工单位应当按照审查合格的设计文件和建筑节能施工标准的要求进行施工，保证工程施工质量。

第二十一条 监理单位应当依照法律、法规以及建筑节能标准、节能设计文件、建设工程承包合同及监理合同对节能工程建设实施监理。

第二十二条 对超过能源消耗指标的供热单位、公共建筑的所有权人或者其委托的物业管理单位，责令限期达标。

第二十三条 对擅自改变建筑围护结构节能措施，并影响公共利益和他人合法权益的，责令责任人及时予以修复，并承担相应的费用。

第二十四条 建设单位在竣工验收过程中，有违反建筑节能强制性标准行为的，按照《建设工程质量管理条例》的有关规定，重新组织竣工验收。

第二十五条 建设单位未按照建筑节能强制性标准委托设计，擅自修改节能设计文件，明示或暗示设计单位、施工单位违反建筑节能设计强制性标准，降低工程建设质量的，处20万元以上50万元以下的罚款。

第二十六条 设计单位未按照建筑节能强制性标准进行设计的，应当修改设计。未进行修改的，给予警告，处10万元以上30万元以下罚款；造成损失的，依法承担赔偿责任；两年内，累计三项工程未按照建筑节能强制性标准设计的，责令停业整顿，降低资质等级或者吊销资质证书。

第二十七条 对未按照节能设计进行施工的施工单位，责令改正；整改所发生的工程费用，由施工单位负责；可以给予警告，情节严重的，处工程合同价款2%以上4%以下的罚款；两年内，累计三项工程未按照符合节能标准要求的设计进行施工的，责令停业整顿，降低资质等级或者吊销资质证书。

第二十八条 本规定的责令停业整顿、降低资质等级和吊销资质证书的行政处罚，由颁发资质证书的机关决定；其他行政处罚，由建设行政主管部门依照法定职权决定。

第二十九条 农民自建低层住宅不适用本规定。

第三十条 本规定自2006年1月1日起施行。原《民用建筑节能管理规定》（建设部令第76号）同时废止。

A4 关于发展节能省地型住宅和公共建筑的指导意见

建科［2005］78号

各省、自治区建设厅，直辖市建委及有关部门，计划单列市建委，新疆生产建设兵团建设局：

我国已进入全面建设小康社会的新的发展时期。如何解决日益紧迫的人口、资源、环境与工业化、城镇化、经济快速增长的矛盾，是我们面临的重要挑战。中央从战略高度提出发展节能省地型住宅和公共建筑，是新时期转变城乡建设方式，提高城乡发展质量和效益的重要决策。为贯彻落实中央关于发展节能省地型住宅和公共建筑的要求，现提出如下指导意见：

一、充分认识发展节能省地型住宅和公共建筑的重要意义

（一）我国是一个发展中国家，人均能源资源相对贫乏。但在城乡建设中，增长方式比较粗放，发展质量和效益不高；建筑建造和使用，能源资源消耗高，利用效率低的问题比较突出；一些地方盲目扩大城市规模，规划布局不合理，乱占耕地的现象时有发生；重地上建设，轻地下建设的问题还不同程度的存在。资源、能源和环境问题已成为城镇发展的重要制约因素。各地要充分认识到发展节能省地型住宅和公共建筑，做好建筑节能节地节水节材（以下简称“四节”）工作，是落实科学发展观，调整经济结构、转变经济增长方式的重要内容，是保证国家能源和粮食安全的重要途径，是建设节约型社会和节约型城镇的重要举措。要进一步增强紧迫感和责任感，转变观念，切实改变城乡建设方式，切实从节约资源中求发展，从保护环境中求发展，从循环经济中求发展，促进城乡建设和国民经济的持续健康发展。

二、指导思想、工作目标、基本思路和途径

（二）指导思想：以“三个代表”重要思想和科学发展观为指导，以发展节能省地型住宅和公共建筑为工作平台，以建筑“四节”为工作重点和突破口，以技术、经济、法律等为手段，以改革为动力，努力建设节约型城镇。

（三）主要目标

总体目标：到2020年，我国住宅和公共建筑建造和使用的能源资源消耗水平要接近或达到现阶段中等发达国家的水平。

具体目标：到2010年，全国城镇新建建筑实现节能50%；既有建筑节能改造逐步开展，大城市完成应改造面积的25%，中等城市完成15%，小城市完成10%；城乡新增建设用地占用耕地的增长幅度要在现有基础上力争减少20%；建筑建造和使用过程的节水率在现有基础上提高20%以上；新建建筑对不可再生资源的总消耗比现在下降10%。到2020年，北方和沿海经济发达地区和特大城市新建建筑实现节能65%的目标，绝大部分既有建筑完成节能改造；城乡新增建设用地占用耕地的增长幅度要在2010年目标基础上再大幅度减少；争取建筑建造和使用过程的节水率比2010年再提高10%；新建建筑对不可再生资源的总消耗比2010年再下降20%。

（四）基本思路和途径

发展节能省地型住宅和公共建筑，要立足当前的发展阶段和基本国情，立足建筑“四节”已取得的进展；要用城乡统筹和循环经济的理念，研究思考节能省地型住宅和公共建筑的深刻内涵及其之间的辨证关系，认真解决当前的突出矛盾和问题；要处理好建筑“四节”工作中点与面、近期工作重点与长远发展目标的关系。既要考虑单体建筑，又要考虑城市或区域的统筹规划和总体布局；既要考虑新建建筑的“四节”，又要研究不同历史时期不同性质的既有建筑的节能节水问题，注重降低建筑建造和使用过程中总的能源资源消耗。当前要着重从规划、标准、科技、政策及产业化等方面综合研究，积极引进和推广国外日益普及的绿色建筑、生态建筑和可持续建筑等的新理念和新技术，并制定规划和政策措施，多渠道推进节能省地型住宅和公共建筑建设。

建筑节能。要通过城镇供热体制改革与供热制冷方式改革，以公共建筑的节能降耗为重点，总体推进建筑节能。所有新建建筑必须严格执行建筑节能标准，加强实施监管。要着力推进既有建筑节能改造政策和试点示范，加快政府既有公共建筑的节能改造。要积极推广应用新型和可再生能源。要合理安排城市各项功能，促进城市居住、就业等合理布局，减少交通负荷，降低城市交通的能源消耗。

建筑节地。在城镇化过程中，要通过合理布局，提高土地利用的集约和节约程度。重点是统筹城乡空间布局，实现城乡建设用地总量的合理发展、基本稳定、有效控制；加强村镇规划建设管理，制定各项配套措施和政策，鼓励、支持和引导农民相对集中建房，节约用地；城市集约节地的潜力应区分类别来考虑，工业建筑要适当提高容积率，公共建筑要适当提高建筑密度，居住建筑要在符合健康卫生和节能及采光标准的前提下合理确定建筑密度和容积率；要突出抓好各类开发区的集约和节约占用土地的规划工作。要深入开发利用城市地下空间，实现城市的集约用地。进一步减少黏土砖生产对耕地的占用和破坏。

建筑节水。要降低供水管网漏损率。要重点强化节水器具的推广应用，要提高污水再生利用率，积极推进污水再生利用、雨水利用。着重抓好设计环节执行节水标准和节水措施。合理布局污水处理设施，为尽可能利用再生水创造条件。绿化用水推广利用再生水。

建筑节材。要积极采用新型建筑体系，推广应用高性能、低材（能）耗、可再生循环利用的建筑材料，因地制宜，就地取材。要提高建筑品质，延长建筑物使用寿命，努力降低对建筑材料的消耗。要大力推广应用高强钢和高性能混凝土。要积极研究和开展建筑垃圾与部品的回收和利用。

三、主要政策和措施

（五）加强城乡规划的引导和调控。充分发挥城乡规划在推进节能省地型住宅和公共建筑建设中的重要作用，统筹城乡发展，促进城镇发展用地合理布局。在城镇体系规划、城市总体规划、村镇规划、近期建设规划、控制性详细规划等不同层次和类型的规划中，要充分论证资源和环境对城镇布局、功能分区、土地利用模式、基础设施配置及交通组织等方面的影响，确定适宜的城镇发展空间布局、城镇规模和运行模式。加强规划对城镇土地、能源、水资源等利用方面的引导与调控，立足资源和环境条件，合理确定城市发展规模，合理选择建设用地，尽量少占或不占耕地，充分利用荒地、劣地、坡地和废弃地，充分开发利用地下空间，提高土地利用率。要注重区域统筹，积极推进区域性重大基础设施的统筹规划和共建共享。大力发展公共交通，有效降低交通能耗和道路交通占用土地资源。要注意城乡统筹，按照有利生产、方便生活的原则，加快编制和实施村镇规划，合理调整居民点布局，引导农房建设和旧村改造，减少农村现有居民点人均用地，提高村镇建设用地的使用率，改善农民的生产生活环境。要对各类开发区的土地利用实施严格的审批制度，促进其集约和节约使用土地。要继续认真贯彻《国务院关于加强城乡规划监督管理的通知》（国发［2002］13 号），加强城乡规划实施的监督，严格保护自然资源、人文资源和生态环境，严格控制土地使用，严格执行建设用地标准，防止突破规划和违反规划使用土地，维护城乡规划的严肃性和权威性。

（六）严格执行并不断完善标准规范。进一步加强建筑“四节”标准规范的制定工作，鼓励有条件的地区在工程建设国家标准、行业标准的基础上，组织制定更加严格的建筑“四节”地方实施细则。要认真执行建设部《关于新建居住建筑严格执行节能设计标准的通知》（建科［2005］55号）和《关于认真做好〈公共建筑节能设计标准〉宣贯、实施及监督工作的通知》（建标函［2005］121号）要求，加强工程建设全过程监管，保证节能标准落到实处。加强对建设、设计、施工、监理和施工图审查、工程质量检测等工程建设各方主体和中介机构执行建筑“四节”强制性条文的监管。各地要抓紧制定当地的施工图设计文件审查和工程实施阶段的监督要点，做好施工图审查、工程实施监管和竣工验收备案工作。要加强对新建建筑特别是公共建筑执行建筑“四节”标准情况的监督检查。

（七）加快科技创新。要通过科技创新为发展节能省地型住宅和公共建筑提供技术支撑。积极组织科技攻关，努力开发利用适合国情、具有自主知识产权的适用技术和建筑新材料、新技术、新体系以及新型和可再生能源，鼓励研究开发节能、节水、节材的技术和产品。注重加快成熟技术和技术集成的推广应用。认真落实国家中长期科学和技术发展规划纲要中有关城乡现代节能与绿色建筑等专项规划。加强国际合作，积极引进、消化、吸收国际先进理念和技术，增强自主创新能力。抓紧编写《绿色建筑技术导则》。加快墙体材料革新，特别是注重解决墙体改革工作中的关键技术和技术集成问题，加快高强钢和高性能混凝土的推广应用工作。建立健全建筑“四节”科技成果推广应用机制，尽快把科技成果转化为现实生产力。

（八）研究制定经济激励政策措施。要探索政府引导和市场机制推动相结合的方法和机制，研究制定产业经济和技术政策。会同有关部门研究对新建建筑推广“四节”和既有建筑节能改造给予适当的税收优惠政策，对示范项目给予贴息优惠政策；研究适当延长墙改专项基金的征收时间，扩大使用范围，促进墙改基金支持节能省地工作；研究推进水价改革，促进节约用水。鼓励社会资金和外资投资参与既有建筑改造等。大力推进市政公用行业改革，深化供热体制改革。严格执行污水垃圾收费制度。改革有关奖项的评审办法，把执行建筑“四节”的情况作为评审内容。

（九）抓好试点示范工作。从“绿色建筑创新奖”起步，完善该奖的评价体系，由点到面，逐步推广。要积极开展统筹城乡规划布局，节约用地的试点。各地要研究通过产业现代化促进发展节能省地型住宅和公共建筑建设。按照“减量化、再利用、资源化”原则，确立适合本地区的节能省地型住宅和公共建筑的产业化发展模式和建筑体系，建立与之相适应的工业化结构体系和通用部品体系。

要抓好一批供热管网改造、城市绿色照明、政府公共建筑节能改造、新型和可再生能源资源应用工程等示范项目及新材料、新工艺和新体系的试点示范，有条件的城市应当组织成片新建和改造地区建筑“四节”的综合示范。政府公共建筑要率先进行节能改造。

（十）建立健全法规制度。在提出修订有关法律、法规建议和制定规章时，要研究建立有利于促进发展节能省地型住宅和公共建筑，推进建筑“四节”工作的制度。

四、切实加强对发展节能省地型住宅和公共建筑工作的领导

（十一）加强组织领导。各地建设行政主管部门要进一步提高认识，转变观念，把推进建筑“四节”工作作为当前和今后一个时期一项重要工作，切实抓紧、抓实、抓出成效。要制定发展节能省地型住宅和公共建筑规划，并争取纳入当地国民经济和社会发展规划，认真组织实施。要研究建立相应的工作机制，确定专门机构和专人负责，加强与有关部门的协调和沟通，认真研究解决推进工作中的难点和热点问题，制定相应的政策和措施，并加强督促检查。结合对工程质量的执法检查，强化对新建建筑执行“四节”情况的监督。

（十二）切实抓好宣传培训工作。各地建设行政主管部门要开展多种形式的宣传活动，普及建筑“四节”知识，提高全社会对发展节能省地型住宅和公共建筑重要性的认识，树立良好的节约能源资源的意识和正确的消费观，形成良好的社会氛围。要加强培训，提高管理人员和专业技术人员对发展节能省地型住宅和公共建筑的法律法规、标准规范、政策措施、科学技术的综合水平和能力，总结推广好的经验与做法，逐步深化发展节能省地型住宅和公共建筑的工作。

中华人民共和国建设部

二〇〇五年五月三十一日

A5　关于实施《夏热冬冷地区居住建筑节能设计标准》的通知

建科［2001］239号

各省、自治区、直辖市、计划单列市建设厅（建委）、计委、经贸委（经委）、财政厅（局），国务院各部、委、直属机构（总公司）建设（基建）司局，中国人民解放军总后勤部营房部，各有关地方建筑节能（墙改）办公室：

为进一步推进长江流域及其周围夏热冬冷地区建筑节能工作，提高和改善该地区人民的居住环境质量，全面实现建筑节能50％的第二步战略目标，建设部组织制定了中华人民共和国行业标准《夏热冬冷地区居住建筑节能设计标准》(JGJ 134—2001)(以下简称《节能标准》)已于2001年7月颁布，自2001年10月1日起施行。

夏热冬冷地区是指长江流域及其周围地区，涉及16个省、自治区、直辖市。该地区面积约180万平方公里，人口约5.5亿，国民生产总值约占全国的48%，是一个人口密集、经济比较发达的地区。该地区夏季炎热，冬季潮湿寒冷。过去由于经济和社会的原因，该地区的一般居住建筑没有采暖空调设施，居住建筑的设计对保温隔热问题不够重视，围护结构的热工性能普遍很差，冬夏季建筑室内热环境与居住条件十分恶劣。随着这一地区的经济发展和人民生活水平快速提高，居民普遍自行安装采暖空调设备。由于没有科学的设计和采取相应的技术措施，致使该地区冬季建筑采暖、夏季建筑空调能耗急剧上升，能源浪费严重，居民用于能源的支出大幅度增加，居住条件也未得到根本改善。《节能标准》的颁布，标志着我国的建筑节能工作已经进入向中部地区推进的阶段。为了做好《节能标准》的贯彻和实施，现将有关事项通知如下：

一、《节能标准》对夏热冬冷地区居建筑从建筑、热工和暖通空调设计方面提出节能措施，对采暖和空调能耗规定了控制指标，达到了指导设计的深度。各地应当从今年10月1日起施行；同时可结合实际编制《节能标准》的实施细则。

二、《节能标准》的实施过程中，要严格按照国家及有关部门关于建筑节能的政策与管理规定要求执行。实施《节能标准》，要与推广新型墙体材料和淘汰实心黏土砖紧密结合，节能建筑应积极采用新型墙体材料。各地自实施新标准之日起，新建民用建筑工程项目的可行性研究报告或者设计任务书，应当包括合理用能的专题论证。依法审批的机关要依照国家计委、国家经贸委、建设部《关于固定资产投资工程项目可行性研究报告“节能篇（章）”编制及评估的规定》(计交能［1997］2542号)的有关规定，对工程项目可行性研究报告或者设计任务书组织节能论证和评估。对不符合节能标准的项目，不得批准建设；建设单位应当按照节能要求和《节能标准》委托工程项目的设计，不得擅自修改节能设计文件；设计单位应当依据建设单位的委托以及《节能标准》进行设计，保证建筑节能设计质量；各地建设行政主管部门或者其委托的设计单位，在进行施工图设计审查时，应当审查节能设计的内容；施工单位应当按照节能设计进行施工，保证工程施工质量；建设工程质量监督机构，对不按节能设计标准要求施工和验收的项目，应责令改正，并应在质量监督文件中予以注明。对于达不到《节能标准》第3.0.3，4.0.3，4.0.4，4.0.7，4.0.8，5.0.5，6.0.2等强制性条文规定要求的，应按照建设部《实施工程建设强制性标准监督规定》(建设部令第81号)或参照《民用建筑节能管理规定》(建设部令第76号)等有关条款进行处罚。

三、国家鼓励建设节能建筑。采用新型墙体材料且达到《节能标准》要求的，应按照财政部关于新型墙体材料专项基金管理的有关规定免征新型墙体材料专项基金。在推广节能建筑中，不应大幅度提高建筑成本，要通过采取新材料、新产品、新技术降低工程造价。

四、各地在贯彻执行《节能标准》过程中，可在本地区逐步扩大建设试点示范建筑，并注意总结设计、施工、管理方面的经验，制定相应的政策，宣传节能建筑的优越性，推广成功经验。

五、夏热冬冷地区各省、自治区、直辖市、计划单列市建设厅（建委）应按照《节能标准》的要求，结合本地区实际，组织筛选出若干种符合《节能标准》的结构体系及其配套的墙体、屋面等保温构造做法，以及节能型采暖空调设备和产品。尽快组织有关单位编制符合《节能标准》要求的当地节能住宅通用设计图集，以利于《节能标准》的实施。

六、夏热冬冷地区新建、改建、扩建居住建筑的建筑和建筑热工与暖通空调均应执行《节能标准》；单身宿舍、学校、幼儿园、办公楼、医院建筑的建筑和建筑热工与暖通空调设计可参照《节能标准》执行。

建筑节能是一项综合性很强的工作，需有关部门及行业密切配合。夏热冬冷地区居住建筑节能工作直接涉及到这一广大地区人民群众的居住环境条件的改善和切身利益，充分体现了新时期国家对该地区人民群众根本利益的关怀。各有关省、自治区、直辖市建设行政主管部门，都要结合本地区实际，从《节能标准》的宣传、培训、试点示范、相关政策的研究与制定、建筑节能的管理及组织实施等方面，制订相应的实施计划，加强节能建筑的日常运行管理和维护，确保节能效益的实现。实施过程中有何具体问题请与建设部联系。

中华人民共和国建设部
中华人民共和国国家发展计划委员会
中华人民共和国国家经济贸易委员会
中华人民共和国财政部
二〇〇一年十一月二十日

A6 关于实施《夏热冬暖地区居住建筑节能设计标准》的通知

建科［2003］237号

广东、广西、福建、海南省（自治区）建设厅（建委）、发改委、财政厅（局），国务院各部、委、直属机关（总公司）建设（基建）司（局），中国人民解放军总后勤部营房部：

为进一步推进夏热冬暖地区建筑节能工作，提高和改善夏热冬暖地区人民的居住环境质量，全面实现建筑节能 50%的目标，建设部组织制定了中华人民共和国行业标准（夏热冬暖地区居住建筑节能设计标准）（JGJ 75—2003）（以下简称《节能标准》）已于 2003 年 7 月颁布。为做好宣传贯彻工作，现将有关事项通知如下：

一、充分认识建筑节能工作的重要意义。做好建筑节能工作是各级政府履行公共服务职能，改善人民群众居住质量，努力降低建筑能源消耗，减少污染物排放，保护生态环境，全面建设小康社会的重要途径。发展建筑节能技术，不仅可以推动建筑业产业结构调整，全面提升建筑业技术水平；而且通过贯彻强制性建筑节能设计标准，还可以成为建筑体系创新的突破口。各级建设、发展改革和财政主管部门要密切配合，加大工作力度，实施有利于推进建筑节能的政策和法规，把建筑节能这项利国利民的工作落到实处。各地应当从今年 10 月 1 日起施行《节能标准》，同时可结合本地实际编制《节能标准》的实施细则。

二、实施《节能标准》，要严格执行国家及有关部门关于建筑节能的政策与管理规定，并与推广新型墙体材料和淘汰实心粘土砖紧密结合。节能建筑应积极采用各类新型墙体材料。各地自实施新标准之日起，新建民用建筑工程项目的可行性研究报告，应当包括合理用能的专题论证。建设单位应当按照节能要求和《节能标准》委托工程项目的设计，不得擅自修改节能设计文件。设计单位应当依据建设单位的委托以及《节能标准》进行设计，保证建筑节能设计质量。各地建设行政主管部门或者其委托的施工图审查机构，在进行施工图设计审查时，应当审查节能设计的内容。施工单位应当按照节能设计进行施工，保证工程施工质量。建设工程质量监督机构，对不按节能设计标准要求施工和验收的项目，应责令改正。对于达不到《节能标准》第 4.0.4、4.0.5、4.0.6、4.0.7、4.0.10、4.0.11、6.0.2、6.0.6 等强制性条文规定要求的，应按照建设部《实施工程建设强制性标准监督规定》（建设部令第 81 号）和《民用建筑节能管理规定》（建设部令第 76 号）进行处罚。

三、国家鼓励使用新型墙体材料建设节能建筑。采用新型墙体材料的建筑，应按照财政部和原国家经贸委关于新型墙体材料专项基金管理的有关规定免征新型墙体材料专项基金。在推广节能建筑中，要通过采用新材料、新产品、新技术，努力降低工程造价。

四、各地在贯彻执行《节能标准》过程中，要注意总结设计、施工、管理方面的经验，制定相应政策，宣传节能建筑和新型墙材的优越性，逐步扩大建设试点示范建筑，推广成功经验。

五、夏热冬暖地区应按照《节能标准》的要求，结合本地区实际，组织筛选出若干种符合《节能标准》的结构体系及其配套的墙体、屋面等保温构造做法，以及节能型采暖空调设备和产品。尽快组织有关单位编制符合《节能标准》要求的当地节能住宅通用设计图集，以利于《节能标准》的实施。

建筑节能是一项综合性很强的工作，需有关部门及行业密切配合。各地在实施过程中如有具体问题请与相关主管部门联系。

中华人民共和国建设部
中华人民共和国国家发展和改革委员会
中华人民共和国财政部
二〇〇三年十二月五日

A7　关于新建居住建筑严格执行节能设计标准的通知

建科［2005］55号

各省、自治区建设厅，直辖市建委及有关部门，计划单列市建委，新疆生产建设兵团建设局：

建筑节能设计标准是建设节能建筑的基本技术依据，是实现建筑节能目标的基本要求，其中强制性条文规定了主要节能措施、热工性能指标、能耗指标限值，考虑了经济和社会效益等方面的要求，必须严格执行。1996年7月以来，建设部相继颁布实施了各气候区的居住建筑节能设计标准。一些地区还依据部的要求，在建筑节能政策法规制定、技术标准图集编制、配套技术体系建立、科技试点示范、建筑节能材料产品开发应用与管理、宣传培训等方面开展了大量工作，取得了成效。但是，也有一些地方和单位，包括建设、设计、施工等单位不执行或擅自降低节能设计标准，新建建筑执行建筑节能设计标准的比例不高，不同程度存在浪费建筑能源的问题。为了贯彻落实科学发展观和今年政府工作报告提出的“鼓励发展节能省地型住宅和公共建筑”的要求，切实抓好新建居住建筑严格执行建筑节能设计标准的工作，降低居住建筑能耗，现通知如下：

一、提高认识，明确目标和任务

（一）我国人均资源能源相对贫乏，在建筑的建造和使用过程中资源、能源浪费问题突出，建筑的节能节地节水节材潜力很大。随着城镇化和人民生活水平的提高，新建建筑将继续保持一定增长势头。在发展过程中，必须考虑能源资源的承载能力，注重城镇发展建设的质量和效益。各级建设行政主管部门要牢固树立科学发展观，要从转变经济增长方式、调整经济结构、建设节约型社会的高度，充分认识建筑节能工作的重要性，把推进建筑节能工作作为城乡建设实现可持续发展方式的一项重要任务，抓紧、抓实、抓出成效。

（二）城市新建建筑均应严格执行建筑节能设计标准的有关强制性规定；有条件的大城市和严寒、寒冷地区可率先按照节能率65%的地方标准执行；凡属财政补贴或拨款的建筑应全部率先执行建筑节能设计标准。

（三）开展建筑节能工作，需要兼顾近期重点和远期目标、城镇和农村、新建和既有建筑、居住和公共建筑。当前及今后一个时期，应首先抓好城市新建居住建筑严格执行建筑节能设计标准工作，同时，积极进行城市既有建筑节能改造试点工作，研究相关政策措施和技术方案，为全面推进既有建筑节能改造积累经验。

二、明确各方责任，严格执行标准

（四）建设单位要遵守国家节约能源和保护环境的有关法律法规，按照相应的建筑节能设计标准和技术要求委托工程项目的规划设计、开工建设、组织竣工验收，并应将节能工程竣工验收报告报建筑节能管理机构备案。

房地产开发企业要将所售商品住房的结构形式及其节能措施、围护结构保温隔热性能指标等基本信息载入《住宅使用说明书》。

（五）设计单位要遵循建筑节能法规、节能设计标准和有关节能要求，严格按照节能设计标准和节能要求进行节能设计，设计文件必须完备，保证设计质量。

（六）施工图设计文件审查机构要严格按照建筑节能设计标准进行审查，在审查报告中单列是否符合节能标准的章节；审查人员应有签字并加盖审查机构印章。不符合建筑节能强制性标准的，施工图设计文件审查结论应为不合格。

（七）施工单位要按照审查合格的设计文件和节能施工技术标准的要求进行施工，确保工程施工符合节能标准和设计质量要求。

（八）监理单位要依照法律、法规以及节能技术标准、节能设计文件、建设工程承包合同及监理合同，对节能工程建设实施监理。监理单位应对施工质量承担监理责任。

三、加强组织领导，严格监督管理

（九）推进建筑节能涉及城市规划、建设、管理等各方面的工作，各地要完善建筑节能工作领导小组的工作制度，通过联席会议和专题会议等有效形式，形成协调配合、运行顺畅的工作机制。

（十）各地建设行政主管部门要加大建筑节能宣传力度，增强公众的节能意识，逐步建立社会监督机制。要结合实例向公众宣传建筑节能的重要性，提高公众建筑节能的自觉性和主动性。同时，要建立监督举报制度，受理公众举报。

（十一）各地和有关单位要加强对设计、施工、监理等专业技术人员和管理人员的建筑节能知识与技术的培训，把建筑节能有关法律法规、标准规范和经核准的新技术、新材料、新工艺等作为注册建筑师、勘察设计注册工程师、监理工程师、建造师等各类执业注册人员继续教育的必修内容。

（十二）各地建设行政主管部门要采取有效措施加强建筑节能工作中设计、施工、监理和竣工验收、房屋销售核准等的监督管理。在查验施工图设计文件审查机构出具的审查报告时，应查验对节能的审查情况，审查不合格的不得颁发施工许可证。发现违反国家有关节能工程质量管理规定的，应责令建设单位改正；改正后要责令其重新组织竣工验收，并且不得减免新型墙体材料专项基金。

房地产管理部门要审查房地产开发单位是否将建筑能耗说明载入《住宅使用说明书》。

（十三）设区城市以上建设行政主管部门要组织推进节能建筑性能测评工作。各级建筑节能工作机构要切实履行职责，认真开展对节能建筑及部品的检测。要建立健全建筑节能统计报告制度，掌握分析建筑节能进展情况。

（十四）各地建设行政主管部门要加强经常性的建筑节能设计标准实施情况的监督检查，发现问题，及时纠正和处理。各省（自治区、直辖市）建设行政主管部门每年要把建筑节能作为建筑工程质量检查的专项内容进行检查，对问题突出的地区或单位依法予以处理，并将监督检查和处理情况于今年 9 月 30 日前报建设部。建设部每年在各地监督检查的基础上，对各地建筑节能标准执行情况进行抽查，对建筑节能工作开展不力的地方和单位进行重点检查。2005 年底以前，建设部重点抽查大城市和特大城市；2006 年 6 月以前，对其他城市进行抽查，并将抽查的情况予以通报。

凡建筑节能工作开展不力的地区，所涉及的城市不得参加“人居环境奖”、“园林城市”的评奖，已获奖的应限期整改，经整改仍达不到标准和要求的将撤消获奖称号。不符合建筑节能要求的项目不得参加“鲁班奖”、“绿色建筑创新奖”等奖项的评奖。

（十五）各地建设行政主管部门对不执行或擅自降低建筑节能设计标准的单位，要依据《中华人民共和国建筑法》、《中华人民共和国节约能源法》、《建设工程质量管理条例》（国务院令第 279 号）、《建设工程勘察设计管理条例》（国务院令第 293 号）、《民用建筑节能管理规定》（建设部令第 76 号）、《实施工程建设强制性标准监督规定》（建设部令第 81 号）等法律法规和规章的规定进行处罚：

1. 建设单位明示或暗示设计单位、施工单位违反节能设计强制性标准，降低工程建设质量；或明示或者暗示施工单位使用不合格的建筑材料、建筑构配件和设备；或施工图设计文件未经审查或者审查不合格，擅自施工的；或未按照国家规定将竣工验收报告、有关认可文件或者准许使用文件报送备案的；处 20 万元以上 50 万元以下的罚款。

建设单位未取得施工许可证或者开工报告未经批准，擅自施工的，责令停止施工，限期改正，处工程合同价款 1%以上 2%以下的罚款。

建设单位未组织竣工验收，擅自交付使用的；或验收不合格，擅自交付使用的；或对不合格的建设工程按照合格工程验收的；处工程合同价款2%以上4%以下的罚款；造成损失的，依法承担赔偿责任。建设工程竣工验收后，建设单位未向建设行政主管部门或者其他有关部门移交建设项目档案的，责令改正，处1万元以上10万元以下的罚款。

2. 设计单位指定建筑材料、建筑构配件的生产厂、供应商的；或未按照工程建设强制性标准进行设计的；责令改正，处10万元以上30万元以下的罚款；有上述行为造成重大工程质量事故的，责令停业整顿，降低资质等级；情节严重的，吊销资质证书；造成损失的，依法承担赔偿责任。

3. 施工图设计文件审查单位如不按照要求对施工图设计文件进行审查，一经查实将由建设行政主管部门对当事人和其所在单位进行批评和处罚，直至取消审查资格。

4. 施工单位在施工中偷工减料的，使用不合格的建筑材料、建筑构配件和设备的，或者有不按照工程设计图纸或者施工技术标准施工的其他行为的，责令改正，并处工程合同价款2%以上4%以下的罚款；造成建设工程质量不符合规定的质量标准的，负责返工、修理，并赔偿因此造成的损失；情节严重的，责令停业整顿，降低资质等级或者吊销资质证书。

施工单位不履行保修义务或者拖延履行保修义务的，责令改正，处10万元以上20万元以下的罚款，并对在保修期内因质量缺陷造成的损失承担赔偿责任。

5. 工程监理单位与建设单位或者施工单位串通，弄虚作假、降低工程质量的；或将不合格的建设工程、建筑材料、建筑构配件和设备按照合格签字的；责令改正，处50万元以上100万元以下的罚款，降低资质等级或者吊销资质证书；有违法所得的，予以没收；造成损失的，承担连带赔偿责任。

6. 注册建筑师、注册结构工程师、监理工程师等注册执业人员因过错造成质量事故的，责令停止执业1年；造成重大质量事故的，吊销执业资格证书，5年以内不予注册；情节特别恶劣的，终身不予注册。

中华人民共和国建设部

二〇〇五年四月十五日

A8 建设部关于贯彻《国务院关于加强节能工作的决定》的实施意见

建科［2006］231号

各省、自治区建设厅，直辖市建委及有关部门，计划单列市建委（建设局），新疆生产建设兵团建设局：

为贯彻落实《国务院关于加强节能工作的决定》的精神，加强建筑节能和城市公共交通节能工作，实现“十一五”期间建设领域节能目标，现提出以下实施意见：

一、提高认识，用科学发展观指导建设领域节能工作

（一）指导思想

以邓小平理论和“三个代表”重要思想为指导，全面落实科学发展观，紧紧围绕实现城乡建设方式的根本转变，调整住房供应结构，引导住房合理消费，以提高能源利用效率为核心，以建筑节能和优先发展公共交通为重点，以技术进步为支撑，近期措施与建立长效机制相结合，加大标准的执行监管力度，建立和完善政策法规，实现“十一五”建筑节能、城市公共交通节能目标，促进建设事业走资源节约型、环境友好型的发展道路。

（二）工作目标

建筑节能：到“十一五”期末，实现节约1.1亿吨标准煤的目标。其中：通过加强监管，严格执行节能设计标准，推动直辖市及严寒寒冷地区执行更高水平的节能标准，严寒寒冷地区新建居住建筑实现节能2100万吨标准煤，夏热冬冷地区新建居住建筑实现节能2400万吨标准煤，夏热冬暖地区新建居住建筑实现节能220万吨标准煤，全国新建公共建筑实现节能2280万吨标准煤，共实现节能7000万吨标准煤；通过既有建筑节能改造，深化供热体制改革，加强政府办公建筑和大型公共建筑节能运行管理与改造，实现节能3000万吨标准煤，大城市完成既有建筑节能改造的面积要占既有建筑总面积的25%，中等城市要完成15%，小城市要完成10%；通过推广应用节能型照明器具，实现节能1040万吨标准煤；太阳能、浅层地能等可再生能源应用面积占新建建筑面积比例达25%以上。

城市公共交通节能：通过改善出行结构，加强设施建设，提高城市公共交通效率。到“十一五”期末，城市公共交通出行在城市交通总出行中的比重，特大城市达到20%以上，其他城市在现有基础上增加50%。特大城市中心区公共汽电车平均运营速度达到20公里/小时以上，其他城市达到25公里/小时以上，出租车空驶率控制在30%以下；提高节能环保型汽车的使用率；城市公共交通比“十五”期末节油15%以上。

二、提高城乡规划编制的科学性，从源头上转变城乡建设方式

（三）城乡规划编制和实施要充分体现节约资源的基本国策。制定全国城镇体系规划、省域城镇体系规划要从节约能源的角度，统筹考虑城镇空间布局和规模控制以及重大基础设施布局。制定城市总体规划，要根据本地区的环境、资源条件，科学确定发展目标、方式、功能分区、用地布局，确定交通发展战略和城市公共交通总体布局，落实公交优先政策，确定主要对外交通设施和主要道路交通设施布局，限制高能耗产业用地规模。村镇规划要符合村镇体系布局，规划建设指标必须符合国家规定。严禁高能耗、高污染企业向乡镇转移，不得为国家明确退出和限制建设的各类企业安排用地。严格规划审批管理制度，重点镇的规划要逐步实行省级备案核准制度。

（四）从规划源头控制高耗能居住建筑的建设。各地应根据当地住房的实际状况以及土地、能源、水资源和环境等综合承载能力，分析住房需求，制定住房建设规划，合理确定当地新建商品住房总面积的套型结构比例。城市规划主管部门要会同建设、房地产主管部门将住房建设规划纳入当地国民经济和社会发展中长期规划和近期建设规划，按建设资源节约型和环境友好型城镇的总体要求，合理安排套型建筑面积90平方米以下住房为主的普通商品住房和经济适用住房布局。

三、建立新建建筑市场准入门槛制度，做好新建建筑节能工作

（五）建立新建建筑市场准入门槛制度。对超过2万平方米的公共建筑和超过20万平方米的居住建筑小区，实行建筑能耗核准制。建设单位应当将建设工程项目设计方案报县级以上人民政府建设主管部门进行建筑能耗核定，满足节能标准的，由建设主管部门出具建筑能耗审核意见书。城市规划主管部门在颁发《建设工程规划许可证》时，对未取得建筑能耗审核意见书的建设工程项目，不得颁发《建设工程规划许可证》，建设主管部门不得批准开工建设。组织建筑节能专项检查，对达不到节能设计标准的项目予以查处。

（六）完善对建筑节能设计、施工、监理等市场主体的监管制度。要加强建设工程节能质量的监督管理，按照《民用建筑工程节能质量监督管理办法》，进一步强化参建各方建筑节能工作的责任和义务，加强施工图审查、施工许可、工程质量检测、工程质量监督、竣工验收备案等环节的建筑节能监管工作。达不到建筑节能设计标准的工程不准开工、验收备案、销售和使用。

加强建筑维护结构保温工程、可再生能源建筑应用的市场监管力度，严格市场准入，规范企业行为。将执行建筑节能标准纳入建筑市场主体诚信行为标准，严肃查处不按照节能标准进行设计、施工、监理的企业，并记入企业不良记录；情节严重的，依法降级或撤销其资质等级，并追究有关人员的责任。

（七）发展绿色环保的施工方式。研究制定《民用建筑工程绿色施工导则》，推广应用资源节约型和环保型的施工方式，通过资源的综合利用、短缺资源代用以及二次资源回用，降低对各类资源的消耗，减少建筑废料和污染物的生成和排放，减少施工对环境的影响。

四、完善建筑节能标准体系，确保工程质量

（八）完善建筑节能标准体系。组织编制建筑节能设计、施工、验收、检测检验、评价和既有建筑节能改造、可再生能源建筑应用、建筑用能系统运行节能、节能管理等方面的标准规范。加强节能标准设计系列图集的编制，完善建筑节能技术措施。推动直辖市及严寒寒冷地区率先实施更高的节能标准，逐步提高国家建筑节能的标准。

（九）推动工业建设领域节能设计标准编制工作。加快工业建设领域节能设计标准的编制工作，“十一五”期间完成石油化工、橡胶、钢铁、有色金属加工、有色金属矿山、有色金属冶炼、水泥等高耗能行业的节能设计、施工、验收等标准规范，推动重点能耗行业的节能工作的开展。

（十）完善可再生能源建筑应用标准。做好《民用建筑太阳能热水系统应用技术规范》、《地源热泵供暖空调应用技术规程》等标准的贯彻实施工作，编制《太阳能供热采暖工程技术规范》。积极组织生活垃圾填埋气体利用、污泥沼气利用、焚烧发电供热技术等标准规范编制的可行性研究，并及时组织制定。

（十一）积极开展建筑节能标准实施的评价工作。研究制定建筑节能标准实施评价方法，根据建筑节能发展的实际需要，及时修订或编制建筑节能标准，不断完善建筑节能标准体系。

五、抓好建筑节能重点工作

（十二）加强大型公共建筑和政府办公建筑的节能管理工作。制定印发《关于加强大型公共建筑和政府办公建筑节能工作的通知》。各地应结合实际，建立并逐步完善既有大型公共建筑运行节能监管体系，研究制定公共建筑用能系统运行节能制度。以政府办公建筑为突破口，对既有高耗能的大型公共建筑逐步实施节能改造。

（十三）制定大型公共建筑能耗限额。会同国家发展改革委研究制定公共建筑能耗限额和超限额加价制度。各地应开展大型公共建筑能耗统计工作，结合实际研究制定大型公共建筑单位能耗限额。

（十四）组织开展高能耗公共建筑评选活动。会同国家发展改革委组织专家在北京评选十大不节能建筑，并向社会披露。其他有条件的城市应比照进行。

（十五）建立和完善建筑能效测评标识制度。制定《建筑能效标识管理办法》及《建筑能效标识技术导则》，选择若干试点城市进行示范，总结经验，逐步推广。

（十六）建立建筑能耗统计制度。制定《建筑能耗统计标准》，掌握建筑能耗水平、建筑终端商品能耗结构、用能模式，积累建筑能耗基础数据，为制定政策提供依据。各地应充分认识能耗统计工作的重要性，认真组织做好相关工作。

六、加快城镇供热体制改革

（十七）尽快实行将采暖补贴由“暗补”变“明补”，加快推进供热商品化、货币化。

（十八）新建建筑必须配套建设供热采暖分户计量系统，并安装温控装置，必须实行按热计量收费；既有建筑通过节能改造达到温度可调节、分栋或分户计量的要求。

（十九）建立城市低收入家庭冬季采暖保障制度。完善供热价格形成机制，制定建筑供热采暖按用热量收费的政策，培育有利于节能的供热市场。

（二十）整合城市供热热源，充分发挥热电联产、大型锅炉效率高的优势，提高热源生产的能源利用效率。

七、组织实施国家建筑节能重点工程、重大关键技术研究项目

（二十一）全面启动可再生能源在建筑中的推广应用。积极推进太阳能、浅层地能、生物质能等可再生能源在建筑中的应用。会同财政部研究制定《推进可再生能源在建筑中应用的实施意见》、《可再生能源建筑应用专项资金暂行管理办法》及《可再生能源建筑应用示范工程评审办法》等，选择一批条件成熟的项目和城市进行示范，开展太阳能、浅层地能等在建筑中应用关键技术研究，培育和带动相关产业的发展。各地应积极配合做好示范推广工作。

（二十二）实施国家建筑节能重点工程。组织实施建筑节能工程，以新建建筑执行节能设计标准、既有建筑节能改造、配套措施及能力建设为重点，启动更低能耗和绿色建筑示范项目及既有建筑节能改造。配合实施热电联产工程，用热电联产集中供热为主的方式替代城市燃煤供热小锅炉，扩大集中供热范围。适度超前建设城市集中供热管网，为热电联产创造条件。各地应积极配合国家做好重点工程的管理工作，并总结经验，逐步推广。配合实施绿色照明工程，按照《"十一五"城市绿色照明工程规划纲要》的要求，组织实施城市绿色照明工程，指导各地科学、节能发展城市照明。

（二十三）组织实施国家中长期科技发展规划中确定的建筑节能与绿色建筑重大项目。加快对新型建筑节能围护结构、既有建筑节能改造、长江流域住宅室内热湿环境低能耗控制技术、大型公共建筑节能控制与能量管理系统研究、降低大型公共建筑空调系统能耗研究、建筑节能设计方法与模拟分析软件开发等建筑节能关键技术研究，不断增强自主创新能力，推动节能技术进步。组织实施百项建筑节能示范工程和百项绿色建筑示范工程的"双百工程"。发布《建设部"十一五"重点推广技术领域》、《建设部"十一五"技术公告》。

（二十四）推动可再生能源在农村地区的应用。各地应结合社会主义新农村建设，加强农村地区可再生能源利用与开发情况的调研，组织太阳能、沼气、生物质能等新能源在农村地区应用技术研发，制定技术政策，编制技术手册，开展示范推广，适应农村用能增长的需要。

八、加强政策法规建设，建立健全节能保障机制

（二十五）做好节能相关法规和政策制定工作。配合国务院法制办做好《建筑节能管理条例》、《城市公共交通条例》的制定工作。积极参与《节约能源法》的修订工作。会同财政部研究制定节能省地型建筑的经济激励政策。各地建设主管部门应积极会同有关部门，做好地方建筑节能及城市公共交通的法规研究制定工作，并结合实际，研究促进建筑节能及公共交通的激励政策。

（二十六）落实优先发展城市公共交通的政策。指导各地科学设置公交优先车道（路）和优先通行信号系统，保证公共交通车辆对优先车道的使用权和优先通行信号系统的正常运转。要因地制宜地设置自行车道、步行道。争取用 2 年左右时间，使多数大城市建立完善的城市公共交通优先车道（路）网络，建成一批公共交通优先通行信号系统。加强对各地轨道交通规划、建设、运营、管理工作的指导和监督，抓好城市交通节能示范工程，推进快速公共汽车系统和智能交通系统建设。

（二十七）建立完善新技术、新工艺、新设备、新材料的推广、限制、禁止制度。组织编制《建筑节能推广、限制、禁止技术、工艺、设备和材料目录》。加快淘汰落后技术、工艺、设备和材料。加大建筑节能在评优评奖指标中的权重，完善评选标准，推动建筑节能工作的开展。

（二十八）做好新型墙体材料推广应用工作。组织编制国家标准《墙体材料应用统一技术规范》。推广应用保温隔热性能好、轻质、利废、环保的新型墙体材料，做好第二批城市禁止使用实心黏土砖的工作。

（二十九）逐步建立建筑节能服务体系。制定《建筑节能合同能源管理办法》，培育和规范建筑节能服务市场，促进建筑能效的提高。充分发挥行业学（协）会的积极性，协助主管部门和地方政府做好节能管理、技术推广、宣传培训等工作，为机关和事业单位、企业及居民做好节能工作提供服务。各地应积极探索，争取优惠政策，创新机制，尽快形成规范有序的节能服务体系。

九、加强国际合作，促进建筑节能实现跨越式发展

（三十）做好联合国合作开发署中国终端能效、世行中国供热体制改革和建筑节能、中德既有建筑节能改造等合作项目。积极争取国际组织、外国政府贷款，以合作、交流、技术培训、智力引进等多种方式，引进国外先进经验、技术，不断充实和完善我国建筑节能与公共交通等领域的政策、法规、标准、技术体系。

（三十一）组织召开每年一届的国际智能、绿色建筑及建筑节能大会暨新技术与产品博览会，组织好国际绿色建材博览会，打造国际化的新技术、新产品、新材料交流平台，更好地指导和推动全国建设领域节能工作，实现建筑节能的跨越式发展。

十、加强节能工作的宣传和培训

（三十二）加强建筑节能标准和技术培训。把节能标准、技能培训与执业人员的继续教育结合起来，与施工图审查和质量检查结合起来，与劳务用工岗前培训结合起来，不断提高从业人员熟练运用节能标准、熟练应用节能技术的能力。

（三十三）加大节能工作宣传力度。各地建设主管部门要充分发挥舆论的导向与监督作用，大力宣传我国能源资源现状及建筑节能、公共交通节能、城市照明节能的重大意义，积极宣传有关政策法规、技术标准、示范项目及典型做法和经验等，扩大影响，努力营造有利于节能的社会氛围。

（三十四）举办中国城市交通节能周活动。通过实行无公务车日等各类活动，宣传实施“公交优先”思想和战略。加强公共交通行业精神文明建设，加强对服务质量的监管，健全城市公共交通服务质量投诉和监督机制。组织开展创建“绿色交通示范城市”活动，鼓励地方政府积极实施“公交优先”战略，保证可持续交通发展战略的全面贯彻实施。召开全国优先发展城市公共交通工作会议。进一步发挥城市公共交通行业协会的作用，加强行业自律。

十一、加强组织领导，建立建筑节能目标考核评价体系

（三十五）加强组织领导。各地建设主管部门要成立建筑节能工作领导小组，形成协调配合、运行顺畅的工作机制。请各省、自治区、直辖市建设主管部门于2006年9月底前，将领导小组及办公室成员的名单报建设部科技司备案。

（三十六）建立节能目标责任制。各级建设主管部门要制定建筑节能专项规划，明确“十一五”建筑节能目标。要结合本地实际制定本意见的实施细则及任务分解书，并根据节能目标制定年度计划。各省、自治区、直辖市建设主管部门要在每年年末将目标和计划完成情况报建设部科技司备案。

（三十七）建立节能目标考核制度。各级建设主管部门要研究将建筑节能目标及任务落实情况纳入管理机构及人员的工作绩效考核内容中，并逐级落实。建设部将结合年度建筑节能专项检查，对各地的建筑节能工作完成情况进行评估，各省级建设主管部门也应对本地区市、县（区）建筑节能工作目标的完成情况进行考核。对工作成绩突出的单位和个人应予以表彰，对工作开展不力的通报批评。

中华人民共和国建设部

二〇〇六年九月十五日

A9 关于印发《建筑门窗节能性能标识试点工作管理办法》的通知

建科［2006］319号

各省、自治区建设厅，直辖市、计划单列市建委（建设局），新疆生产建设兵团建设局：

现将《建筑门窗节能性能标识试点工作管理办法》印发给你们，请试点地区认真组织做好有关工作。工作中遇到的问题及建议，请及时告建设部科学技术司。

中华人民共和国建设部
二〇〇六年十二月二十九日

建筑门窗节能性能标识试点工作管理办法

第一章 总 则

第一条 为保证建筑门窗产品的节能性能，规范市场秩序，促进建筑节能技术进步，提高建筑物的能源利用效率，推进建筑门窗节能性能标识试点工作，制定本办法。

第二条 本办法适用于建筑门窗节能性能标识试点工作的组织实施和管理。

第三条 本办法所称的建筑门窗节能性能标识（以下简称“标识”）是指表示标准规格门窗的传热系数、遮阳系数、空气渗透率、可见光透射比等节能性能指标的一种信息性标识。

第四条 标识的申请遵循自愿的原则。

第二章 组 织 机 构

第五条 建设部标准定额研究所负责组织实施标识试点工作，接受建设部的监督。地方建设行政主管部门负责本行政区域的标识试点工作的监督。

第六条 建筑门窗节能性能标识专家委员会负责承担标识试点中技术性的评审、指导、咨询等工作。

第七条 建筑门窗节能性能标识实验室（以下简称“标识实验室”）负责企业生产条件现场调查、产品抽样和样品节能性能指标的检测与模拟计算，出具《建筑门窗节能性能标识测评报告》。

第三章 标识申请及程序

第八条 申请标识的基本条件：

（一）企业应持有工商行政主管部门颁发的《企业法人营业执照》或有关机

构的登记注册证明；

（二）企业应取得门窗生产许可证；

（三）产品应具备可靠的质量保证体系，能正常批量生产；

（四）产品应符合国家颁布的有关门窗标准，并通过产品型式检验。

第九条 企业向标识实验室提出生产条件现场调查和产品节能性能检验委托。

第十条 标识实验室对企业的生产条件进行现场调查，同时进行现场抽样；对样品进行实验室检测和模拟计算；并在规定的时间内出具《建筑门窗节能性能标识测评报告》，报告应真实、可靠。

第十一条 企业向建设部标准定额研究所提交以下材料：

（一）标识申请表

（二）营业执照副本或登记注册证明文件的复印件；

（三）门窗生产许可证复印件；

（四）产品的《型式检验报告》；

（五）标识实验室出具的《建筑门窗节能性能标识测评报告》。

第十二条 建设部标准定额研究所组织建筑门窗节能性能标识专家委员会对企业提交标识申请材料进行审查，并将通过审查的产品在网上公示，一个月内没有收到异议的，准许使用标识。

第四章 标识使用与监督检查

第十三条 标识包括证书和标签。证书由建设部标准定额研究所颁发并统一编号，标签由企业按照统一的样式、规格以及标注规定自行印制。

第十四条 试点期间标识证书有效期为三年。企业应在有效期满前六个月重新提出申请。

第十五条 企业应在产品的显著位置粘贴标签，并可在产品包装物、说明书及广告宣传中使用标识。

在产品包装物、说明书及广告宣传中使用的标签可按比例放大或缩小，并应清晰可辨。

第十六条 企业应建立证书和标签使用制度，每年向地方建设行政主管部门和建设部标准定额研究所报告证书和标签的使用情况。

第十七条 标识实验室应建立健全管理制度，每年向地方建设行政主管部门和建设部标准定额研究所报送标识工作情况。

第十八条 凡有下列情况之一者，标识实验室不得继续承担标识试点过程的相关工作：

（一）出具虚假报告；

（二）泄露申请标识的企业或产品的商业秘密；

（三）不能继续满足标识实验室的相关条件。

第十九条 任何单位和个人不得利用标识对产品进行虚假宣传，不得转让、伪造或冒用标识。

第二十条 在证书有效期内，凡有下列情况之一者，暂停企业使用标识：

（一）产品的生产条件与申请标识的要求不符；

（二）产品达不到标识证书中的技术指标；

（三）证书或标签的使用不符合规定要求。

第二十一条 在证书有效期内，凡有下列情况之一者，撤销该产品的节能标识证书，企业不得使用该产品的节能标识证书和标签：

（一）经监督检查和检验判定获得标识的产品为不合格产品；

（二）标识暂停使用时间超过一年。

被撤销标识证书的产品，自撤销之日起三年内不得再次提出标识申请。

第二十二条 在证书有效期内，凡有下列情况之一者，撤销企业该产品的节能标识证书，企业不得使用该产品的节能标识证书和标签：

（一）转让证书、标签或违反有关规定、损害标识信誉的；

（二）以不真实的申请材料获得标识的；

（三）没有正当理由拒绝监督检查。

被撤销标识证书的企业，自撤销之日起三年内不得再次提出标识申请。

第二十三条 标识实验室、企业有第十八条、第十九条、第二十条、第二十一条情况之一时，省级建设行政主管部门应提出意见报建设部，建设部根据有关法律法规和本办法予以处理。

第五章 附 则

第二十四条 建设部标准定额研究所应根据本办法制定相关实施细则。

第二十五条 本办法自发布之日起施行。

A10 关于印发《绿色建筑评价标识管理办法》（试行）的通知

建科［2007］206 号

各省、自治区建设厅，直辖市建委及有关部门，计划单列市建委（建设局），新疆生产建设兵团建设局：

为规范绿色建筑评价标识工作，引导绿色建筑健康发展，我部制定了《绿色建筑评价标识管理办法》(试行)。现印发你们,请遵照执行。

中华人民共和国建设部

二〇〇七年八月二十一日

绿色建筑评价标识管理办法(试行)

第一章 总则

第一条 为规范绿色建筑评价标识工作,引导绿色建筑健康发展,制定本办法。

第二条 本办法所称的绿色建筑评价标识(以下简称"评价标识"),是指对申请进行绿色建筑等级评定的建筑物,依据《绿色建筑评价标准》和《绿色建筑评价技术细则(试行)》,按照本办法确定的程序和要求,确认其等级并进行信息性标识的一种评价活动。标识包括证书和标志。

第三条 本办法适用于已竣工并投入使用的住宅建筑和公共建筑评价标识的组织实施与管理。

第四条 评价标识的申请遵循自愿原则,评价标识工作遵循科学、公开、公平和公正的原则。

第五条 绿色建筑等级由低至高分为一星级、二星级和三星级三个等级。

第二章 组织管理

第六条 建设部负责指导和管理绿色建筑评价标识工作,制定管理办法,监督实施,公示、审定、公布通过的项目。

第七条 对审定的项目由建设部公布,并颁发证书和标志。

第八条 建设部委托建设部科技发展促进中心负责绿色建筑评价标识的具体组织实施等日常管理工作,并接受建设部的监督与管理。

第九条 建设部科技发展促进中心负责对申请的项目组织评审,建立并管理评审工作档案,受理查询事务。

第三章 申请条件及程序

第十条 评价标识的申请应由业主单位、房地产开发单位提出,鼓励设计单位、施工单位和物业管理单位等相关单位共同参与申请。

第十一条 申请评价标识的住宅建筑和公共建筑应当通过工程质量验收并投

入使用一年以上，未发生重大质量安全事故，无拖欠工资和工程款。

第十二条 申请单位应当提供真实、完整的申报材料，填写评价标识申报书，提供工程立项批件、申报单位的资质证书，工程用材料、产品、设备的合格证书、检测报告等材料，以及必须的规划、设计、施工、验收和运营管理资料。

第十三条 评价标识申请在通过申请材料的形式审查后，由组成的评审专家委员会对其进行评审，并对通过评审的项目进行公示，公示期为30天。

第十四条 经公示后无异议或有异议但已协调解决的项目，由建设部审定。

第十五条 对有异议而且无法协调解决的项目，将不予进行审定并向申请单位说明情况，退还申请资料。

第四章 监督检查

第十六条 标识持有单位应规范使用证书和标志，并制定相应的管理制度。

第十七条 任何单位和个人不得利用标识进行虚假宣传，不得转让、伪造或冒用标识。

第十八条 凡有下列情况之一者，暂停使用标识：

（一）建筑物的个别指标与申请评价标识的要求不符

（二）证书或标志的使用不符合规定的要求

凡有下列情况之一者，撤销标识：

（一）建筑物的技术指标与申请评价标识的要求有多项（三项以上）不符的

（二）标识持有单位暂停使用标识超过一年的

（三）转让标识或违反有关规定、损害标识信誉的

（四）以不真实的申请材料通过评价获得标识的

（五）无正当理由拒绝监督检查的被撤销标识的建筑物和有关单位，自撤销之日起三年内不得再次提出评价标识申请。

第十九条 标识持有单位有第十七条、第十八条情况之一时，知情单位或个人可向建设部举报。

第五章 附则

第二十条 处于规划设计阶段和施工阶段的住宅建筑和公共建筑，可比照本办法对其规划设计进行评价。

《绿色建筑评价标准》未规定的其他类型建筑，可参照本办法开展评价标识工作。

第二十一条 建设部科技发展促进中心应根据本办法制定实施细则。

第二十二条 本办法由建设部科学技术司负责解释。

第二十三条 本办法自发布之日起施行。

A11 关于印发《绿色建筑技术导则》的通知

建科［2005］199 号

各省、自治区、直辖市建设厅（建委）及有关建设部门、科技厅（委），副省级城市、计划单列市建委（建设局）及有关建设部门、科技局，新疆生产建设兵团建设局、科技局：

发展绿色建筑是贯彻落实中央提出的发展节能省地型住宅和公共建筑的重要举措。为加强对我国绿色建筑建设的指导，促进绿色建筑及相关技术健康发展，建设部与科技部联合组织编制了《绿色建筑技术导则》，现印发你们，并就贯彻落实的有关事宜通知如下：

一、各地建设行政主管部门应结合本地实际情况，制定相应的实施办法，组织好宣传和贯彻落实工作。要认真开展技术培训和试点示范，积极推进本地绿色建筑的发展。

二、房地产开发企业、建设单位、规划设计单位、施工与监理企业、物业管理企业、建筑产品生产企业，要遵照《绿色建筑技术导则》的内容，调整和完善本单位的发展思路和工作重点，树立绿色建筑意识，强化绿色建筑导向，建立健全实施绿色建筑的运行管理机制，培养骨干技术人才，逐步形成本单位开展绿色建筑工程实践的特点，确立核心竞争力。

三、有关大专院校、科研单位和企业，要按照《绿色建筑技术导则》的要求，积极推进产学研结合，加强自主技术创新，强化技术的优化集成和工程化配套，增强技术支撑能力，形成绿色建筑技术体系，促进绿色建筑技术产业化的发展。

中华人民共和国建设部

中华人民共和国科学技术部

二〇〇五年十月二十七日

A12 关于印发《关于城镇供热体制改革试点工作的指导意见》的通知

建城［2003］148 号

北京、天津、河北、山西、内蒙古、黑龙江、吉林、辽宁、山东、河南、陕西、甘肃、宁夏、新疆等省、自治区、直辖市人民政府，新疆生产建设兵团，解放军总后勤部：

为贯彻落实党的十六大精神，加快推进城镇供热体制改革，努力解决我国北方地区城镇居民的冬季供热采暖问题，根据国务院领导同志的指示，决定在我国东北、华北、西北及山东、河南等地区（以下简称“三北地区”）开展城镇供热体制改革的试点工作。现将《关于城镇供热体制改革试点工作的指导意见》印发给你们，请参照执行。

城镇供热体制改革是一项涉及到千家万户利益的大事。各级人民政府要坚持“三个代表”的重要思想，维护最广大人民群众的根本利益，充分认识城镇供热体制改革的复杂性、艰巨性和长期性；要按照“与时俱进，改革创新”的要求，切实加强对供热体制改革的领导，做好改革试点工作。

“三北地区”各省、自治区、直辖市人民政府要选择不同规模的、有典型代表性的城市（区）进行试点，并切实加强对试点工作的领导。各试点城市要根据《指导意见》，广泛征求社会各方面意见，周密制定改革试点方案，经省级人民政府批准后实施，并报建设部备案。

各试点城市要做好宣传教育工作，引导城镇居民转变福利供热采暖的旧观念，理解和支持供热体制改革。要不断总结经验，及时修改和完善改革措施，确保试点工作的顺利实施。

为加强对供热体制改革试点工作的领导，建设部、国家发展和改革委员会、财政部、人事部、民政部、劳动和社会保障部、国家税务总局、国家环保总局成立了城镇供热体制改革部际协调领导小组，并实行部际联席会议制度，负责指导和协调各地开展的改革试点工作，研究有关支持供热体制改革的政策。部际协调领导小组办公室设在建设部。各地也应成立领导小组，加强对改革试点工作的组织和协调，妥善处理好改革、发展、稳定的关系。对供热体制改革试点工作中出现的问题，各地要认真研究解决，并及时向国务院有关部门反映。

附件：关于城镇供热体制改革试点工作的指导意见

中华人民共和国建设部
中华人民共和国国家发展和改革委员会
中华人民共和国财政部
中华人民共和国人事部
中华人民共和国民政部
中华人民共和国劳动和社会保障部
国家税务总局
国家环境保护总局
二〇〇三年七月二十一日

附件：

关于城镇供热体制改革试点工作的指导意见

为建立适应社会主义市场经济体制要求的城镇供热新体制，促进建筑节能，满足人民生活水平提高的要求，从根本上解决我国采暖地区城镇居民的供热采暖问题，根据国务院领导“改革城镇供热体制应抓紧试点，在试点基础上再行推开”的指示，现对城镇供热体制改革试点工作提出如下指导意见：

一、城镇供热体制改革试点的指导思想、主要内容和基本原则

（一）城镇供热体制改革试点的指导思想是：稳步推进城镇用热商品化、供热社会化，逐步建立符合我国国情、适应社会主义市场经济体制要求的城镇供热新体制；加大技术创新力度，促进节能建筑的推广应用，推进城镇供热事业的健康发展，更好地满足人民生活水平提高的需要，推动城市建设的可持续发展。

（二）城镇供热体制改革试点的主要内容是：改革单位统包的用热制度，停止福利供热，实行用热商品化、货币化；加大新型墙体材料、建筑节能技术的推广应用和供热采暖设施的技术改造力度，提高热能利用效率，改善城镇大气环境质量；继续发展和完善以集中供热为主导、多种方式相结合的经济、安全、清洁、高效的城镇供热采暖系统；加快供热企业改革，引入竞争机制，培育和规范城镇供热市场。

（三）城镇供热体制改革试点的基本原则是：坚持国家、单位和个人合理负担；坚持在国家统一政策目标指导下，地方因地制宜、分别决策；坚持节约能源、改善环境质量；坚持综合配套，分阶段推进。

二、停止福利供热，实行用热商品化、货币化

（四）停止由房屋产权单位或职工所在单位统包的职工用热制度，改为由居民家庭（用热户）直接向供热企业缴费采暖，实行用热商品化。

（五）停止福利供热后，采暖费用采取多渠道筹集，由政府、单位、个人共同负担；各级财政、单位用于职工供热采暖的费用作为供热采暖补贴由单位直接向职工和离退休人员发放，变“暗补”为“明补”，采暖补贴可在成本费用中列支。

（六）积极稳妥地试行职工采暖补贴。对机关事业单位在职人员和离退休人员，应综合考虑职工住房标准、城镇供热平均价格、采暖期限、职工收入水平、地方财政承受能力等因素，合理确定总体的补贴水平、各类人员的补贴标准和发放办法。试点城市人民政府根据本地实际情况进行测算，提出具体意见报省、自治区、直辖市人民政府批准后执行，并报城镇供热体制改革部际协调领导小组备案。企业职工和离退休人员采暖补贴标准和补贴方式，可参照当地机关事业单位职工采暖补贴方案，结合企业职工住房状况等具体情况确定。

（七）试点城市供热实行政府定价，由试点城市人民政府价格行政主管部门按照“保本微利”的原则制定和调整。在制定和调整供热价格时，要严格按照《价格法》的有关规定，建立听证会制度，征求消费者、经营者和有关方面的意见。

三、逐步实行按用热量计量收费制度，积极推进城镇现有住宅节能改造和供热采暖设施改造

（八）改革现行热费计算方式，逐步取消按面积计收热费，积极推行按用热量分户计量收费办法。今后，城镇新建公共建筑和居民住宅，凡使用集中供热设施的，都必须设计、安装具有分户计量及室温调控功能的采暖系统，并执行按用热量分户计量收费的新办法。计量及温控装置费用计入房屋建造成本。现有公共建筑和居民住宅也要按照分户计量、室温可控的要求进行改造，安装分户计量、温控装置，逐步实现由按面积计收供热采暖费向按用热量分户计量收费转变。

（九）按照民用建筑节能管理的有关规定，根据量力而行、分步实施的原则，对现有公共建筑和居民住宅实施节能改造。试点城市现有住宅的节能改造资金，以及计量及温控装置安装费用，按照“谁受益，谁投资”的原则，由城市政府、供热企业、职工所在单位和个人共同承担，具体办法由试点城市人民政府根据本地实际制定。

（十）试点城市人民政府要把城镇住宅节能改造和供热采暖设施改造作为城市建设的重要组成部分，结合实际制定扶持政策，多渠道筹集资金。

四、继续发展和完善以集中供热为主导、多种方式相结合的城镇供热采暖系统

（十一）集中供热具有较好的能源利用效率和良好的环境效益，适应我国能源条件和城镇居民居住状况，是我国城镇供热的主要方式。城镇公共建筑和住宅小区的供热采暖系统，凡有条件实施集中供热的，应积极采用集中供热方式；在集中供热管网覆盖的地区，不得新建燃煤供热锅炉。国家鼓励各地因地制宜，在产业技术政策的指导下，积极研究开发利用新能源、新技术的多种供热采暖方式。

（十二）要加强技术创新，积极运用先进适用技术改进完善集中供热系统，进一步提高节能降耗水平和清洁舒适程度，在满足居民采暖需要的同时促进能源利用效率的提高和环境质量的改善。要积极研究开发经济适用的城镇住宅热计量和温控装置，提高热计量和温控装置的国产化水平。

（十三）要进一步完善城镇供热采暖的标准。要结合供热体制改革和供热采暖系统的技术改造，逐步完善城镇供热采暖系统建设的技术标准体系。供热采暖标准中安全、节能、环保、卫生等技术要求均应纳入工程建设强制性条文，强制实施。

五、深化供热企业改革，积极培育和规范供热市场

（十四）实行城镇供热特许经营制度。在统一管网规划、统一服务标准、统一市场准入、统一价格监管的前提下，引导和鼓励国有、私有和合作经营企业通过公开竞标的方式，与城市政府签定合同，参与城镇热源厂、供热管网的建设、改造和经营，取得规定范围和规定时限的特许经营权。

（十五）进一步深化国有供热企业改革，加快建立现代企业制度。国有供热企业可以通过吸收多种经济成分，改制为多元投资主体的有限责任公司或股份有限公司；鼓励国有大中型供热企业以参股、控股、兼并等形式跨地区经营城镇供热，推动城镇供热的规模化、集约化经营；要加强供热企业内部管理，加快企业技术进步，强化成本约束机制。

（十六）进一步转变政府职能，加强和改进供热行业管理，培育和规范城镇供热市场。行业管理工作的重点要转移到研究制定供热事业发展规划、规范供热市场主体行为、维护供热市场秩序上来。各地要根据国家有关的产业政策和技术标准规范，结合本地实际情况制定城镇供热采暖服务质量标准、技术指标和评估监督办法，加强对供热市场的监管，维护市场秩序和消费者合法权益。

六、加强领导，综合配套，保证改革的顺利实施

（十七）“三北地区”各级人民政府要切实加强对城镇供热体制改革试点工作的领导。各试点城市人民政府要根据本通知精神，结合本地区实际制定具体实施方案，报经省级人民政府批准后实施。建设部将会同有关部门建立部际联系会议制度，加强对供热体制改革试点工作的指导，并抓紧制定配套政策。

（十八）加强舆论引导，做好宣传解释工作，引导城镇居民转变福利供热采暖观念，取得群众对供热体制改革的理解和支持。各地在供热体制改革中要充分考虑各方面的承受能力，不过多增加职工个人，特别是困难企业职工、失业人员、企业退休人员及享受城市居民最低生活保障人员等低收入居民家庭的经济负担，切实做好低收入居民家庭的冬季采暖保障工作，维护社会稳定，保证改革的顺利进行。

A13 关于印发《城市供热价格管理暂行办法》的通知

各省、自治区、直辖市发展改革委、物价局、建设厅（建委、市政管委）：

为了完善城市供热价格形成机制，规范热价管理，根据城镇供热体制改革的要求，我们制定了《城市供热价格管理暂行办法》。现印发你们，请结合本地区实际情况，认真贯彻执行。

附件：城市供热价格管理暂行办法

国家发展改革委
建设部
二〇〇七年六月三日

附件：

城市供热价格管理暂行办法

第一章　总　则

第一条　为规范城市供热价格管理，保障供热、用热双方的合法权益，促进城市供热事业发展和节能环保，根据《中华人民共和国价格法》等有关法律、法规，制定本办法。

第二条　本办法适用于城市行政区域内（包括省辖市、县城及乡镇连片供暖区域）供热价格行为。

第三条　城市供热价格（以下简称热价）是指城市热力企业（单位）通过一定的供热设施将热量供给用户的价格。

第四条　国家鼓励发展热电联产和集中供热，允许非公有资本参与供热设施的投资、建设与经营，逐步推进供热商品化、货币化。

第五条　热价原则上实行政府定价或者政府指导价，由省（区、市）人民政府价格主管部门或者经授权的市、县人民政府（以下简称热价定价机关）制定。

经授权的市、县人民政府制定热价，具体工作由其所属价格主管部门负责。供热行政主管部门协助价格主管部门管理热价。

具备条件的地区，热价可以由热力企业（单位）与用户协商确定。具体条件和程序另行制定。

第二章　热价分类与构成

第六条　城市供热价格分为热力出厂价格、管网输送价格和热力销售价格。热力出厂价格是指热源生产企业向热力输送企业销售热力的价格；管网输送价格是指热力输送企业输送热力的价格；热力销售价格是指向终端用户销售热力的价格。

第七条　城市供热实行分类热价。用户分类标准及各类用户热价之间的比价关系由城市人民政府价格主管部门会同城市供热行政主管部门结合实际情况确定。

第八条 城市供热价格由供热成本、税金和利润构成。

（一）供热成本包括供热生产成本和期间费用。供热生产成本是指供热过程中发生的燃料费、电费、水费、固定资产折旧费、修理费、工资以及其他应当计入供热成本的直接费用；供热期间费用是指组织和管理供热生产经营所发生的营业费用、管理费用和财务费用。

（二）税金是指热力企业（单位）生产供应热力应当缴纳的税金。

（三）利润是指热力企业（单位）应当取得的合理收益。现阶段按成本利润率核定，逐步过渡到按净资产收益率核定。

第九条 输热、配热等环节中的合理热损失可以计入成本。

第三章 热价的制定和调整

第十条 热价的制定和调整（以下简称制定）应当遵循合理补偿成本、促进节约用热、坚持公平负担的原则。

第十一条 成本是指价格主管部门经过成本监审核定的供热定价成本。热电联产企业应当将成本在电、热之间进行合理分摊。

第十二条 利润按成本利润率计算时，成本利润率按不高于3%核定；按净资产收益率计算时，净资产收益率按照高于长期（5年以上）国债利率2～3个百分点核定。

第十三条 各类用户的热价应当反映其耗费的供热成本，逐步减少交叉补贴。

第十四条 热力生产企业与热力输送企业之间按热量计收热费。热电联产热源厂、集中供热热源厂和热力站应当在热力出口安装热量计量装置。

第十五条 热力销售价格要逐步实行基本热价和计量热价相结合的两部制热价。基本热价主要反映固定成本；计量热价主要反映变动成本。基本热价可以按照总热价30%～60%的标准确定。

新建建筑要同步安装热量计量和调控装置。既有建筑具备条件的，应当进行改造，达到节能和热计量的要求，实行按两部制热价计收热费。

第十六条 暂不具备按照两部制热价计费条件的建筑，在过渡期内可以实行按供热面积计收热费，并要尽快创造条件实现按照两部制热价计收热费。

第十七条 热力企业（单位）向工业企业供应的蒸汽，按照热量（或蒸汽重量）计收热费。

第十八条 制定和调整居民供热价格时，应当举行听证会听取各方面意见，并采取对低收入居民热价不提价或少提价，以及补贴等措施减少对低收入居民生活的影响。

第十九条 符合以下条件的热力企业（单位）可以向政府价格主管部门提出制定或调整热价的书面建议，同时抄送城市供热行政主管部门：

（一）按照国家法律、法规合法经营，热价不足以补偿供热成本致使热力企业（单位）经营亏损的；

（二）燃料到厂价格变化超过10%的。

第二十条 消费者可以依法向政府价格主管部门提出制定或调整热价的建议。

第二十一条 政府价格主管部门商供热行政主管部门对调价建议进行统筹研究，拟定调价方案。

因燃料价格下跌、热力生产企业利润明显高于规定利润率时，价格主管部门可以直接提出降价方案报当地人民政府审批。

第二十二条 政府价格主管部门受理热力企业（单位）关于制定和调整热价的建议后，要按规定进行成本监审。

第二十三条 制定和调整热价的方案经人民政府批准后，由政府价格主管部门向社会公告，并报上级人民政府价格主管部门和供热行政主管部门备案。

第二十四条 热力企业（单位）应当根据价格主管部门的规定定期如实提供生产经营及成本情况，并出具相关账簿、文件、资料。

第二十五条 热价不足以补偿正常的供热成本但又不能及时调整热价的地区，省级人民政府和城市人民政府可以对热力企业（单位）实行临时性补贴。

第二十六条 由房屋产权单位或职工所在单位为职工支付采暖费用的，应当按有关规定改为单位向职工直接发放补贴。

第四章 热价执行与监督

第二十七条 价格主管部门应当建立供热成本监审制度，促进热力企业（单位）建立有效的成本约束机制。

第二十八条 省、市供热行政主管部门要逐步建立、健全城市供热质量监管体系，加强对各类计量器具和供热质量的监管，维护供、用热双方的合法权益。

第二十九条 热力企业（单位）应当严格执行政府制定的供热价格，不得擅自提高热价或变相提高热价。

第三十条 用户应当按照规定的热价按时交纳供热费用。对无正当理由拒交供热费用的用户，供热企业可以按有关规定加收滞纳金。

第三十一条 热力企业（单位）的供热质量必须符合规定的供热质量标准。达不到规定供热质量标准的，热力企业（单位）应当按照供用热合同的约定对用户进行补偿或赔偿。

第三十二条 热力企业（单位）与用户之间应当签订供用热合同，约定双方的权利和义务。供用热合同格式与内容由建设部另行制定。

第三十三条　各级价格主管部门应当加强对本行政区域内供热价格执行情况的监督检查。鼓励群众举报热力企业（单位）的价格违法行为；群众举报属实的，价格主管部门应给予适当奖励。加强新闻舆论对供热价格执行情况的监督。

第三十四条　热力企业（单位）擅自提价或通过缩短供热采暖时间、降低供热采暖质量等手段变相提价的，由同级及以上价格主管部门依据《价格法》第三十九条、四十一条和《价格违法行为行政处罚规定》第六条、第七条进行查处。

第三十五条　热价定价机关违反本办法，不按规定的方法、程序和权限制定和调整热价的，由上级人民政府或其价格主管部门责令改正，并通报批评。

第三十六条　热价定价机关的工作人员在制定热价工作中有违法行为，构成犯罪的，依法追究刑事责任；尚不构成犯罪的，依法给予行政处分。

第五章　附　则

第三十七条　本办法由国家发展改革委会同建设部负责解释。

第三十八条　各省、自治区、直辖市价格主管部门、供热行政主管部门可以根据本办法制定实施细则。

A14　关于印发《城镇住宅供热计量技术指南》的通知

建科［2004］10 号

北京、天津、河北、山西、内蒙古、黑龙江、吉林、辽宁、山东、河南、陕西、甘肃、宁夏、新疆等省、自治区、直辖市建设厅（建委），北京市政管理委员会，新疆生产建设兵团建设局：

为配合我部等八部委颁布的《关于城镇供热体制改革试点工作的指导意见》（建城［2003］148 号）的实施，指导各地在居住建筑集中采暖设计中采取相应的技术措施，满足分户计量、室温可控的要求，我部组织专家编制了《城镇住宅计量供热技术指南》，现印发给你们，请参照实施。

附件：城镇住宅计量供热技术指南（略）

中华人民共和国建设部

二〇〇四年一月十六日

A15 新型墙体材料专项基金征收使用管理办法

第一章 总 则

第一条 为加强新型墙体材料专项基金征收使用管理，加快推广新型墙体材料，促进节约能源和保护耕地，根据《国务院办公厅关于进一步推进墙体材料革新和推广节能建筑的通知》（国办发［2005］33号）和有关政府性基金管理规定，制定本办法。

第二条 新型墙体材料专项基金属于政府性基金，全额纳入地方财政预算管理，实行专款专用，年终结余结转下年安排使用。

第三条 新型墙体材料专项基金征收使用管理政策由财政部会同国家发展改革委统一制定，由地方各级财政部门和新型墙体材料行政主管部门负责组织实施，由地方各级墙体材料革新办公室具体负责征收和使用管理。

第四条 新型墙体材料专项基金征收、使用和管理应当接受财政、审计和新型墙体材料行政主管部门的监督检查。

第二章 征 收

第五条 凡新建、扩建、改建建筑工程未使用《新型墙体材料目录》规定的新型墙体材料的建设单位（以下简称“建设单位”），应按照本办法规定缴纳新型墙体材料专项基金。《新型墙体材料目录》详见附件二。

第六条 未使用新型墙体材料的建筑工程，由建设单位在工程开工前，按照规划审批确定的建筑面积以及每平方米最高不超过10元的标准，预缴新型墙体材料专项基金。在主体工程竣工后30日内，凭招投标预算书确定的新型墙体材料用量以及购进新型墙体材料原始凭证等资料，经原预收新型墙体材料专项基金的墙体材料革新办公室和地方财政部门核实无误后，办理新型墙体材料专项基金清算手续，实行多退少补。新型墙体材料专项基金不得向施工单位重复收取，也不得在墙体材料销售环节征收，严禁在新型墙体材料专项基金外加收任何名目的保证金或押金。

新型墙体材料专项基金的具体征收标准，由各省、自治区、直辖市财政部门会同同级新型墙体材料行政主管部门依照本条规定并结合本地实际情况制定，报经同级人民政府批准执行。

第七条 财政部、国家发展改革委将根据技术进步和经济社会发展情况，适时调整《新型墙体材料目录》。

第八条 除国务院、财政部规定外，任何地方、部门和单位不得擅自改变新型墙体材料专项基金征收对象、扩大征收范围、提高征收标准或减、免、缓征新型墙体材料专项基金。

第九条 征收新型墙体材料专项基金，应使用省、自治区、直辖市财政部门统一印制的财政票据。

第十条 建设单位缴纳新型墙体材料专项基金，计入建安工程成本。

第十一条 新型墙体材料专项基金由地方墙体材料革新办公室负责征收，也可由地方墙体材料革新办公室委托其他单位代征。

第十二条 地方墙体材料革新办公室及其委托单位征收的新型墙体材料专项基金，应当按照省、自治区、直辖市财政部门的规定，全额缴入地方国库，纳入地方财政预算管理。地方各级财政部门负责监督同级新型墙体材料专项基金收缴和入库。

第十三条 新型墙体材料专项基金收入在“政府收支分类科目”列第103类“非税收入”01款“政府性基金收入”19项“新型墙体材料专项基金收入”。

第十四条 新型墙体材料专项基金代征手续费按实际代征额的2‰比例，由地方同级财政部门通过新型墙体材料专项基金支出预算安排和拨付。

第三章 使 用

第十五条 新型墙体材料专项基金必须专款专用，使用范围包括：

（一）新型墙体材料生产技术改造和设备更新的贴息和补助；

（二）新型墙体材料新产品、新工艺及应用技术的研发和推广；

（三）新型墙体材料示范项目和农村新型墙体材料示范房建设及试点工程的补贴；

（四）发展新型墙体材料的宣传、培训；

（五）代征手续费；

（六）经地方同级财政部门批准与发展新型墙体材料有关的其他开支。

第十六条 地方各级墙体材料革新办公室履行职能所必需的经费，由地方同级财政部门通过部门预算予以核拨，不得从新型墙体材料专项基金中列支。

第十七条 新型墙体材料专项基金收支预算编制、预决算管理和资金财务管理，按照同级财政部门的规定执行。

第十八条 新型墙体材料专项基金用于新型墙体材料基本建设工程或技术改造项目的，按照下列程序办理：

（一）由使用单位提出书面申请及项目可行性报告；

（二）由墙体材料革新办公室组织专家对项目可行性报告进行审查；

（三）基本建设、技术改造和科研开发项目，应按国家规定的审批程序和管理权限办理；

（四）经墙体材料革新办公室审核后，报同级财政部门审批，纳入新型墙体材料专项基金年度预算；

（五）财政部门根据新型墙体材料专项基金年度预算拨付项目资金。

第十九条 新型墙体材料专项基金支出在“政府收支分类科目”列第 215 类“工业商业金融等事务”03 款“建筑业”04 项“新型墙体材料专项基金支出”。

第二十条 地方各级墙体材料革新办公室应将新型墙体材料专项基金年度收支情况报同级新型墙体材料行政主管部门和上级墙体材料革新办公室。

各省、自治区、直辖市新型墙体材料行政主管部门应于每年第一季度结束前，将本地区上一年度新型墙体材料专项基金收支情况报财政部、国家发展改革委。

第四章 法律责任

第二十一条 建设单位不及时足额缴纳新型墙体材料专项基金的，由地方墙体材料革新办公室及其委托单位督促补缴应缴的新型墙体材料专项基金，并自滞纳之日起，按日加收应缴未缴新型墙体材料专项基金万分之五的滞纳金。

第二十二条 建设单位虚报建筑面积以及新型墙体材料购进数量的，由地方墙体材料革新办公室及其委托单位责令改正，并限期补缴应缴的新型墙体材料专项基金。

第二十三条 墙体材料革新办公室及其委托单位不按本办法规定征收新型墙体材料专项基金，不按规定使用省、自治区、直辖市财政部门统一印制的财政票据，或者截留、挤占、挪用新型墙体材料专项基金的，由地方同级财政部门责令改正，并按照《财政违法行为处罚处分条例》（国务院令第 427 号）等有关法律、法规的规定进行处罚。对直接负责的主管人员和其他直接责任人员依照《违反行政事业性收费和罚没收入收支两条线管理规定行政处分暂行规定》（国务院令第 281 号）以及国家其他有关法律法规的规定，给予行政处分或处罚；构成犯罪的，依法追究其刑事责任。

第五章 附则

第二十四条 各省、自治区、直辖市财政部门会同同级新型墙体材料行政主管部门根据本办法制定实施细则，经同级人民政府批准后报财政部、国家发展改革委备案。

第二十五条 本办法由财政部会同国家发展改革委负责解释。

第二十六条 本办法自 2008 年 1 月 1 日起执行，《财政部国家经贸委关于发布〈新型墙体材料专项基金征收和使用管理办法〉的通知》（财综［2002］55 号）同时废止。其他有关规定与本办法不一致，以本办法规定为准。

附件：

新型墙体材料目录

一、砖类

（一）非黏土烧结多孔砖（符合 GB 13544—2000 技术要求）和非黏土烧结空心砖（符合 GB 13545—2003 技术要求）。

（二）混凝土多孔砖（符合 JC 943—2004 技术要求）。

（三）蒸压粉煤灰砖（符合 JC 239—2001 技术要求）和蒸压灰砂空心砖（符合 JC/T 637—1996 技术要求）。

（四）烧结多孔砖（仅限西部地区，符合 GB 13544—2000 技术要求）和烧结空心砖（仅限西部地区，符合 GB 13545—2003 技术要求）。

二、砌块类

（一）普通混凝土小型空心砌块（符合 GB 8239—1997 技术要求）。

（二）轻集料混凝土小型空心砌块（符合 GB 15229—2002 技术要求）。

（三）烧结空心砌块（以煤矸石、江河湖淤泥、建筑垃圾、页岩为原料，符合 GB 13545—2003 技术要求）。

（四）蒸压加气混凝土砌块（符合 GB/T 11968—2006 技术要求）。

（五）石膏砌块（符合 JC/T 698—1998 技术要求）。

（六）粉煤灰小型空心砌块（符合 JC 862—2000 技术要求）。

三、板材类

（一）蒸压加气混凝土板（符合 GB 15762—1995 技术要求）。

（二）建筑隔墙用轻质条板（符合 JG/T 169—2005 技术要求）。

（三）钢丝网架聚苯乙烯夹芯板（符合 JC 623—1996 技术要求）。

（四）石膏空心条板（符合 JC/T 829—1998 技术要求）。

（五）玻璃纤维增强水泥轻质多孔隔墙条板（简称 GRC 板，符合 GB/T 19631—2005 技术要求）。

（六）金属面夹芯板。其中：金属面聚苯乙烯夹芯板（符合 JC 689—1998 技术要求）；金属面硬质聚氨酯夹芯板（符合 JC/T 868—2000 技术要求）；金属面岩棉、矿渣棉夹芯板（符合 JC/T 869—2000 技术要求）。

（七）建筑平板。其中：纸面石膏板（符合 GB/T 9775—1999 技术要求）；纤维增强硅酸钙板（符合 JC/T 564—2000 技术要求）；纤维增强低碱度水泥建筑平板（符合 JC/T 626—1996 技术要求）；维纶纤维增强水泥平板（符合 JC/T 671—1997 技术要求）；建筑用石棉水泥平板（符合 JC/T 1996 技术要求）。

四、原料中掺有不少于30%的工业废渣、农作物秸秆、建筑垃圾、江河（湖、海）淤泥的墙体材料产品（烧结实心砖除外）。

五、符合国家标准、行业标准和地方标准的混凝土砖、烧结保温砖（砌块）、中空钢网内模隔墙、复合保温砖（砌块）、预制复合墙板（体），聚氨酯硬泡复合板及以专用聚氨酯为材料的建筑墙体等。

A16 可再生能源建筑应用示范项目资金管理办法

（财建［2006］460号）

第一条 为促进可再生能源在建筑领域中的应用，提高建筑能效，保护生态环境，节约化石类能源消耗，制定本办法。

第二条 本办法所称“可再生能源建筑应用”是指利用太阳能、浅层地能、污水余热、风能、生物质能等对建筑进行采暖制冷、热水供应、供电照明和炊事用能等。

本办法所称“可再生能源建筑应用专项资金”（以下简称专项资金）是指中央财政安排的专项用于支持可再生能源建筑应用的资金。

第三条 专项资金使用原则：政府公共财政引导，企业投资为主体；有利于促进可再生能源与建筑一体化及相关产业的发展；有利于可再生能源建筑应用的推广机制形成；有利于促进建筑能效的提高；有利于进一步增强全民的节能意识。

第四条 专项资金支持的重点领域：

（一）与建筑一体化的太阳能供应生活热水、供热制冷、光电转换、照明；

（二）利用土壤源热泵和浅层地下水源热泵技术供热制冷；

（三）地表水丰富地区利用淡水源热泵技术供热制冷；

（四）沿海地区利用海水源热泵技术供热制冷；

（五）利用污水源热泵技术供热制冷；

（六）其他经批准的支持领域。

第五条 专项资金使用范围：

（一）示范项目的补助；

（二）示范项目综合能效检测、标识，技术规范标准的验证及完善等；

（三）可再生能源建筑应用共性关键技术的集成及示范推广；

（四）示范项目专家咨询、评审、监督管理等支出；

（五）财政部批准的与可再生能源建筑应用相关的其他支出。

第六条 各地财政部门会同同级建设部门，按照财政部、建设部发布的年度可再生能源建筑应用专项资金申报要求，按照公开、公平、公正的原则组织项目申报，并逐级联合上报至财政部和建设部。

第七条 建设部对各地申报的材料进行登记、造册，建立项目库，统一管理。

第八条 申报示范项目必须符合以下条件：

（一）项目所在地区具备较好的可再生能源资源利用条件；

（二）项目所在城市已制定“十一五”可再生能源建筑应用计划和实施方案；

（三）申报示范工程项目所在城市提供相应的政策及财政支持，其中北方地区优先考虑已经开展供热体制改革的城市所申报的示范项目；

（四）申报示范项目单位应具有独立法人资格（主要包括开发商、业主等）；

（五）示范项目应完成有关立项审批手续，建设资金已落实；

（六）申报项目单位和依托的技术支持单位具有承担项目必要的实力及良好的资信；

（七）申报示范项目应编制《可再生能源建筑应用示范项目实施方案报告》（以下简称《实施方案》）和填报《可再生能源建筑应用示范项目申请报告》，其中《实施方案》应由具有资格的机构完成，其主要内容包括：

1. 工程概况；
2. 可再生能源建筑应用专项技术方案研究；
3. 技术经济可行性分析及详实的增量成本计算书；
4. 经济效益、社会效益分析；
5. 项目示范推广性分析；
6. 其他节约资源措施及后评估保障措施；
7. 工程立项审批文件的复印件。

第九条 示范项目审批

（一）财政部、建设部制定《可再生能源建筑应用示范项目评审办法》。

（二）财政部、建设部根据年度专项资金预算，从项目库中选取一定比例的项目，组织专家评审示范项目，对确定的示范项目的申请资金进行核准，经财政部、建设部确定后在网站上进行公示，公示期十日。公示期间对示范项目署名提出异议的，经调查情况属实，取消示范项目资格。

第十条 财政部和建设部根据推进可再生能源建筑应用的需要，对可再生能源建筑应用共性关键技术集成及示范推广，能效检测、标识，技术规范标准验证及完善等项目，组织相关单位编写项目建议书，通过专家评审确定项目和项目承担单位。

项目建议书内容主要包括建议项目名称，主要研究目标、内容和方法、主要产出、考核评价指标、完成时间、经费需求等。

第十一条 建设部相关机构承担可再生能源建筑应用项目的日常监督管理工作。项目执行单位应在项目进行中，根据项目进度，分阶段逐级上报项目进展情况。项目进展报告应包括项目实施情况和项目资金使用情况。

第十二条 评估验收

示范项目完成后，城市的建设行政主管部门会同财政部门委托国家可再生能源建筑应用检测机构对示范工程项目进行检测，同时根据检测报告和其他相关资料组织专家进行验收评估。检测结果和验收评估报告应逐级上报建设部、财政部。

可再生能源建筑应用共性关键技术集成及示范推广，能效检测、标识，技术规范标准验证及完善等项目完成后，建设部、财政部组织专家根据项目考核评价指标进行验收评估。

第十三条 专项资金以无偿补助形式给予支持。

（一）财政部、建设部根据增量成本、技术先进程度、市场价格波动等因素，确定每年的不同示范技术类型的单位建筑面积补贴额度。

（二）利用两种以上可再生能源技术的项目，补贴标准按照项目具体情况审核确定。

（三）财政部、建设部综合考虑不同气候区域及技术应用水平差别等，在补贴额度中给予上下10%的浮动。

（四）对可再生能源建筑应用共性关键技术集成及示范推广，能效检测、标识，技术规范标准验证及完善等项目，根据经批准的项目经费金额给予全额补助。

（五）其他财政部批准的与可再生能源建筑应用相关的项目补贴方式依照相关规定执行。

第十四条 专项资金拨付

（一）财政部根据批准的示范项目，将项目补贴总额预算的50%下达到地方财政部门。当地建设主管部门对可再生能源建筑应用示范项目的施工图设计进行专项审查，达到《实施方案》要求的，出具审核同意意见，地方财政部门根据地方建设主管部门出具的审核意见，将补贴拨付给项目承担单位；达不到《实施方案》要求的，责令示范项目申请单位重新修改施工图设计后，另行组织审查。

（二）示范项目完成后，财政部根据示范项目验收评估报告，达到示范效果的，通过地方财政部门将项目剩余补贴拨付给项目承担单位。

（三）专项资金实行国库集中支付改革后，资金拨付按照国库集中支付制度有关规定执行。

第十五条 建设部负责编制年度可再生能源建筑应用项目评审、监管及检测费用预算，经财政部核批后，按照预算资金管理的有关要求管理和使用。

第十六条 财政部和建设部对专项资金的使用情况进行监督检查。

第十七条 专项资金应专款专用，任何单位或个人不得截留、挪用。有下列情形之一的，财政部门可以暂缓或停止拨付资金，并依法进行处理：

（一）提供虚假情况，骗取专项资金的；

（二）转移、侵占或挪用专项资金的；

（三）未按要求完成项目进度或未按规定建设实施的；

（四）未通过检测、验收评估的；

（五）不符合国家其他相关规定的。

第十八条 地方财政、建设部门可根据本办法制定实施细则。

第十九条 本办法由财政部、建设部负责解释。

第二十条 本办法自印发之日起施行。

A17 关于印发《国家机关办公建筑和大型公共建筑节能专项资金管理暂行办法》的通知

财建［2007］558号

各省、自治区、直辖市、计划单列市财政厅（局），财政部驻各省、自治区、直辖市、计划单列市财政监察专员办事处，新疆生产建设兵团财务局：

为贯彻落实《国务院关于印发节能减排综合性工作方案的通知》（国发［2007］15号）精神，切实推进国家机关办公建筑和大型公共建筑节能工作，我们制定了《国家机关办公建筑和大型公共建筑节能专项资金管理暂行办法》。现予印发，请遵照执行。

附件：国家机关办公建筑和大型公共建筑节能专项资金管理暂行办法

中华人民共和国财政部

二〇〇七年十月二十四日

附件：

国家机关办公建筑和大型公共建筑节能专项资金管理暂行办法

第一条 为切实推进国家机关办公建筑和大型公共建筑节能管理工作，提高建筑能效，根据《国务院关于印发节能减排综合性工作方案的通知》（国发

[2007] 15 号)，特制定本办法。

第二条　本办法所称“国家机关办公建筑”是指国家各级党委、政府、人大、政协、法院、检察院等机关的办公建筑；“大型公共建筑”是指除国家机关办公建筑之外的单体建筑面积 2 万平方米以上的公共建筑。

本办法所称“国家机关办公建筑和大型公共建筑节能专项资金”（以下简称专项资金）是指中央财政安排的专项用于支持国家机关办公建筑和大型公共建筑节能的资金。

第三条　专项资金使用范围：

（一）建立建筑节能监管体系支出，包括搭建建筑能耗监测平台、进行建筑能耗统计、建筑能源审计和建筑能效公示等补助支出，其中，搭建建筑能耗监测平台补助支出，包括安装分项计量装置、数据联网等补助支出；

（二）建筑节能改造贴息支出；

（三）财政部批准的国家机关办公建筑和大型公共建筑节能相关的其他支出。

第四条　建筑节能监管体系补助的申请与审核

根据财政部、建设部的统一部署，建立建筑节能监管体系。中央财政对建立能耗监测平台给予一次性定额补助；在起步阶段，中央财政对建筑能耗统计、建筑能源审计、建筑能效公示等工作，予以适当经费补助。地方财政应对当地建立建筑节能监管体系予以适当支持。

（一）建筑节能监管体系补助的申请。申请地方建筑节能监管体系补助资金，各地财政部门会同建设部门编制资金申请报告，并参照《国家机关办公建筑和大型公共建筑节能监管体系建设工作方案编写提纲》（详见附 1 ）编写工作方案，填写《国家机关办公建筑和大型公共建筑节能监管体系资金申请表》（详见附 2)，按照有关通知要求向财政部报送上述资金申请材料。中央建筑节能监管体系补助资金，由建设部会同国务院机关事务管理局等单位向财政部申请。

（二）建筑节能监管体系补助的审核。财政部会同建设部对各地资金申请进行审核。中央建筑节能监管体系补助资金由财政部负责审核。根据需要安装的分项计量装置数量等，核定监测平台建设补助金额；根据建筑能耗统计、建筑能源审计、建筑能效公示的工作任务，核定相应经费补助金额。

第五条　建筑节能改造贴息资金的申请与审核

在建立起有效的建筑节能监管体系、节能量可以计量基础上，中央财政对采用合同能源管理形式对国家机关办公建筑和大型公共建筑实施的节能改造，予以贷款贴息补助。地方建筑节能改造项目贷款，中央财政贴息 50%；中央建筑节能改造项目贷款，中央财政全额贴息。建筑节能改造项目，必须在建筑节能监管范围之内；建筑节能改造贷款必须是用于建筑节能改造直接支出而发生的贷款。

（一）建筑节能改造贴息资金的申请。地方建筑节能改造项目，由项目单位凭借贷款银行开具的利息支付清单向地方财政部门申请贴息资金。省级财政部门会同建设部门负责对项目单位提交的贷款合同复印件等贴息材料审核并进行汇总，在当年9月底前报财政部驻当地财政监察专员办事处签署审核意见后，于当年10月底前上报财政部审批。

建设部会同国务院机关事务管理局等单位向财政部申请中央节能项目改造贴息资金，在当年9月底前报财政部驻北京专员办事处签署相关贷款材料的审核意见后，于当年10月底前上报财政部审批。

（二）建筑节能改造贴息资金的审核。财政部会同建设部对各地上报的贴息资金申请报告进行审核，确定予以财政贴息的建筑节能改造项目。中央建筑节能改造项目贴息由财政部负责审核确认。财政部按建筑节能改造项目实际贷款金额、同期银行贷款利率、贴息期限与负担比例，核定中央财政具体贴息补助金额。项目实际贷款期少于3年（含3年），按项目实际贷款期计算财政贴息；项目实际贷款期超过3年的，按3年计算财政贴息。

第六条 专项资金的管理与监督

专项资金的支付管理按照财政国库管理制度有关规定执行。分项计量装置、监测平台设备及其他设备的购置，要按政府采购相关规定执行。

各级财政、建设部门要切实加强专项资金的管理和监督。确保专项资金专款专用，任何单位或个人不得截留、挪用。财政部、建设部将对建筑节能监管体系、建筑节能改造的实际效果予以考核，实际考核的节能量将作为核定各地补助资金的重要依据。财政部驻各地财政监察专员办事处根据本办法规定的贴息范围、贴息期限等条件，做好对项目单位报送的建筑节能改造贷款贴息材料真实性的审核。对弄虚作假，冒领补贴或者截留、挪用、滞留专项资金的，一经查实，收回专项资金，并按《财政违法行为处罚处分条例》（国务院令427号）进行处理。

第七条 本办法由财政部负责解释。

第八条 本办法自印发之日起施行。

附1：

国家机关办公建筑和大型公共建筑节能监管体系建设工作方案编写提纲

为了规范、指导国家机关办公建筑和大型公共建筑节能监管体系建设工作方案的编写，特制定本提纲。工作方案应包括以下内容：

一、建筑概况及基本信息

包括各类国家机关办公建筑和大型公共建筑的总建筑面积和总栋数、全年总能耗量、全年单位建筑面积能耗量。

二、节能监管体系建设方案

1. 能耗监测平台的建设

（1）人员组织及培训计划

（2）监测对象范围和数量

（3）分项计量装置及远程传输装置安装计划

（4）数据存储和分析系统建设计划

2. 能耗统计的工作方案

包括能耗统计机构、统计方式、工作计划等。

3. 能源审计的工作方案

（1）审计对象的确定：包括审计对象确定原则，审计总栋数，各审计对象的建筑名称、类别，单位建筑面积能耗等。

（2）审计内容：包括审计对象建筑基本信息，用能管理制度，空调、采暖、通风系统概况，能耗信息等。

4. 能效公示的工作方案

（1）公示对象范围

（2）公示内容

（3）公示方式

（4）公示时间

三、技术支撑单位

包括技术支撑单位名称、人员组成情况等。

（1）数据采集中心技术支撑单位

（2）能源审计技术支撑单位

四、监管体系建设资金预算计划

包括监管体系建设预算总额及分项预算，资金预算的计算方法，及地方财政准备补助的资金额度。

五、节能目标及技术经济分析

1. 节能预测分析

2. 经济效益分析

3. 环境影响分析

附2：

国家机关办公建筑和大型公共建筑节能监管体系资金申请表

单位：面积 万平方米，资金 万元

工 作 内 容	工作量		资金测算
	栋数	面积	
一、监测平台	—	—	
1. 热计量装置			
2. 用电分项计量装置			
3. 远程传输装置			
4. 数据存储和分析系统			
二、能源统计			
1. 单一业主建筑			
2. 多业主建筑			
三、能源审计			
1. 高耗能建筑			
2. 标杆建筑			
四、能效公示	—	—	

A18　关于加强国家机关办公建筑和大型公共建筑节能管理工作的实施意见

建科［2007］245号

各省、自治区、直辖市、计划单列市建设、财政厅（委、局），新疆生产建设兵团建设、财务局：

随着我国经济的发展，国家机关办公建筑和大型公共建筑高耗能的问题日益突出。据统计，国家机关办公建筑和大型公共建筑年耗电量约占全国城镇总耗电量的22%，每平方米年耗电量是普通居民住宅的10～20倍，是欧洲、日本等发达国家同类建筑的1.5～2倍，做好国家机关办公建筑和大型公共建筑的节能管理工作，对实现“十一五”建筑节能规划目标具有重要意义。为贯彻落实《国务院关于印发节能减排综合性工作方案的通知》（国发［2007］15号）、《关于加强大型公共建筑工程建设管理的若干意见》（建质［2007］1号）文件精神，全面推进国家机关办公建筑和大型公共建筑节能管理工作，特提出以下意见：

一、指导思想和工作目标

（一）指导思想。以“三个代表”重要思想为指导，全面落实科学发展观，以提高国家机关办公建筑和大型公共建筑能源利用效率为目标，新建建筑要坚持遵循适用、经济，在可能条件下注意美观的原则，在建设的全过程中注重资源节约和保护环境，严格执行建筑节能强制性标准；既有建筑要加强用能管理，以制度建设为重点，运用经济、法律和行政管理手段，完善节能管理体系，培育和规范建筑节能服务体系，形成政府监管、市场引导的推进模式，建立促进节能的长效机制，稳步推进。

（二）工作目标。“十一五”期间，建立健全国家机关办公建筑和大型公共建筑节能监管体系，进一步强化监督管理，确保新建建筑全面执行建筑节能强制性标准，建立和完善能效测评、用能标准、能耗统计、能源审计、能效公示、用能定额、节能服务等各项制度，促进既有高耗能国家机关办公建筑和大型公共建筑节能运行和改造。争取“十一五”期末，国家机关办公建筑和大型公共建筑总能耗下降20%，节约1100万～1500万吨标准煤。

今明两年工作重点是在国家机关办公建筑和大型公共建筑比较集中的省市，建立国家机关办公建筑和大型公共建筑节能监管体系，开展能耗统计、能源审计、能效公示等工作。在此基础上，研究制定用能标准、能耗定额和超定额加价、节能服务等制度，并逐步在全国范围内推开。

二、严格执行节能标准，抓好新建建筑节能

（三）进一步明确建筑方针。国家机关办公建筑和大型公共建筑的建设活动，要坚持科学发展观，立足国情，既要保证质量安全，又要强调使用功能与经济实用，特别是要考虑运营过程中消耗能源资源的成本，既要考虑建筑外观效果，又要强调建筑结构、设备的节能及环保要求，要考虑当地经济发展水平和实际需要，杜绝盲目攀比，浪费投资的现象。

（四）强化执行节能标准的全过程监管。在国家机关办公建筑和大型公共建筑建设的全过程严格执行建筑节能标准，在规划立项阶段，把能耗标准作为建设国家机关办公建筑和大型公共建筑项目核准和备案的强制性门槛。施工图设计文件审查不合格的不得颁发施工许可证。项目建成后，必须进行建筑能效专项测评，达不到节能强制性标准的，有关部门不得办理竣工验收备案手续。

（五）落实项目建设各方主体责任。建设单位要按照相应的建筑节能要求委托工程项目的建筑设计。竣工验收应包括查验建筑节能强制性标准执行情况。设计单位要严格按照有关节能、节地、节水、节材和环保标准进行设计。施工图设计文件审查机构要在审查报告中单列建筑节能专项审查内容，审查不合格的，不得通过施工图审查。施工、监理单位要严格落实设计文件中的各项节能措施，确保质量。

三、加强节能运行与改造，提高既有建筑能源利用效率

（六）开展建立节能监管体系相关工作。今明两年，国家支持在国家机关办公建筑和大型公共建筑比较集中的省市开展节能监管体系建设相关工作，工作内容主要包括对国家机关办公建筑和大型公共建筑的建筑面积、使用功能、结构形式、年度能耗总量等基本信息的调查统计，对重点用能单位的能源审计，对能耗统计或能源审计结果的公示，对重点城市中重点建筑进行建立能耗检测平台试点等。各地要按照《国家机关办公建筑和大型公共建筑节能监管体系建设实施方案》（附件），认真组织实施。

（七）提高运行节能管理水平。国家机关办公建筑和大型公共建筑所有权人、业主或其委托的物业管理单位要设立专门的能源管理岗位，聘任具有节能专业知识的人员，负责本单位的能源管理工作，通过规范用能行为、优化系统运行、安设调节装置、完善运行管理制度等措施，切实降低运行能耗。各地建设、财政主管部门要会同有关部门定期监督检查运行节能管理工作情况，并监测节能效果。

（八）开展节能改造。国家机关办公建筑和大型公共建筑所有权人或使用人可以委托专业的能源服务机构对节能改造的必要性、可行性以及投入收益比等进行科学论证，并采取合同能源管理等方式组织实施。在改造时应同步考虑采用可再生能源。各地建设主管部门要在其改造过程中进行监督与管理，给予必要的指导和协助。国家机关办公建筑、政府投资和以政府投资为主的大型公共建筑的节能改造，应当制定节能改造方案，经充分论证，并按照国家有关规定办理相关审批手续后，方可进行。凡违反国家有关规定和标准，以节能改造的名义对既有建筑进行扩建、改建的，当地建设部门不得办理相关审批手续。

（九）加强制度建设。国家将制定国家机关办公建筑和大型公共建筑能耗统计、能源审计、能效公示管理办法和《建筑能耗数据采集标准》、《国家机关办公建筑和大型公共建筑能源审计导则》等，各地应结合本地实际，抓紧研究制定相应实施细则，并抓好落实。在示范省市取得经验的基础上，根据国家机关办公建筑和大型公共建筑的能耗监测情况及能源审计结果，研究制定重点用能单位的用能标准与用能定额，逐步建立超定额加价制度。

（十）认真做好宣传工作。各级建设主管部门要充分发挥舆论的导向与监督作用，大力宣传开展国家机关办公建筑和大型公共建筑节能管理工作的重要意义，对示范省市的管理模式、技术应用、制度建设等成功经验要积极宣传，扩大影响，努力营造有利于促进建筑节能的社会氛围。

四、完善各项配套措施，保障节能管理工作的落实

（十一）完善经济激励政策。按照国务院《节能减排综合性工作方案》要求，各级人民政府在财政预算中安排一定资金，支持重点节能工程、节能新机制的推广、节能管理能力建设等。中央财政将设立专项资金，支持建立国家机关办公建筑和大型公共建筑节能管理节能监管体系，推进节能运行与节能改造。地方财政也应切实加强对国家机关办公建筑和大型公共建筑节能的支持。

（十二）加强技术产品保障。各级建设主管部门要积极支持国家机关办公建筑和大型公共建筑节能的新技术、新产品的开发、集成和推广应用示范，组织引进、消化、吸收国外先进技术，优先支持科技含量高、经济性好、节能效果显著、拥有自主知识产权的设备产品及技术的研究开发。加快淘汰落后的技术、产品。

（十三）健全组织领导体系。各地建设主管部门要尽快制订本辖区内的国家机关办公建筑和大型公共建筑节能管理专项规划，编制工作实施方案。要采取切实可行的措施，形成协调配合、运行顺畅的工作机制，统一部署落实相关部门和单位的责任和分工。

（十四）强化考核评价管理。各地要建立国家机关办公建筑和大型公共建筑节能的奖惩考核机制，要把节能量纳入本地单位 GDP 能耗降低的考核目标体系，将节能管理目标及任务分解落实到各级管理机构及人员工作的绩效考核内容。各地工作进展情况将作为全国建筑节能专项检查专项考核评价的重要内容。

附件：国家机关办公建筑和大型公共建筑节能监管体系建设实施方案

中华人民共和国建设部

中华人民共和国财政部

二〇〇七年十月二十三日

附件：

国家机关办公建筑和大型公共建筑节能监管体系建设实施方案

根据《国务院关于印发节能减排综合性工作方案的通知》（国发［2007］15号），为建立国家机关办公建筑和大型公共建筑运行节能监管体系，提出以下实施方案：

一、工作目标

逐步建立起全国联网的国家机关办公建筑和大型公共建筑能耗监测平台，对全国重点城市重点建筑能耗进行实时监测，并通过能耗统计、能源审计、能效公示、用能定额和超定额加价等制度，促使国家机关办公建筑和大型公共建筑提高节能运行管理水平，培育建筑节能服务市场，为高能耗建筑的进一步节能改造准备条件。

二、主要工作内容

1. 能耗监测。对高耗能重点建筑安装分项计量装置，通过远程传输等手段及时采集分析能耗数据，实现对重点城市、重点建筑能耗的实时动态监测；对能耗统计、能源审计等基本信息实现全国联网，进行汇总分析。

2. 能耗统计。对国家机关办公建筑和大型公共建筑的基本情况、能源消耗（电、水、燃气、热量）分季度、年度的调查统计与分析。

3. 能源审计。根据能耗统计结果，选取各类型建筑中的部分高能耗建筑，或部分具有标杆作用的低能耗建筑进行能源审计。

4. 能效公示。在政府或其指定的官方网站以及本地主流媒体对能耗统计结果和能源审计结果进行公示。

5. 制度建设。制定本辖区能效公示办法；制定本辖区能耗调查与能源审计管理办法；建立和完善节能运行管理制度及操作规程；研究能耗定额标准与用能系统运行标准，逐步建立超定额加价制度；研究探索市场化推进大型公共建筑节能的机制。

三、中央财政支持的组织实施

中央财政设立专项资金，支持建立国家机关办公建筑和大型公建节能监管体系。地方财政也应积极支持节能监管体系的建立与运营。

（一）根据各地工作进展，2007 年，北京、天津、深圳三个城市率先建立动态监测平台，中央财政给予适当支持；2007 年支持示范省市开展能耗统计、能源审计、能效公示工作。

（二）从 2008 年开始，中央财政支持北京、天津和深圳三个城市完善动态能耗监测平台，并根据能耗监测平台运行情况、各地工作进展，支持其他具备条件的城市建立能耗监测平台；在起步阶段，继续支持示范省市开展能耗统计、能源审计、能效公示工作，并逐步建立起用能定额和超定额加价制度。

（三）中央财政资金的申请、审核、拨付、使用等按照《国家机关办公建筑和大型公共建筑节能专项资金管理暂行办法》的规定执行。2007 年中央财政资金申请截止日期为 2007 年 11 月 10 日。

四、工作计划安排

2007 年开始在大型公共建筑较为集中且具备一定工作基础的省市开展国家机关办公建筑与大型公共建筑节能监管体系建设示范。2007 年示范范围包括：各直辖市、计划单列市；河北、辽宁、江苏、浙江、福建、山东、河南、湖北、湖南、广东、广西、海南、四川、贵州、陕西15个省（自治区）本级及其省会城市。在经过示范取得经验后，2008年开始扩大示范范围，在全国逐步推开。

（一）建立能耗监测平台

1. 2007年底，北京、天津和深圳三个城市要完成至少20%国家机关办公建筑和大型公共建筑的用电分项计量装置安装，并实现实时动态监测。

2. 2008年采暖期开始前，北方采暖地区示范省市需完成改造区域内锅炉房、换热站的热计量装置安装。年底前，北京、天津、深圳三个城市要完成重点建筑的用电分项计量装置安装，其他省市根据试点情况，逐步推广。到2010年年底完成大多数重点建筑的用电分项计量装置安装，搭建起全国联网的城市国家机关办公建筑和大型公共建筑能耗监测平台。

（二）能耗统计

示范省市应根据《建筑能耗统计报表制度》（建科函［2007］271号）、《建筑能耗数据采集标准》要求进行能耗统计，并确定重点用能建筑。

1. 2007年11月底前完成能耗基本信息普查。

2. 2008年开始根据能源分类计量和用电分项计量实施情况，按季进行能耗统计。

（三）能源审计

示范省市应按照《国家机关办公建筑和大型公共建筑能源审计导则》（另发）规定方法进行能源审计。

1. 2007年11月底前审计不少于当年能效公示要求的各类建筑栋数。

2. 2008年开始每年在各类型建筑单位面积能耗排名前50%的建筑中选取审计对象进行审计，对能效高的典型建筑按类型各选取不少于3栋作为标竿建筑进行审计。

（四）能效公示

1. 于2007年12月底之前实现建筑基本能耗信息和审计结果的公示：(1) 国家机关办公建筑。示范省、自治区、直辖市应完成20个省直国家机关办公建筑的能效公示；示范计划单列市、省会城市应完成10个市直国家机关办公建筑的能效公示；(2) 商业性大型公共建筑。四个直辖市和深圳市应完成至少20个商业性大型公共建筑（宾馆、商场、写字楼）的能效公示；示范的省会城市、其他计划单列市应完成至少10个商业性大型公共建筑的能效公示；(3) 高等院校。除海南省之外的示范省、自治区、直辖市完成不少于5所高校的能效公示。

2. 2008年开始逐步增加分项能耗指标、综合能效排名、合理参考能耗水平等公示内容，每年对各类型建筑单位面积能耗排名前20%的建筑进行公示，对能效高的建筑按类型各选取 3 个作为标竿建筑进行公示。

（五）制度建设工作安排

1. 各示范省、自治区、自辖市和计划单列市应于 2007 年 11 月底前制定本辖区的能效公示管理办法。

2. 示范省市应于 2008 年 12 月底之前完成《建筑能耗数据采集标准》、《国家机关办公建筑和大型公共建筑能源审计导则》在本辖区的实施细则，本辖区能耗调查与审计管理办法；同步推进节能运行管理制度及操作规程的建立，能耗定额标准与用能系统运行标准的研究，超定额加价制度的建立。

五、工作目标考核

（一）国家考核。国家机关办公建筑和大型公共建筑运行节能管理工作的落实情况纳入全国建筑节能专项检查的考核范围，建设部、财政部将对工作完成情况进行考核。

（二）地方考核。各地应建立国家机关办公建筑和大型公共建筑节能量考核机制，并纳入本地单位 GDP 能耗下降的考核目标体系。

六、实施机构及保障措施

（一）财政部负责组织实施对节能监管体系建设的财政支持。建设部负责节能监管体系的建设、运营及管理，确保节能监管体系建设取得实效。各省（市）直属机关、事业单位、省（市）属大专院校节能监管体系建设由省级建设主管部门分别会同省级政府机关事务管理机构、省级教育主管部门组织实施；各市辖区范围内大型公共建筑节能监管体系建设由市级建设主管部门组织实施。

（二）建立节能监管体系，要争取当地政府的支持，建立相应的协调机制，把国家机关办公建筑和大型公共建筑制度的建立与地方各行业部门的单位 GDP 能耗下降分解指标任务结合，统一部署落实各部门责任。

（三）各示范省市应充分发挥现有建筑节能管理、工程质量监管等机构的作用，负责国家机关办公建筑和大型公共建筑节能监管体系建设和运行的具体管理工作。

（四）建立节能监管体系，要充分依托具有较强科研实力、设置相关专业的大专院校及相关实践经验丰富的建筑科研机构、技术服务机构等，整合各方面力量，共同做好能耗监测平台建设、能耗统计、能源审计等相关技术支撑工作。

（五）全国国家机关办公建筑和大型公共建筑能耗监测平台设在建设部信息中心，负责各地能耗监测平台能耗数据信息的统一管理工作。各省市应充分发挥现有的建设信息机构的作用，负责能耗建设平台的具体管理工作。

中央国家机关办公建筑及教育部直属大专院校节能监管体系建设及实施方案另行制定。

附表：

工作时间安排表

各项内容的实施	完成时间	工 作 内 容
能耗监测	2007年底	北京、天津和深圳市三个城市要完成至少20%国家机关办公建筑和大型公共建筑的用电分项计量装置安装，并实现实时动态监测
	2008年采暖期开始前	完成改造区域内锅炉房、换热站热计量装置安装
	2008年底前	完成国家机关办公建筑和大型公共建筑能耗数据库建设；北京、天津和深圳市三个城市要完成重点建筑的用电分项计量装置安装，其他省市根据试点情况，依据当地实际情况，逐步推广
	2010年底	完成大多数重点建筑的用电分项计量装置安装，搭建起全国联网的城市国家机关办公建筑和大型公共建筑能耗监测平台，实现对全国大多数重点建筑实现动态能耗监测
能耗统计	2007年11月底前	完成基本信息调查
	2008年开始	每年根据能源分类计量和用电分项计量实施情况，按季、年对能源分类计量和用电分项计量数据进行采集统计
能耗审计	2007年11月底前	审计不少于能效公示要求的各类别建筑项目数
	2008年开始	每年对各类型建筑单位面积能耗排名前50%的建筑进行审计，对能效高的建筑按类型各选取不少于3栋作为标竿建筑进行审计
能效公示	2007年12月底前	（1）国家机关办公建筑。示范省、自治区、直辖市应完成20个省直国家机关办公建筑的能效公示；示范计划单列市、省会城市应完成10个市直国家机关办公建筑的能效公示；（2）商业性大型公共建筑。四个直辖市和深圳市应完成至少20个商业性大型公共建筑（宾馆、商场、写字楼）的能效公示；示范的省会城市、其他计划单列市应完成至少10个商业性大型公共建筑的能效公示；（3）高等院校。除海南省之外的示范省、自治区、直辖市完成不少于5所高校的能效公示
	2008年开始	增加分项能耗指标、综合能效排名的公示，每年对各类型建筑单位面积能耗排名前20%的建筑进行公示，对能效高的建筑按类型各选取3个作为标竿建筑进行公示

A19　财政部关于印发《北方采暖区既有居住建筑供热计量及节能改造奖励资金管理暂行办法》的通知

财建［2007］957号

有关省、自治区、直辖市、计划单列市财政厅（局），新疆生产建设兵团财务局：

为贯彻落实《国务院关于印发节能减排综合性工作方案的通知》（国发［2007］15号）精神，切实推进北方采暖区既有居住建筑供热计量和节能改造工作，我们制定了《北方采暖区既有居住建筑供热计量及节能改造奖励资金管理暂行办法》。现予印发，请遵照执行。

附件：北方采暖区既有居住建筑供热计量及节能改造奖励资金管理暂行办法

抄送：建设部，有关省、自治区、直辖市、计划单列市建设厅（委、局），新疆生产建设兵团建设局。

附件：

北方采暖区既有居住建筑供热计量及节能改造奖励资金管理暂行办法

第一章　总则

第一条　根据《国务院关于印发节能减排综合性工作方案的通知》（国发［2007］15号），国家财政将安排资金专项用于对北方采暖地区开展既有居住建筑供热计量及节能改造工作进行奖励。为加强该项资金管理，特制定本办法。

第二条　本办法所称"北方采暖地区"是指北京市、天津市、河北省、山西省、内蒙古自治区、辽宁省、吉林省、黑龙江省、山东省、河南省、陕西省、甘肃省、青海省、宁夏回族自治区、新疆维吾尔自治区。

本办法所称"北方采暖地区既有居住建筑供热计量及节能改造奖励资金"（以下简称奖励资金）是指中央财政安排的专项用于奖励北方采暖地区既有居住建筑供热计量及节能改造的资金。

第三条　为明确责任，充分调动地方人民政府的积极性，奖励资金采取由中央财政对省级财政专项转移支付方式，具体项目实施管理由省级人民政府相关职能部门负责。

第四条　奖励资金管理实行"公开、公平、公正"原则，接受社会监督。

第二章 奖励资金使用范围

第五条 奖励资金使用范围。

（一）建筑围护结构节能改造奖励；

（二）室内供热系统计量及温度调控改造奖励；

（三）热源及供热管网热平衡改造等改造奖励；

（四）财政部批准的与北方采暖地区既有居住建筑供热计量及节能改造相关的其他支出。

第三章 奖励原则和标准

第六条 奖励资金采用因素法进行分配，即综合考虑有关省（自治区、直辖市、计划单列市）所在气候区、改造工作量、节能效果和实施进度等多种因素以及相应的权重。

第七条 专项资金分配计算公式：

某地区应分配专项资金额＝所在气候区奖励基准×［∑（该地区单项改造内容面积×对应的单项改造权重）×70％＋该地区所实施的改造面积×节能效果系数×30％］×进度系数。其中：气候区奖励基准分为严寒地区和寒冷地区两类：严寒地区为 55 元/m^2，寒冷地区为 45 元/m^2。

单项改造内容指建筑围护结构节能改造、室内供热系统计量及温度调控改造、热源及供热管网热平衡改造三项，对应的权重系数分别为：60％，30％，10％。

节能效果系数根据实施改造后的节能量确定。

进度系数，根据改造任务的完成时间，分为三档：

1. 2009 年采暖季前完成当地的改造任务，进度系数为 1.2；

2. 2010 年采暖季前完成当地的改造任务，进度系数为 1；

3. 2011 年采暖季前完成当地的改造任务，进度系数为 0.8。

第八条 财政部会同建设部根据各地改造工作量与节能效果核定奖励资金。改造工作量与节能量核定办法另行制定。

第四章 资金拨付与使用

第九条 在启动阶段，财政部会同建设部根据各地的改造任务量，按照 6 元/m^2 的标准，将部分奖励资金预拨到省级财政部门，用于对当地热计量装置的安装补助。

财政部会同建设部根据各地每年实际完成的工作量和节能效果核拨奖励资金，并在改造任务完成后，对当地奖励资金进行清算。

第十条 省级财政部门在收到奖励资金后，会同建设部门及时将资金落实到具体项目，并将具体项目清单报财政部、建设部备案。

第十一条 对于具体项目的管理，各地应充分利用市场机制，鼓励采用合同能源管理模式，创新资金投入方式，确保奖励资金安排使用的规范、安全和有效。

第十二条 奖励资金支付管理按照财政国库管理制度有关规定执行。

第五章 监督管理

第十三条 各地要认真组织既有居住建筑供热计量及节能改造工作，不得以既有居住建筑节能改造为名进行大拆大建，应对拟改造的项目进行充分的技术经济论证，并严格按照建设程序办理相关手续。

第十四条 各级财政、建设部门要切实加强奖励资金的管理。确保奖励资金专款专用。对弄虚作假，冒领奖励或者截留、挪用、滞留专项资金的，一经查实，按照国家有关规定进行处理。

第六章 附则

第十五条 本办法由财政部负责解释。

第十六条 相关省、自治区、直辖市财政部门，可以根据本办法，结合当地实际，制定具体实施办法。

第十七条 本办法自印发之日起施行。

A20 关于推进北方采暖地区既有居住建筑供热计量及节能改造工作的实施意见

建科［2008］95号

北京市建委、市政管委、财政局，天津市建委、财政局，河北省、山西省、内蒙古自治区、辽宁省、吉林省、黑龙江省、山东省、河南省、陕西省、甘肃省、青海省、宁夏自治区、新疆自治区建设厅、财政厅、新疆生产建设兵团建设局、财务局：

《国务院关于印发节能减排综合性工作方案的通知》（国发［2007］15号）明确提出了“十一五”期间推动北方采暖区既有居住建筑供热计量及节能改造1.5亿平方米的工作任务。财政部印发了《北方采暖区既有居住建筑供热计量及节能改造奖励资金管理暂行办法》（财建［2007］957号），并预拨了部分奖励资金。为进一步推进北方采暖区既有居住建筑供热计量及节能改造工作，发挥财政资金使用效益，现提出以下实施意见。

一、充分认识北方采暖地区既有居住建筑供热计量及节能改造工作的重要意义

（一）北方采暖地区既有居住建筑供热计量及节能改造是落实“十一五”节

能减排任务的重要内容。北方地区既有居住建筑采暖能耗占当地全社会能耗的25％左右，是建筑节能工作的重点。开展北方采暖地区既有居住建筑供热计量及节能改造，推进按用热量计量收费，可以有效降低采暖能耗，提高能源使用效率，改善室内热环境质量，促进居民行为节能，实现建筑节能目标，并可以大量减少由于燃煤取暖产生的 CO_2 和污染物排放，对于实现“十一五”节能减排目标具有重要的作用。

（二）北方采暖地区既有居住建筑供热计量及节能改造是构建社会主义和谐社会的重要举措。北方采暖地区既有居住建筑除了冬季采暖普遍能耗高外，还存在室内热舒适度较差、居民热费支出相对较高等问题。通过实施供热计量及节能改造，实行按用热量计量收费，可以节约能源，提高生活质量，减轻居民热费支出的负担，实现经济社会和谐发展。

（三）北方采暖地区既有居住建筑供热计量及节能改造是政府履行社会公共管理职能的重要方面。北方采暖地区既有居住建筑供热计量及节能改造涉及居民、供热单位、房屋产权单位等多方利益，只有充分发挥政府的引导作用，统筹规划、周密部署、稳步实施，方可达到预期目标。各级建设、财政主管部门，应把开展供热计量及节能改造作为为人民群众办实事、办好事的重要任务抓紧抓好。

二、指导思想、工作原则及目标

（四）指导思想。贯彻党的十七大精神，全面树立科学发展观，认真落实《国务院关于印发节能减排综合性工作方案的通知》（国发［2007］15号），有效发挥中央财政的引导和调控作用，以地方政府为主体，充分调动相关主体积极性，创新节能改造模式和融资方式，积极推进供热体制改革，切实降低北方采暖地区既有居住建筑能耗，确保完成建筑节能“十一五”工作任务，为实现国家“十一五”节能减排总体目标打下坚实基础。

（五）工作原则。在推进北方采暖地区既有居住建筑供热计量及节能改造工作中，应遵循以下原则：坚持节约能源与节省热费支出并举的原则，改造应与实行按热量计量收费同步推进，降低采暖能耗的同时，节省居民热费支出；坚持兼顾各方面利益的原则，改造要尊重居民意愿，保障群众权益，兼顾供热单位利益，确保社会和谐稳定；坚持技术经济合理性原则，应分析改造投入及产生的效益，优先选择投入少、效益明显的项目进行改造；坚持整体、同步改造的原则，应以热源或热力站为单元，对其所覆盖区域内的供热系统、建筑围护结构为整体，进行统一规划和设计，同步实施改造；坚持实事求是、综合推进的原则，改造应根据本地实际情况与房屋修缮维护工作相结合，切实防止借改造名义进行大拆大建。

（六）工作目标。“十一五”期间，启动和实施北方采暖地区既有居住建筑供热计量及节能改造面积1.5亿平方米，其中，北京2500万平方米（含中央国家机关在京单位既有居住建筑）、天津1300万平方米、辽宁2400万平方米（其中大连500万平方米）、山东1900万平方米（其中青岛300万平方米）、黑龙江1500万平方米、吉林1100万平方米、河北1300万平方米、河南360万平方米、山西460万平方米、陕西200万平方米、甘肃350万平方米、内蒙古600万平方米、新疆700万平方米、宁夏200万平方米、青海30万平方米、新疆生产建设兵团100万平方米。全面推进供热计量收费，实现节约1600万吨标准煤。

三、认真做好改造各项工作

（七）做好建筑现状调查和能耗统计。各地建设主管部门要组织对本辖区内既有居住建筑的建成年代、结构形式、供热系统状况等基本信息进行调查、统计，摸清既有居住建筑的采暖能耗，确定重点改造区域及项目。建立不同地区、不同建筑形式、不同供热方式的单位面积建筑能耗基线数据库，确定建筑单位面积能耗基线，为既有居住建筑的供热计量及节能改造提供依据。

（八）编制改造实施方案。省级建设主管部门按照国家确定的改造目标，将改造任务逐级分解并落实。指导本辖区内市（区、县）建设主管部门根据节能改造任务，编制改造实施方案。实施方案应包括改造规划和年度计划、改造项目的技术方案和融资模式、改造效益分析、相应保障措施等内容。实施方案应报同级人民政府批准后组织实施。

（九）组织实施节能改造。各地建设主管部门应在尊重建筑所有权人意愿的基础上实施改造。按照公开、公平、公正的原则，采用招投标的方式优选施工单位。建筑主体结构节能改造实施过程应纳入基本建设程序管理。供热计量改造时，供热管理部门应配合建设质量监管部门对施工过程进行全过程全方面监管，确保节能改造工程的质量。

（十）建立完善的评估机制。各地建设、财政主管部门应建立完善节能改造评估体系，对改造的任务完成情况、节能改造项目设计、施工资料进行验收，应委托具备条件的建筑能效测评机构，对改造工作量、节能效果、居民热舒适度改善及热费支出降低等情况进行评价，达不到预期指标的，应分析原因，提出限期整改要求，并监督落实。

（十一）总结经验、积极宣传推广。各级建设、财政主管部门要大力宣传既有居住建筑供热计量及节能改造的重大意义，动员相关部门、供热企业、居民等积极参与既有居住建筑供热计量及节能改造工作。要对实施改造的成功范例及时总结并推广，不断扩大社会影响，努力营造有利于改造工作的舆论环境。

四、完善配套措施，保障改造任务的落实

（十二）积极推进城镇供热体制改革。各地要认真贯彻建设部等八部委《关于进一步推进城镇供热体制改革的意见》及有关文件要求，北方采暖地区要完成采暖费补贴“暗补”变“明补”改革，并同步建立个人热费帐户。认真落实国家发展改革委、建设部印发的《城市供热价格管理暂行办法》，完善供热价格形成机制，实行按用热量计量收费制度。各级建设主管部门应会同有关部门，研究制定按用热量计量收费的实施办法。

（十三）多渠道筹措改造资金。北方采暖地区既有居住建筑供热计量及节能改造所需资金主要靠企业自筹、社会资金投入、受益居民投入等方式予以解决。中央财政设立专项资金，支持北方采暖地区既有居住建筑供热计量及节能改造工作。按照国发［2007］15 号文件精神，地方财政应安排必要的引导资金予以支持。应充分利用市场机制，鼓励采用合同能源管理等建筑节能服务模式，创新资金投入方式，落实改造费用。

（十四）完善组织体系。各地建设、财政主管部门应根据本地区实际情况，建立健全有效的供热计量及节能改造工作协作机制，统一协调、部署工作中的重大问题，要充分发挥墙改节能、供热管理等现有机构的作用，做好节能改造的组织、实施工作。

（十五）建立完善技术标准支撑体系。各地建设主管部门应结合当地实际编制节能改造相关技术规程、图集、工法等，指导和规范节能改造项目的实施。应充分发挥有关大专院校、建筑科研等机构的作用，为改造项目提供技术支持。

（十六）健全监督考核机制。住房和城乡建设部、财政部将视情况，组织对各地供热计量及节能改造工作进展情况，以及中央财政奖励资金的使用情况等进行监督检查。各地建设主管部门应建立责任考核机制，将节能改造目标及任务落实情况作为责任部门领导及相关人员的绩效考核内容。有关检查考核结果将作为财政部清算中央财政节能改造奖励资金的主要依据之一。

中华人民共和国住房和城乡建设部

中华人民共和国财政部

二〇〇八年五月二十一日

A21　关于印发《高效照明产品推广财政补贴资金管理暂行办法》的通知

财建［2007］1027 号

各省、自治区、直辖市、计划单列市财政厅（局）、发展改革委、经贸委（经委），新疆生产建设兵团财务局、发展改革委：

根据《国务院关于加强节能工作的决定》（国发［2006］28 号）和《国务院关于印发节能减排综合性工作方案的通知》（国发［2007］15 号）精神，中央财政设立专项资金，支持高效照明产品的推广使用。为规范财政资金管理，提高资金使用效益，我们制定了《高效照明产品推广财政补贴资金管理暂行办法》。现予印发，请遵照执行。

附件：高效照明产品推广财政补贴资金管理暂行办法

财政部

国家发展改革委

二〇〇七年十二月二十八日

附件：

高效照明产品推广财政补贴资金管理暂行办法

第一章　总则

第一条　根据《国务院关于加强节能工作的决定》（国发［2006］28号）和《国务院关于印发节能减排综合性工作方案的通知》（国发［2007］15号），国家安排专项资金，支持高效照明产品的推广使用。为加强高效照明产品推广财政补贴资金（以下简称财政补贴资金）管理，提高资金使用效益，特制定本办法。

第二条　财政补贴资金用于支持采用高效照明产品替代在用的白炽灯和其他低效照明产品，主要包括高效照明产品补贴资金和推广工作经费。

第三条　补贴资金采取间接补贴方式，由财政补贴给中标企业，再由中标企业按中标协议供货价格减去财政补贴资金后的价格销售给终端用户，最终受益人是大宗用户和城乡居民。

第四条　财政补贴资金由中央财政预算安排，实行公开、透明管理办法，接受社会监督。

第二章　补贴产品和受益对象

第五条　财政补贴的高效照明产品主要是普通照明用自镇流荧光灯、三基色双端直管荧光灯（T8、T5型）和金属卤化物灯、高压钠灯等电光源产品，半导体（LED）照明产品，以及必要的配套镇流器。

第六条　财政补贴的受益对象包括大宗用户和城乡居民用户。大宗用户是指工矿企业、写字楼、医院、学校、宾馆、商厦、车站、机场、码头、道路等采用照明产品集中的场所，采用合同能源管理推广高效照明产品的节能服务公司可视为大宗用户；居民用户是指以社区或行政村为购买单位的用户。

第三章 中标企业及产品要求

第七条 高效照明产品推广企业及协议供货价格通过招标产生。国家实行统一招标，并根据招标结果，公示中标企业、高效照明产品及其中标协议供货价格。

第八条 中标企业提供的高效照明产品必须达到照明产品国家能效标准的节能评价值，其规格、型号必须通过国家节能产品认证。

第九条 中标企业应当具有完善的售后服务体系，履行约定的质量承诺（大宗用户不少于1年、城乡居民用户不少于2年）。

第十条 中标企业应在产品外包装和本体上印制“政府补贴、绿照工程”字样。

第十一条 中标企业必须按照中标协议供货价格减去财政补贴资金后的价格销售中标产品。

第四章 补贴标准

第十二条 大宗用户每只高效照明产品，中央财政按中标协议供货价格的30%给予补贴；城乡居民用户每只高效照明产品，中央财政按中标协议供货价格的50%给予补贴。

第五章 资金申报与拨付

第十三条 国家发展改革委、财政部根据国家高效照明产品年度推广任务、人口分布、城乡发展水平及白炽灯使用情况等因素，联合下达年度高效照明产品推广任务，并提供中标企业名单、产品目录及其协议供货价格。

第十四条 省级节能主管部门会同财政部门根据国家发展改革委、财政部下达的高效照明产品年度推广任务，结合本地实际情况，制定具体实施方案，明确所需产品的名称、型号、数量、厂家及推广地区等，联合报国家发展改革委、财政部备案，并组织协调中标企业落实推广任务。

第十五条 中标企业根据高效照明产品推广计划、高效照明产品实际安装数量、中标供货协议价格、补贴标准，提出财政补贴资金申请报告，经高效照明产品推广所在地财政部门和节能主管部门审核后，报省级财政部门和节能主管部门。

第十六条 省级财政部门会同节能主管部门对企业资金申请报告进行审核，分别于每年4月30日和8月31日前报财政部、国家发展改革委。

第十七条 财政部会同国家发展改革委对高效照明产品推广情况和实际安装数量进行抽查。

第十八条　财政部根据抽查情况下达财政补贴资金预算，抄送国家发展改革委。

第十九条　财政部视情况安排一定的推广工作经费，支持基层节能部门、居委会或村委会开展与推广相关的需求统计、宣传资料、组织联络等工作。

第二十条　各级财政部门要按照财政国库管理制度等有关规定，将财政补贴资金及时拨付给有关单位和中标企业。

第六章　资金监督管理

第二十一条　企业对财政补贴资金申请报告的真实性负责。对弄虚作假，骗取财政补贴资金的企业，财政将追缴扣回补贴资金，并由国家发展改革委取消企业的供货资格，同时向社会公布。

第二十二条　财政补贴资金必须专款专用，任何单位不得以任何理由、任何形式截留、挪用。对违反规定的，按照《财政违法行为处罚处分条例》（国务院令第 427 号）等有关规定，依法追究有关单位和人员的责任。

第七章　附 则

第二十三条　本办法由财政部会同国家发展改革委负责解释。

第二十四条　本办法自印发之日起实施。

附录 B “合同能源管理”机制与建筑节能

B1 “合同能源管理”与“节能服务公司”

EMCo 是能源管理公司英文名称（Energy Management Conpany）的缩写，国外一般称为 ESCo（Energy Service Conpany）。EMCo 是一种基于“合同能源管理”机制运作的、以赢利为直接目的的专业化节能服务公司。EMCo 通过与愿意进行节能改造的客户（企业）签订能源服务合同，为客户的节能项目进行投资或者融资，并向客户提供能源审计、项目设计、设备采购、施工、工程验收、节能量监测、系统维护等一条龙服务，以与客户分享项目运行后产生的节能效益的方式回收投资并获取合理的利润。在合同期，EMCo 拥有项目（包括设备）的所有权，并通过与客户分享项目实施后产生的节能效益来回收投资和应有的利润；在合同结束后，项目的所有权和全部节能效益归客户所有。EMCo 的这种运行方式称作“合同能源管理”，它对客户提供的是专业性的综合节能服务。“合同能源管理”机制体现了“效益共享，风险共担”的市场运行原则，促使 EMCo、客户及金融机构为了共同的利益而更好地实施节能项目。

B2 “合同能源管理”机制在国内外的发展现状

能源是国民经济的命脉，对经济发展、环境保护和社会进步具有重要影响。然而，无论是在市场经济比较发达的国家还是在像我国这样处于经济转型期的国家，都不同程度地存在着节能的市场障碍。因此，建立合理的节能机制、有效缓解节能市场障碍成为各国政府的迫切任务。

早在 20 世纪 70 年代中期，“合同能源管理”就开始在市场经济国家中逐步发展起来。在过去的 30 多年中，按照“合同能源管理”这种基于市场节能机制运作的 EMCo 在国内、外如雨后春笋，焕发出了巨大的市场活力。在美国、加拿大、欧洲等发达国家及巴西、印度等发展中国家，“合同能源管理”机制取得了良好的成效，并已经建立了EMCo（ESLo）协会，在韩国形成的EMCo有150多家。

为推动“合同能源管理”这种基于市场的节能新机制在中国的发展，并最终实现EMCo的产业化，中国政府与世界银行和全球环境基金（GEF）共同在1996年就开始实施了重大节能国际合作项目——“世行/GEF中国节能促进项目”。其目标是示范和推广“合同能源管理”，促进中国节能机制转换，节约能源，提高能源利用效率，减少温室气体排放，保护全球环境。

该项目分两期进行：项目一期的主要任务是“合同能源管理”的示范，在北京、辽宁、山东建立了3个示范EMCo，并成立了节能信息传播中心。到2003年，3个示范EMCo总节能改造投资达到3.6亿元人民币，实施的节能改造项目总数超过200个，平均的投资回收期不到3年，项目的内部收益率多数在30%以上。项目一期实践证明了“合同能源管理”机制在我国的可行性和EMCo的可盈利性。

从2003年起，该项目进入项目二期，其主要任务是推广“合同能源管理”，实现EMCo产业化。一方面，建立EMCo商业贷款的担保机制，培养EMCo与银行等商业金融机构的合作能力，为EMCo的可持续发展创造条件；另一方面，为EMCo提供技术支持。

目前，中国的节能服务产业正在快速形成，并已成立了类似于国外ESCo协会的中国节能协会节能服务产业委员会（EMCA）。节能服务公司数量由1997年的3个增长到2008年的300个左右。2007年，这些节能服务公司的节能项目投资将达到80亿元左右，EMCo已经成为推动中国节能工作的一支重要的新兴力量。

B3 “合同能源管理”机制的商务运作模式

在节能服务产业发展壮大的同时，“合同能源管理”机制的商务模式也在实践中得到了发展和创新，目前已经形成了三种“合同能源管理”商务运作基本模式：

1）节能效益分享型：EMCo提供资金和全过程服务，在客户配合下实施节能项目，在合同期间与客户按照约定的比例分享节能收益；合同期满后，项目节能效益和节能项目所有权归客户所有。

2）节能量保证型：客户提供节能项目资金并配合项目实施，EMCo提供全过程服务并保证项目节能效果；按合同规定，客户向EMCo支付服务费用；如果项目没有达到承诺的节能量和节能效益，EMCo按照合同约定向客户补充未达到的节能效益。

3）能源费用托管型：客户委托 EMCo 进行能源系统的节能改造和运行管理，并按照合同约定支付能源托管费用；EMCo 通过提高能源效率降低能源费用，并按照合同约定拥有全部或者部分节能的能源费用。其中，“节能效益分享型”是项目一期重点示范的商务模式，而“节能量保证型”和“能源费用托管型”则是节能服务公司在实施节能项目的过程中根据实际情况开拓的新商务模式。

基于上述三种模式，可以形成多种复合模式。

B4 “合同能源管理”机制与建筑节能

“合同能源管理”运作模式的特点决定了以民营企业为主的“节能服务公司”更适合于在“投资小、见效快”的领域实施节能项目。在国外，节能服务公司起源于商用/民用领域的节能项目。在国内，由于商业建筑、空调、采暖、照明系统的节能改造项目普遍具有“投资小、见效快”的特点，所以成为众多节能服务公司节能项目线的优先选项。

国家发改委能源研究所 2006 年对中国节能服务产业开展了调查研究❶。对 76 家节能服务公司实施的节能项目调查结果表明：建筑节能项目占实施的节能项目总数的 60%左右，主要集中在商业建筑、学校、医院的中央空调系统、锅炉和供热系统、照明系统、变频调速和综合节电等节能改造项目领域方面（见图 B4-1）。并且，这些节能改造项目大部分都收到了良好的经济和社会效益，90%的项目投资回收期在 3 年以内。即使在工业企业实施的节能项目中，针对空调、照明等通用设备的节能改造项目也占据了较大的比重（见图 B4-2）。

我国政府对“合同能源管理”机制给予了高度关注，许多重要的政府文件中明确提出要把推广“合同能源管理”机制作为推进中国节能的重要措施，并且正在组织相关部门研究中国节能服务产业的指导政策❷。此外，包括电视、广播、报刊、杂志、网络等在内的新闻媒体对“合同能源管理”机制给予了倾力报道；广大的工业企业、商业建筑业主、高校后勤部门、医院以及居民小区物业公司等许多能源用户对“合同能源管理”机制产生了浓厚的兴趣；包括节能设备生产商和节能咨询公司在内的大量国内外公司对中国这一世界上最大的节能投资市场十分看好，都要筹建 EMCo。

---

❶国家发改委能源研究所．中国节能服务产业发展现状调查，2006。

❷国家发改委能源研究所．促进中国节能服务产业发展的财税政策研究，2008。

政府的高度重视以及巨大的节能市场需求，为中国的节能服务产业发展提供了前所未有的契机。目前，一个基于市场的节能服务产业大军正在形成和发展中，他们将为推动实现包括建筑节能在内的“十一五”节能目标做出积极的贡献。

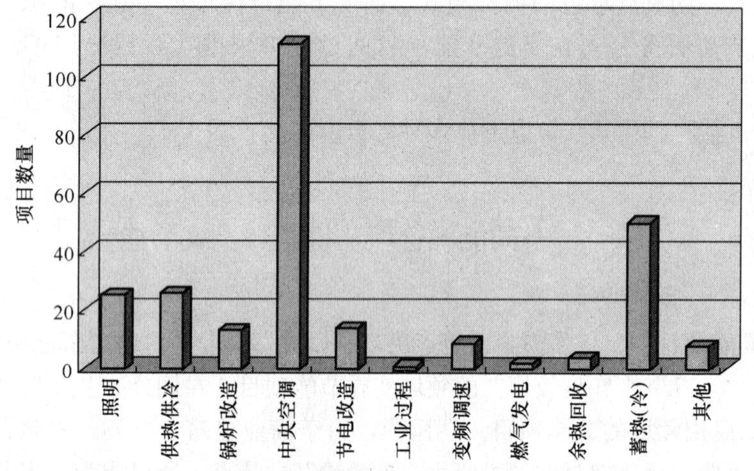

图 B4-1 建筑节能领域节能项目线分布

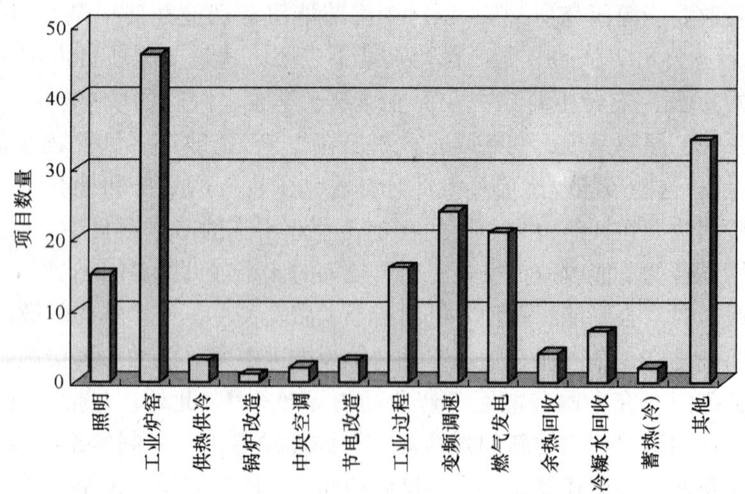

图 B4-2 工业节能领域节能项目线分布

参　考　文　献

1. 江亿等．清华大学建筑节能中心．北京：中国建筑节能年度报告，2008.
2. 日本能源经济研究所，日本能源和经济统计手册 2005 年版．
3. 国家发改委环资司网站，http：//hzs. ndrc. gov. cn.
4. 中国能源年鉴 2007.
5. 中国统计年鉴 2007.
6. 清华大学建筑技术科学系．商业建筑节能现状调查报告［R］，2005.
7. 康艳兵．不同采暖方式的技术经济评价．中国能源，2008（1）．
8. 康艳兵．建筑节能关键技术回顾与展望．中国能源，2003（11）、(12）．
9. 康艳兵．实现“十一五”节能目标的建筑节能措施分析．中国能源，2007（1）、(2）．
10. 赵家荣等．“十一五”十大重点节能工程实施意见．北京：中国发展出版社，2007.
11. 武涌等．中国建筑节能经济激励政策研究．北京：中国建筑工业出版社，2007.
12. 建设部汇报材料，2008 年 2 月．
13. 国家发改委能源研究所．小康社会生活方式变化对我国未来能源消费的影响研究，2004.
14. 国家发改委能源研究所．中国建筑节能激励政策研究，2005.
15. 国家发改委节能信息传播中心．我国建筑节能推进机制研究，2008.
16. 康艳兵．美国节能管理模式考察报告，2003.
17. 康艳兵．美国节能管理工作特点及对我国的启示．中国能源，2003（7）．
18. 康艳兵，李亚平等（编译）．市场经济国家的建筑节能激励政策经验研究，2005.
19. 财政部财政科学研究所．鼓励节能的财税政策研究，2005.
20. David B. Goldstein，Natural Resources Defense Council. Best Practices for Energy Efficiency Incentives and Their Role in Energy Policy：A Report to The China Sustainable Energy Program for Decisionmakers in China.
21. 国家发改委能源研究所．中国节能服务产业发展政策研究，2005.
22. 国家发改委能源研究所．促进中国节能服务产业发展的财税政策研究，2008.

参考文献